Dieter Kerner · Krankheiten großer Musiker
Band 1

DIETER KERNER

KRANKHEITEN GROSSER MUSIKER

BAND I

Dritte, umgearbeitete Auflage

Mit 32 Abbildungen und 1 Tabelle

19 73

F. K. SCHATTAUER VERLAG
STUTTGART—NEW YORK

Printed in Germany
Umschlagentwurf: Volkmar Kötter
Satz, Druck und Einband: H. Fink KG, Stuttgart
ISBN 3 7945 0359 7

VORWORT

Dieses Buch weicht in vielem von dem ab, was wir über die Meister der Tonkunst aus der Feder berufener Biographen erfahren. Es wird hier nämlich – neben den rein historischen Daten – auf breiter Ebene der Versuch gewagt, große Musiker als Menschen *und* als Kranke zu beschreiben. Denn krank ist eine nicht geringe Anzahl von ihnen zeitlebens gewesen. Patienten in des Wortes eigentlicher Bedeutung waren sie mehr oder weniger alle, wenn auch manche nur vorübergehend.

Für die medizinischen Betrachtungen kamen jedoch nur die Persönlichkeiten aus dem Reich der Tonkunst in Frage, deren Leidensgeschichte, vom ärztlichen Standpunkt aus gesehen, Besonderheiten aufweist; diejenigen blieben folglich unberücksichtigt, welche nachweislich stets gesund waren oder am Ende ihres Lebens altersbedingten Aufbrauchkrankheiten erlagen.

Rückblickend Diagnosen zu stellen, bereitet oft Schwierigkeiten. Mitunter schienen die Umstände derart verwickelt und die landläufigen Quellen – mit oder ohne Absicht – zugeschüttet, daß sich das nosologische Bild nur durch die Kombination mosaikartiger Einzelbestandteile ergab. Jedoch glückt es dem erfahrenen Betrachter nicht selten, das Wesentliche aus scheinbar unwesentlichen Bruchstücken herauszufinden und die zur Abklärung einer befriedigenden Diagnose wichtigen Details in den Rahmen der medizinischen Gesamtschau einzubauen. Trotzdem hat der Tod der hier dargestellten Musiker manche Fragen unbeantwortet gelassen.

Was sich schließlich in ihnen während ihrer Sterbestunden ereignet haben mag, bevor sie jenes Land betraten, aus dem kein Wanderer wiederkehrt, das deuten uns immerhin die Totenmasken an. Chopin scheint wie erlöst vom endlos langen, chronischen Lungenleiden; Schönbergs Physiognomie zeigt noch die Qual der Atemnot, die den Herzkranken wie einen Schatten begleitet; Ravels Züge wirken schon wie die Botschaft aus einer anderen Welt; Max Reger, aber auch Claude Debussy liegen in den Kissen, als wären sie soeben eingeschlafen; Mozarts Antlitz im Tode, erst seit kurzem in die einschlägigen Standardwerke aufgenommen, läßt deutlich die massiven Körperschwellungen infolge des toxischen Nierenversagens erkennen. Solches vermögen uns die Gesichter der soeben Verstorbenen zu offenbaren. Bereits einige Stunden später aber zerfällt alles in eine persönlichkeitsfremde Form, die kaum an das wahre Wesen der einstigen Träger erinnert.

Wenn auch die Lebens- und Krankheitsschicksale höchst verschieden waren, so kam doch der Tod zur überwiegenden Mehrheit der hier vorgestellten Musikerpersönlichkeiten als Freund, welcher die Runen des Leides einebnete. Hinter ihnen — ihr Durchschnittsalter betrug nicht einmal 50 Jahre! — lag ein schwer durchlebtes Dasein, oft verbunden mit chronischem Siechtum. Ihrer eigentlichen Sendung, Fackelträger des Göttlichen zu sein, wurden sie jedoch trotz heimlicher Zweifel nie untreu. Für den Arzt aber, welcher die Musiker als Patienten durch die oft so kurz bemessene Lebenszeit begleitet, ist es eine der schönsten Aufgaben, solchen Menschen dienen und helfen zu dürfen.

Mainz, Januar 1973 *Dr. med. D. Kerner*

INHALT

1. Wolfgang Amadeus Mozart 9

2. Ludwig van Beethoven 89

3. Franz Schubert 147

4. Robert Schumann 159

5. Frédéric Chopin 187

6. Max Reger 203

7. Claude Debussy 225

8. Gustav Mahler 239

9. Maurice Ravel 259

10. Arnold Schönberg 275

Ausklang 293

WOLFGANG AMADEUS MOZART
(1756–1791)

»De mortuis nil nisi vere!«
(Leitmotiv von N. Nissens Mozartbiographie aus dem Jahre 1828)

»Übrigens benachrichtige (ich Sie), daß den 27. Januarii abends um 8 Uhr die Meinige mit einem Buben zwar glücklich entbunden worden. Die Nachgeburt aber hat man ihr wegnehmen müssen. Sie war folglich erstaunlich schwach. Jetzt aber, Gott sei Dank, befinden sich Kind und Mutter gut.« So berichtete Anfang Februar 1756 Mozarts Vater in einem Brief an den Verleger Lotter in Augsburg. Der 27. Januar ist der Namenstag des heiligen Johannes Chrysostomus (Goldmund), des im Jahre 407 gestorbenen Kirchenvaters und Patriarchen von Konstantinopel, eines glänzenden Predigers, des Schutzheiligen der Kanzelredner.

Musen und Genien standen Pate, als der Knabe – wie aus dem Salzburger Taufregister hervorgeht – bereits am nächsten Morgen, einem Mittwoch, auf die Namen Johannes Chrysostomus Wolfgangus Theophilus getauft wurde. Im Taufbuch der Dompfarre von Salzburg ist dieser Hergang unter dem Datum vom 28. Januar 1756 für immer festgehalten worden:

Januarius.
28.
med(ia hora) 11.
merid(iana) baptizatus est:
natus pridie h(ora) 8.
vesp(ertina)

Joannes Chry- sost(omus) Wolf- gangus Theo- philus fil(ius) leg(itimus)	Nob(ilis) D(ominus) Leopoldus Mozart Aulae Musicus, et Maria Anna Pertlin coniugeß

Wolfgang Amadé Mozart (er nannte sich nie Amadeus wie es die Nachwelt tut, sondern er wählte aus seinen vier Vornamen den Wolfgang und – in der französischen Form – den Theophilus, das ist Gottlieb, aus) wurde als 7. Kind der Eltern in Salzburg geboren; von den 6 vor ihm geborenen Geschwistern war nur das 1751 geborene »Nannerl« am Leben geblieben. Denn das Schicksal der Neugeborenen war in jener beängstigend unhygienischen Zeit, wie B. Paumgartner treffend bemerkt, immer ungewiß; ein gütiger Zufall, wenn sie die ersten Jahre überdauerten. Die beiden Kinder des damals noch erzbischöflichen Geigers, späteren Konzertmeisters und Vizekapellmeisters Leopold Mozart und seiner Frau Anna, geb. Pertl, zeigten sehr früh musikalische Begabung, die von dem Vater mit methodischer Strenge und liebevoller Hingabe geleitet wurde. Die der Tochter führte nicht weiter als bis zum – später in Vergessenheit geratenen – Wunderkind, die des Sohnes zur Entfaltung eines der größten Genies, das die Geschichte der Musik kennt. Zudem war die Lebenserwartung Mozarts gut: Der Vater wurde 68, die Mutter 57 Jahre, die Schwester Nannerl sogar 78 Jahre alt. Wolfgang lernte Latein, Französisch und Englisch, sprach auch fließend

Italienisch, wobei nicht einmal erwiesen ist, daß die Kinder irgendeine Schule besucht hätten. Es muß auch hervorgehoben werden, daß Wolfgangs musikalische Erziehung ganz privat war.

Nannerl hat mit elf, Wolfgang mit sechs Jahren das Klavierspiel und die Elemente der Musik soweit beherrscht, daß Vater Leopold mit den Wunderkindern im Jahre 1762 eine Reise nach München unternehmen konnte, wo der Knabe vor dem Kurfürsten spielte. Mozart, dessen erster Kompositionsversuch etwa in das 6. Lebensjahr fällt, war ein weichherziger, sensitiver Bub, der ungemein liebebedürftig blieb und schon in früher Jugend einen magischen Hang zu Zahlen und Zahlenkombinationen an den Tag legte. Auf ihrer ersten Reise scheinen die Wunderkinder einen nachhaltigen Eindruck hinterlassen zu haben, denn am 18. September 1762 brachen sie in Begleitung des Vaters wieder nach Wien auf, um am Schönbrunner Hof vor der Kaiserin Maria Theresia zu spielen.

»Wir hatten auf dieser Reise beständig Regen und viel Wind. Der Wolfgang hatte schon in Linz einen Katarrh, und aller Unordnung, frühem Aufstehen, unordentlichem Essen und Trinken, Wind und Regen ohngeachtet, blieb er, Gott Lob, gesund«, schrieb Vater Leopold am 16. Oktober aus Wien. Aber dann dauerte es doch nicht lange, bis ihn, laut Brief vom 30. Oktober, eine weitere Krankheit überfiel:

»... den 21. waren wir abends um 7 Uhr abermals bei der Kaiserin ... unser Wolferl war aber schon nicht recht wie sonst, und ehe wir dahin fuhren, wie auch, da er zu Bette ging, klagte er S.(chmerzen) v.(on) den Hintern und die Füße. Als er im Bette war, untersuchte ich die Orte, wo er die Schmerzen zu fühlen vorgab; ich fand etliche Flecken in der Größe eines Kreuzers, die sehr rot und etwas erhaben waren, auch bei dem Berühren ihm Schmerzen verursachten. Es waren aber nur an beiden Schienbeinen, an beiden Ellenbogen und ein paar am Podex. Auch sehr wenig. Er hatte Hitzen, und wir gaben ihm Schwarz Pulver und Margrafen Pulver. Er schlief etwas unruhig. Den folgenden Freitag wiederholten wir die Pulver in der Frühe und abends, und wir fanden, daß sich die Flecken mehr ausgebreitet hatten; sie waren obwohl größer, doch nicht mehrer ... Wir fuhren fort, das Margrafen Pulver zu geben, und am Sonntag kam er in einen Schweiß, den wir uns gewunschen, denn bishero waren die Hitzen mehr trocken. Ich begegnete dem Herrn Medicus der Gräfin v. Zinzendorf, die eben nicht hier war, und erzählte ihm die Umstände. Er kam gleich mit mir. Es war ihm lieb, daß wir so verfahren hatten; er sagte, es *sei eine Art Scharlach-Ausschlags*. Er verordnete die Mixtur

Aquae Scabiosae	uncias duas
Pulveris Epileptici Marchandi	scrupula dua
Specierum Diatragacanthae	grana quindecim
Pugilli Herbae Jst.	
Syrupi Diacodion L.	unciam semis

Dann nichts als Suppen oder Bannadel (eingeweichte Semmeln in Rindsbrühe), so wie wir schon ehe taten. Zu Zeiten durchgepreßten Gerstenschleim, zu Zeiten einen Huflattich Tee, und ein wenig Milch darein gegossen. Vor dem Schlafengehen gaben wir ihm ein kleines Gläsl Milch von gestoßenen Melaun-Kernen, und ein gar wenig Magsamen. Gott Lob, nun ist er so gut, daß wir hoffen, er werde übermorgen, wo nicht morgen an seinem Namenstag, aus dem Bette kommen und das erstemal aufstehen. Er bekam zu gleicher Zeit einen Stockzahn, das ihm eine Geschwulst an dem linken Backen verursachte. Die Herrschaften hatten nicht nur die Gnade, täglich sich um die Umstände des Buben erkundigen zu lassen, sondern sie empfahlen ihn dem Medico auf das eifrigste: so, daß der Herr Doctor Bernhard (so heißt er) unmöglich mehr besorgt sein könnte, als er wirklich ist. Inzwischen ist mir diese

Begebenheit, ganz geringe gerechnet, 50 Dukaten Schaden. Doch danke ich Gott unendlich, daß es so abgelaufen; denn diese Scharlachflecke sind hier an den Kindern als eine Modekrankheit gefährlich: und ich hoffe, daß sich der Wolferl nun naturalisiert hat, denn die Luftveränderung war daran die Hauptursache.«

Bei der damaligen Erkrankung hat es sich wohl nicht um einen Scharlach gehandelt, sondern – und darin ist sich die jetzige medizinische Mozartforschung einig – um eine Knotenrose (Erythema nodosum), welche im strengen Sinn nie tuberkulös ist und in den Formenkreis der rheumatischen Infektionen gehört. Jedoch muß man beim Erstellen solcher Diagnosen vorsichtig sein, da gerade Infektionskrankheiten einem Gestaltwandel unterliegen (Pathomorphose) und sich heute schwer sagen läßt, an was Wolfgang damals erkrankte, wobei nach wie vor die Möglichkeit einer abortiv verlaufenen Scharlachinfektion zu diskutieren wäre. Leopold Mozart, der auf seinen Reisen stets eine Hausapotheke mitzuführen pflegte, versuchte die Erkrankung mit den Medikamenten der Schulmedizin zu beherrschen, wobei es sich bei Scabiosa um Krätzekraut, beim Margrafenpulver um ein Gemisch aus Mistel, Veilchenwurzel und Pfingstrosenwurzel handelte, dem man nach Belieben noch Goldblätter und Elfenbein sowie Korallen beifügte; species Diatragacantha ist getrockneter Traganthsaft, Syrupus Diacodii ist Syrupus Papaveris albi und wird in der überwiegenden Mehrheit aus zerstoßenen Mohnköpfen gewonnen. Ob nun die Mischung dieser verschiedenen pflanzlichen und mineralischen Stoffe eine entscheidende Besserung des Krankheitszustandes herbeiführte, bleibe dahingestellt, jedenfalls mußte Wolfgang vom 21. Oktober bis zu seinem Namenstag, dem 31. Oktober, das Bett hüten. Am 1. November stand er zum ersten Mal auf, am 5. November wurde die Honorarfrage mit dem behandelnden Arzt geregelt.

»Gott Lob! es ist alles wieder gut. Gestern haben wir unseren guten H. Dr. Bernhard mit einer Musik bezahlt. Er hat eine Menge guter Freunde eingeladen und uns im Wagen abholen lassen.«

Diesem Brief vom 6. November 1762 ließ Vater Leopold noch eine weitere Mitteilung am 24. November folgen:

»... folglich hat uns die Krankheit des Buben um respective 4 Wochen zurückgeschlagen, denn obwohl wir unterdessen, als er schon gesund ist, 21 Dukaten eingenommen, so ist doch solches nur eine Kleinigkeit: in dem wir täglich mit einem Dukaten genau auskommen.«

Die Tatsache, daß sich in Wien die Noblesse um die Mozarts riß, schmeichelte Vater Leopold natürlich sehr. Das Programm war riesenhaft. Wolfgang und Nannerl wurden überfordert. Nicht wenige Konzertbesucher dürften sich damals um Wolfgang gesorgt haben, wie etwa auch dieser, der die folgenden Verse verfaßte:

»Nur wünsch' ich, daß Dein Leib der Seele Kraft aussteh',
Und nicht wie Lübecks Kind, zu früh zu Grabe geh'.«

Hierbei handelte es sich um ein sprachliches Wunderkind, das in N. Nissens Mozartbiographie Erwähnung findet mit der melancholischen Feststellung: »Eine vorzeitig gereifte Frucht kann sich nicht lange erhalten.«

Kurz vor seiner Heimkehr ersuchte der sorgende Vater den Salzburger Hauswirt, vorher die »Zimmer ein paar Täge zu heizen«, und am 5. Januar 1763 trafen sie wieder dort ein, Wolfgang wahrscheinlich krank, von einem Gelenkrheuma befallen, wie eine spätere Briefnotiz Leopolds vom 15. November 1766 vermuten läßt:

»Unsere liebe Frau Hagenauer wird sich erinnern, daß der Wolfgangerl nach unserer Rückkunft von Wien krank geworden, und sehr übel war, so, daß man die Blattern fürchten mußte: und daß es sich am Ende durch die Füße hinauszog, an denen er Schmerzen klagte ...« –

Schon im Juni 1763 unternahm der Vater mit den Kindern eine neue große Tournée, die sie quer durch Deutschland bis nach Aachen, dann nach Brüssel und von hier nach Paris führte. Unterwegs wurden überall Fürsten, Adel, Klöster besucht, Konzerte gegeben und die Kinder in einer Weise zur Schau gestellt, die für das Empfinden der Gegenwart marktschreierisch wirkt, im damaligen Zeitalter der Wunderkinder aber nichts Ungewöhnliches an sich hatte (Blume).

»Ich habe ihn als siebenjährigen Knaben gesehen«, sagte Goethe am 3. Februar 1830 zu J. P. Eckermann, »wo er auf einer Durchreise ein Konzert (in Frankfurt) gab. Ich selber war etwa vierzehn Jahre alt, und ich erinnere mich des kleinen Mannes in seiner Frisur und Degen noch ganz deutlich.«

Fünf Monate dauerte der Pariser Aufenthalt, am Hofe zu Versailles ernteten sie reiche Lorbeeren. Am 10. April 1764 erfolgte die Weiterreise über Calais nach London, um »das größte Wunder darzustellen, dessen sich Europa und die Menschheit überhaupt rühmen kann«, wie eine Londoner Konzertanzeige versprach. Der Eindruck, den man dort von dem Wunderkind hatte, war derart stark, daß der britische Naturwissenschaftler Daines Barrington den Knaben eingehend »testete« und das Ergebnis seiner Untersuchungen in den »Philosophical Transactions« vom Jahre 1770 genau festhielt, ein Bericht, den er 1781 nochmals in einem Sammelband herausgab. Hierin heißt es:

»Als er Paris verlassen hatte, ging er nach England, wo er über ein Jahr blieb. Da ich während dieses Zeitraumes Zeuge seiner ganz außerordentlichen Fertigkeiten als Tonkünstler gewesen bin, sowohl in einigen öffentlichen Konzerten, als auch in seines Vaters Hause, wo ich lange Zeit mit ihm allein war, sende ich Ihnen folgenden Bericht, so staunenswert und fast unglaublich er auch erscheinen mag.« ... »Er war auch ein großer Meister in der Fingersetzung, und seine Übergänge von einer Taste zur anderen waren ungemein natürlich und wohl überlegt; er spielte auf diese Art eine lange Zeit unter einem Tuche, das über die Tasten des Klaviers gelegt war. Es war im Juni 1765, als ich Zeuge war von dem, was ich oben erzählte, da der Knabe erst 8 Jahre und 5 Monate alt war.*)

Ich stelle diese kurze Vergleichung zwischen zwei so frühzeitigen Wunder-Genies (Händel und Mozart) in der Musik an, da man hoffen darf, der kleine Mozart werde vielleicht ein gleich hohes Alter wie Händel erreichen, der gewöhnlichen Bemerkung entgegen, daß solche ingenia praecocia nur kurze Zeit leben. Ich glaube, ohne Nachteil für das Andenken jenes großen Tonsetzers, sagen zu können, daß die Waagschale in dieser Vergleichung sehr merklich auf Mozarts Seite sinkt, da ich schon angezeigt habe, daß er komponierte, als er noch nicht viel älter als 4 Jahre war ... Doch um nicht zu sehr sein Lobredner zu werden, erlauben Sie mir, mich zu unterzeichnen.«

Die Darstellung des Wunderkindes in seinem achten Lebensjahr, wie sie der Kupferstich von T. Cook vermittelt, läßt etwas von jener medialen Kraft erahnen, unter welcher Mozart zeitlebens stand. Das Auge starr in die Ferne gerichet, die Wangen vom Spiel gerötet, erscheint er wie ein Bote aus einer anderen Welt, wie die Reinkarnation des Göttlichen aus dem Homerischen Hymnus an Hermes, wo selbst die Götter ob seines Saitenspiels zu staunen beginnen:

> »Ward dir schon bei der Geburt diese wunderbare Begabung,
> Gab es dir einer der ewigen Götter, der sterblichen Menschen
> Als ein herrlich Geschenk und lehrte dies göttliche Singen?«

»Aber freilich, eine Erscheinung wie Mozart bleibt immer ein Wunder, das nicht weiter zu erklären ist«, äußerte Goethe am 14. Februar 1831 gegenüber Eckermann. Und er fährt fort: »Doch wie wollte die Gottheit überall Wunder

---

*) Mozart war damals jedoch bereits 9 Jahre und 5 Monate alt.

zu tun Gelegenheit finden, wenn sie es nicht zuweilen in außerordentlichen Individuen versuchte, die wir anstaunen und nicht begreifen, woher sie kommen.« Selbst die verwöhntesten Zeitgenossen erlagen immer wieder der Faszination dieses Vortrages, jener sphärenhaft verschwebenden Art der Interpretation, wenn die Tonsequenzen durch sein Spiel zum unvergeßlichen Erlebnis wurden: »Es ist dem Kinde nicht nur ein Leichtes, mit der größten Genauigkeit die allerschwersten Stücke auszuführen, und zwar mit Händchen, die kaum die Sexte greifen können; nein, es ist unglaublich, wenn man sieht, wie es eine ganze Stunde hindurch phantasiert und so sich der Begeisterung seines Genies und einer Fülle entzückender Ideen hingibt, welche es mit Geschmack und ohne Wirrwarr aufeinander folgen läßt. Der geübteste Kapellmeister kann unmöglich eine so tiefe Kenntnis der Harmonie und der Modulationen haben, welche es auf den wenigst bekannten, aber immer richtigen Wegen durchzuführen weiß. Es hat eine solche Fertigkeit in der Klaviatur, daß, wenn man sie ihm durch eine darüber gelegte Serviette entzieht, es nun auf der Serviette mit derselben Schnelligkeit und Präzision fortspielt. Es ist ihm eine Kleinigkeit, alles, was man ihm vorlegt, zu entziffern; es schreibt und komponiert mit einer bewunderungswürdigen Leichtigkeit, ohne sich dem Klaviere zu nähern und seine Akkorde darauf zu suchen.. Sie können wohl denken, daß es ihm nicht die geringste Mühe kostet, jede Arie, die man ihm vorlegt, zu transponieren und zu spielen, aus welchem Tone man es verlangt. Ich sehe es wahrlich noch kommen, daß dieses Kind mir den Kopf verdreht, höre ich es nur ein einziges Mal, und es macht mir begreiflich, wie schwer es sein müsse, sich vor Wahnsinn zu bewahren, wenn man Wunder erlebt.«

Indessen – auch diese Fahrt durch die Städte Europas forderte ihre schweren gesundheitlichen Opfer! Die überanstrengten Kinder gerieten allmählich in einen körperlichen Erschöpfungszustand; infolgedessen sank die Widerstandskraft gegenüber Infekten. In einem Brief vom September 1763 berichtete der Vater aus Koblenz von einer katarrhalischen Erkrankung im Bereich der oberen Luftwege, die sich Wolfgang zugezogen hatte; im Februar 1764 machte er in Paris eine schwere Angina durch. Im Zusammenhang damit stellte Leopold Mozart folgende Erwägung an: »Wissen Sie, was die Leute immer hier wollen? Sie wollen mich bereden, meinem Buben die Blattern einpfropfen zu lassen. Ich meines Teils überlasse es der Gnade Gottes. Es hängt von seiner göttlichen Gnade ab, ob er dies Wunder der Natur, so er in die Welt gesetzt hat, auch darinnen erhalten oder zu sich nehmen will.«

Die Rückreise von England, wo sich Wolfgang mit den Kastraten Manzuoli und Tenducci anfreundete und auch sonst wertvollste Verbindungen anknüpfen konnte, begann am 24. Juli 1765 und führte über Canterbury, Dover, Lille, Gent und Antwerpen nach Den Haag. Dort erkrankten die Kinder nach ihrem ersten Auftreten heftig zunächst unter grippalen Symptomen, die aber bald dem klassischen Bild einer Typhusinfektion Platz machten, in deren Verlauf die Tochter bis auf »Haut und Knochen« (Brief vom 5. November 1765) abmagerte. Von der Schwester angesteckt, erkrankte nun auch Wolfgang:

»Kaum war meine Tochter acht Tage aus dem Bette ..., so überfiel den Wolfgangerl den 15. November eine Unpäßlichkeit, die ihn in Zeit von vier Wochen in so elende Umstände setzte, daß er nicht nur absolut unkennbar ist, sondern nichts als seine zarte Haut und kleine Gebeine mehr an sich hat ... Sie möchten wissen, was ihm gefehlt hat? Das weiß Gott! Ich bin müde Ihnen Krankheiten zu beschreiben. Es fing mit Hitzen an ... Es schien eine Art hitzigen Fiebers zu sein; und es war es auch.« Später fährt er fort: »Unter seiner Krankheit mußte man immer für die Zunge Sorge tragen, die die meiste Zeit wie Holz so trocken und unrein war und oft mußte gesäubert werden; die Lippen verloren dreimal ihre Haut, die hart und schwarz wurde.«

Über Utrecht und Mecheln erreichten die Reisenden dann Anfang Mai 1766 Paris, fanden aber die Umstände weniger günstig als das erste Mal. Ende November 1766 trafen die Mozarts in Salzburg ein. Kurz vor dem Endziel erkrankte Wolfgang in München an einem Gelenkrheuma, und zwar unter ähnlichen Umständen wie 1763. Vater Leopold kam deshalb in seinem Brief vom 15. November 1766 darauf zurück und meinte:

»... ob wir aber auch noch über Regensburg gehen werden, zweifle sehr, indem ich erst die völlige Genesung unseres Wolfgangerl abwarten müssen und dann erst nicht wissen, wie wir bald von hier loskommen. Inzwischen wird das Wetter immer schlechter ... (folgt Bericht über die Krankheit Anno 63) ... Nun ist es eben so. Er konnte auf keinen Fuß stehen; keine Zehen und keine Knie bewegen. Kein Mensch durfte ihm in die Nähe kommen, und er konnte 4 Nächte nicht schlafen. Das nahm ihn sehr mit und setzte uns um so mehr in Sorgen, weil immer, sonderlich gegen die Nacht, Hitze und Fieber da waren. Heute ist es merklich besser. Allein, es werden wohl noch 8 Tage herum gehen, bis er wieder recht hergestellt ist.«

Die Eltern zogen aus diesen gehäuften Erkrankungen ihrer Kinder leider nicht die entsprechende Lehre. Zudem scheint Vater Leopold keinen Arzt zugezogen, sondern selbst behandelt zu haben (A. Greither). Durch die bisherigen Erfolge vielmehr ermutigt, brach die gesamte Familie Mozart im September 1767 nach Wien auf, um die Gelegenheit einer Hochzeit am kaiserlichen Hofe wahrzunehmen. Doch fand die fürstliche Vermählung, von welcher sich Vater Leopold so viel versprochen hatte, nicht statt, weil die Prinzessin von den Blattern befallen wurde. Der Adel flüchtete auf seine Landsitze, die Epidemie breitete sich immer mehr in der Stadt aus, und die Mozarts standen vor verschlossenen Türen. Überstürzt, aber doch zu spät, reiste man Ende Oktober nach Olmütz ab. Beide Kinder erkrankten dort an den Pocken. In einem Brief vom 10. November 1767 aus Olmütz heißt es:

»Te Deum laudamus! Der Wolfgangerl hat die Blattern glücklich überstanden. Und wo? – in Olmütz! Und wo? In der Residenz Sr. Exzellenz Herrn Grafen Podstatsky ... Montags den 26. fuhren wir nach Olmütz, wo wir etwas später anlangten ... Um zehn Uhr klagte der Wolfgangerl über seine Augen; allein ich bemerkte, daß er einen warmen Kopf, heiße und sehr rote Wangen, hingegen Hände wie Eis so kalt hatte. Der Puls war auch nicht richtig; wir gaben ihm also Schwarzpulver und legten ihn schlafen. Die Nacht hindurch war er ziemlich unruhig, und die trockene Hitze hielt am Morgen immer noch an. Man gab uns zwei bessere Zimmer; wir wickelten den Wolfgangerl in Pelze ein und wanderten also mit ihm in die anderen Zimmer. Die Hitze nahm zu; wir gaben ihm etwas Margrafen-Pulver und Schwarzpulver. Gegen den Abend fing er an zu phantasieren; und so war die ganze Nacht und der Morgen des 28ten. Nach der Kirche ging ich zu Sr. Exzellenz dem Grafen von Podstatsky, der mich in großer Gnade empfing; und als ich ihm sagte, daß mein Kleiner krank geworden, und ich vorsehe, daß er etwa Blattern bekommen möchte, so sagte er mir, daß er uns zu sich nehmen wollte, indem er die Blattern gar nicht scheute ... Nachmittags um 4 Uhr wurde der Wolfgangl in lederne Lainlachen und Pelze eingepackt, und in den Wagen getragen, und so fuhr ich mit ihm in die Domdechantey ...

Sobald die Blattern herauskamen, war alle Alteration weg, und Gott Lob! er befand sich immer gut. Er war sehr voll, und da er erstaunlich geschwollen, und eine dicke Nase hatte, und sich im Spiegel besah, so sagte er: nun sehe ich dem Mayrl gleich, er verstund den Herrn Musicum Mayr. Seit gestern fallen die Blattern da und dort ab; und alle Geschwulst ist schon seit 2 Tagen weg.

... Eine Sorge liegt mir noch am Herzen, nämlich, daß mein Mädel auch möchte die Blattern bekommen, denn wer weiß, ob die etlichen Blattern, die sie hatte, die rechten waren?«

Sie waren es allem Anschein nach nicht, denn in seinem Brief vom 29. November 1767 aus Olmütz steht: »Iterum iterumque Te Deum laudamus! Meine Tochter hat die Blattern glücklich überstanden!«

Im Januar 1768 kehrte Leopold Mozart mit seinen soeben erst genesenen Kindern wieder nach Wien zurück, wo er bis zum Dezember des gleichen Jahres blieb – eine wirtschaftlich schwere Zeit, die auch sonst nur verhältnismäßig wenig von künstlerischem Erfolg gekrönt war. Um so größer aber ist für diesen Zeitraum die Anzahl der von Mozart geschaffenen Kompositionen. Für einen Liebhaber, den Arzt Dr. Mesmer, konnte Wolfgang in Wien noch »Bastien und Bastienne« fertigstellen. Dr. F. A. Mesmer spielte Violoncell und Clavicembalo, ferner sang er Tenor; aber das eigentliche Instrument, welches ihm besonders lag, war die Glasharmonika. Dem musischen Arzt-Freund hat Mozart übrigens später in seiner Oper »Così fan tutte« in der Gestalt des Doktors ein Denkmal von Dauer gesetzt.

Ende 1768 kamen die Mozarts enttäuscht und resigniert nach Salzburg. Die Schwester Maria Anna war bereits 18 Jahre alt, und das Wunderkind Wolfgang Amadeus, welches schon zu pubertieren begann, konnte man jetzt nur noch in solchen Ländern auftreten lassen, die es nicht bereist hatte. Mit Wolfgang allein unternahm der Vater vom Dezember 1769 bis zum 28. März 1771 die erste Italienreise, welche als Kombination von Bildungs- und Wunderkindreise gedacht war (Blume). Bei dieser Gelegenheit sollte Wolfgang insbesondere mit den Eigentümlichkeiten und Stilrichtungen der südländischen Musik vertraut gemacht werden, gleichzeitig aber auch als ausübender Künstler glänzen. Vater und Sohn reisten monatelang durch Italien und kamen zu hohen Ehren.

Am Karmittwoch des Jahres 1770 wurde in der Sixtinischen Kapelle in Rom das »Miserere« von Gregorio Allegri aufgeführt, welches zu kopieren bei Androhung der Exkommunikation verboten gewesen war. Jenes Tonwerk, für mehrstimmigen Chor und einen neunstimmigen Schlußchor gesetzt, schrieb Wolfgang Amadeus nach einmaligem Hören hernach nahezu fehlerlos aus dem Gedächtnis nieder, ohne deswegen in Acht und Bann zu geraten, wie seine besorgte Mutter befürchtete. Im Gegenteil, am 8. Juli verlieh ihm der Papst den Orden vom Goldenen Sporn, der ihn berechtigte, den Titel »cavaliere« zu führen; Mozart hat davon jedoch kaum Gebrauch gemacht.

Die gesamte Reise, bei welcher sogar Neapel und Venedig berührt wurden, brachte außerordentliche Erfolge; sie ist als die triumphalste unter allen bisherigen Abstechern ins Ausland anzusehen, wenn es auch nicht an zeitgenössischen Kritiken fehlte, die sich bedenklich über die Vergötterung aussprachen, die Leopold mit seinem Sohne treibe. Von August bis Dezember 1771 folgte die nächste Italienreise. Hierzu gibt es einen, lange posthum geschriebenen Briefkommentar der Schwester Nannerl vom 2. Juli 1819, worin sich – bezüglich alter Mozart-Bilder – folgender Hinweis findet: »Wie er von der Italienischen Reise zurückkam . . ., da war er erst 16 Jahre alt, aber da er von einer sehr schweren Krankheit aufstand, so sieht das Bild kränklich und sehr gelb aus . . .« Um was es sich damals handelte, ist unbekannt. Vom Oktober 1772 bis zum März 1773 erfolgte dann die dritte und letzte Italienreise. Mozart hat Italien später nie wieder betreten und auch nie mehr den Versuch gemacht, dorthin zurückzukehren – kein Kompositionsauftrag oder persönliche Bindungen führten Vater und Sohn je wieder nach dem Süden, obwohl Wolfgang im Oktober 1770 in die berühmte Accademia filarmonica von Bologna aufgenommen wurde. Trotz zahlreicher Ehrungen und einiger Gelegenheitsarbeiten glückte es nicht, dem Sohn eine ruhmreiche Anstellung von Dauer zu verschaffen – ein Phänomen, das Mozart zeitlebens verfolgte. Künstlerisch von hohem Gewinn, blieb das Ergebnis der drei Tourneen in wirtschaftlicher Hinsicht enttäuschend. So muß für diesen Zeitraum nur noch erwähnt werden, daß außer Katarrhen, Zahnschmezen und den bei dieser Art von Reisen häufigen Infekten uns sonst keine nennenswerte Krankheit Mozarts bekannt geworden ist. Auch die nachträglichen Worte der Schwester Nannerl vom 24. November 1799 lassen kaum verbindliche Schlüsse zu. Sie schrieb:

»Ich übersende Ihnen auch einen Kupferstich, der wie wir in Paris waren gestochen wurde, hieraus sehen Sie, daß mein Bruder ein recht hübsches Kind war, erst nach den Blattern hatte er sich so verunstaltet, und noch mehr wie er von Italien zurück gekommen, bekam er die welsche gelbe Farbe, die ihn ganz unkenntlich machte. Er war ein kleins doch proportioniertes Kind.«

Leopold und Wolfgang reisten dann wieder gemeinsam im Sommer des Jahres 1773 nach Wien, im Winter 1774/75 nach München. Auch diese beiden Unternehmungen schlugen in Hinsicht auf eine Anstellung Wolfgangs fehl, irgend etwas Unfaßliches scheint die Menschen von ihm ferngehalten zu haben. In Salzburg selbst wurde das Verhältnis der beiden Mozarts zum Erzbischof Hieronymus von Colloredo immer gespannter. Als Vater und Sohn gemeinsam eine neue Kunstreise planten und im Juni 1777 ein Urlaubsgesuch einreichten, lehnte der Kirchenfürst schroff ab. Wolfgangs Antwort war ein höflich formuliertes Entlassungsgesuch für seine Person, auf das der Erzbischof am 28. August mit der für Vater und Sohn verfügten Entlassung aus dem Salzburgischen Dienst antwortete.

Die Entlassung des Vaters wurde bald zurückgezogen, Wolfgang schien nun jedoch auf sich allein gestellt zu sein. So blieb dem Vater, der genau wußte, wie unerfahren und vertrauensselig sein in der Stimmung oft zum Extrem neigender Sohn war, keine andere Wahl, als schweren Herzens die Mutter mit auf die nächste Fahrt zu schicken. Beide reisten am 23. September 1777 ab. Von gänzlich passivem Wesen, dazu noch verbraucht und beleibt, vermochte die sichtlich kurzatmige Frau ihrem zum Schlendrian und Geldverschwenden neigenden Sohn keinerlei Zügel anzulegen. Zum Entsetzen des Vaters wurden beide auch noch in Mannheim seßhaft, da sich Wolfgang dort in die fünfzehnjährige Tochter Aloysia des Sängers Fridolin Weber verliebte und darüber sämtliche berufliche Aufgaben vergaß.

Am 22. Februar 1778 schreibt Wolfgang:

»Ich bin jetzt schon 2 Tage zu Hause geblieben und habe antispasmodisch und schwarzes Pulver und Holunderblütentee zum Schwitzen eingenommen, weil ich Katarrh, Schnupfen, Kopfweh, Halsweh, Augenweh und Ohrenweh gehabt habe; nun ist es aber Gott sei Dank wieder besser, und morgen hoffe ich wieder auszugehen, weil Sonntag ist.«

Vom 14. bis 23. März 1778 dauerte die nicht mit dem Postwagen, sondern mit einem Roßhändler unternommene Reise nach Paris, welche die beiden in ihrer einstigen, an den Händler veräußerten Chaise unternahmen. Das Quartier in der Seinestadt war mehr als bescheiden. Die Mutter schreibt, daß sie dort den ganzen Tag allein im Zimmer sitze wie im Arrest, dunkel und unwirtlich sei es außerdem; wenn sie aus dem Fenster sähe, ginge der Blick auf einen Hinterhof, und die Stiege sei derart eng, daß man nicht einmal ein Klavier heraufbringen könne. Zu allem Unglück starb die Mutter auch noch dort am 3. Juli, 57 Jahre alt, im Anschluß an einen fieberhaften Infekt (Typhus?), wobei sie letzten Endes einer Herzschwäche erlegen sein dürfte. In derselben Nacht schrieb Mozart, der gewiß auch die gesundheitliche Lage der Mutter völlig falsch eingeschätzt hatte, an den Abbé Bullinger:

»Allerbester Freund!

für Sie ganz allein.

Trauern Sie mit mir, mein Freund! – dies war der traurigste Tag in meinem Leben – dies schreibe ich um 2 Uhr nachts – ich muß es Ihnen doch sagen, meine Mutter, meine liebe Mutter ist nicht mehr! – Gott hat sie zu sich berufen – er wollte sie haben, das sah ich klar – mithin habe ich mich in den Willen Gottes gegeben. Er hatte sie mir gegeben, er konnte sie mir auch nehmen. Stellen Sie sich nur alle meine Unruhe, Ängste und Sorgen vor, die ich diese 14 Tage ausgestanden habe – sie starb ohne daß sie etwas von sich wußte – löschte aus wie ein Licht. Sie hat 3 Tage vorher gebeichtet, ist kommuniziert worden und hat die heilige Ölung bekommen – die letzten drei Tage phantasierte sie beständig und heut aber um 5 Uhr 21 Minuten griff sie in Zügen, verlor alsogleich dabei alle Empfindung und alle Sinne – ich drückte ihr die Hand, redete sie an – sie sah mich aber nicht, hörte mich nicht und empfand nichts – so lag sie bis sie verschied, nämlich in 5 Stunden um 10 Uhr 21 Minuten abends – es war niemand dabei als ich, ein guter Freund von uns, den mein Vater kennt, H. Haina und die Wächterin – die ganze Krankheit kann ich Ihnen heute unmöglich schreiben – ich bin der Meinung, daß sie hat sterben müssen – Gott hat es so haben wollen. Ich bitte Sie unterdessen um nichts als um das Freundstück, daß Sie meinen armen Vater ganz sachte zu dieser traurigen Nachricht bereiten – ich habe ihm mit der nämlichen Post geschrieben – aber nur daß sie schwer krank ist – warte dann nur auf eine Antwort – damit ich mich danach richten kann. Gott gebe ihm Stärke und Mut –

mein Freund! – Ich bin nicht jetzt, sondern schon lange her getröstet! – Ich habe aus besonderer Gnade Gottes alles mit Standhaftigkeit und Gelassenheit übertragen. Wie es so gefährlich wurde, so bat ich Gott nur um 2 Dinge, nämlich um eine glückliche Sterbestunde für meine Mutter, und dann für mich um Stärke und Mut, und der gütige Gott hat mich erhört und mir die 2 Gnaden im größten Maße verliehen ...«

Die Abreise Wolfgangs aus Paris erfolgte überstürzt Ende September 1778 in einem Augenblick, als sich Prestige und Einnahmen abzuzeichnen schienen, obwohl er von sich aus nur sehr wenig getan hatte, um bekannt zu werden. Dann aber zog er die Rückfahrt, sehr zum Ärger des Vaters, in die Länge, da ihm auch kein Gedanke unbequemer war als die Heimkehr nach Salzburg. Er wählte den Weg über Mannheim und blieb dort nahezu zwei Monate. Endlich traf er an Weihnachten in Müchen wieder mit Aloysia Weber zusammen – aber zu seinem bitteren Kummer wollte die große Sängerin nun nichts mehr von ihm wissen. Erfolglos und mit tiefster Enttäuschung im Herzen kam Wolfgang Mitte Januar 1779 wieder im heimatlichen Salzburg an.

Wenn es auch dem Vater Leopold noch einmal gelungen war, in der Zwischenzeit die Wiedereinstellung seines Sohnes durchzusetzen – Wolfgang wurde im Januar 1779 Domorganist – so war dieses Verhältnis auf die Dauer doch untragbar. Seine Tage bei Hofe schienen gezählt, dort nahm er nun eine seltsame Zwitterstellung ein. Auch ließ ihn der Erzbischof die persönliche Verstimmung spüren. Wolfgangs bedrückte Gemütsverfassung änderte sich hingegen plötzlich, als er vom Münchener Hofe den Auftrag erhielt, die Oper »Idomeneo« zu komponieren. Am 22. November 1780 schrieb er von dort an den Vater:

»Ich habe dermalen einen Katarrh, welcher bei dieser Witterung hier sehr Mode ist; ich glaube und hoffe aber, er wird sich bald flüchten, denn die 2 leichten Kürassier-

Regimenter Rotz und Schleim gehen so immer nach und nach weg.«

Der um seinen Sohn stets besorgte Vater antwortete, wie immer prompt, am 25. November:

»Ich hoffe, Du wirst aus Deinem Katarrh eben keinen Spaß machen, denn, obwohl man die Katarrhe nicht achtet, so haben sie oft üble Folgen. Halte Dich warm, trink keinen Wein, und nehme vor dem Schlafengehen ein wenig schwarzes Pulver und eine kleine Messerspitze Margrafenpulver darunter, zum Frühstück Tee, aber nur nicht Kaffee.« Man sieht, an Vater Leopolds familiärer Besorgtheit hat sich in der Zwischenzeit ebensowenig geändert wie an seinen Behandlungsvorschlägen!

Die Aufführung am 29. Januar 1781 war ein glanzvoller Erfolg, aber die Einnahme gering – der »Opfer«-Gedanke dieser Oper hatte ihn ebenso fasziniert wie später auch in der »Zauberflöte«; vielleicht liegt darin das Unbegreifliche beider Werke begründet, welche Mozarts Biographik so merkwürdig umrahmen. Jedenfalls überschritt er seinen Urlaub beträchtlich, ließ seinen Vater immer deutlicher merken, wie unerträglich ihm zwar nicht Salzburg, aber die dortige Hofgesellschaft sei, und folgte im März einer Order des Erzbischofs nach Wien. Mozart fühlte sich wie ein Lakai behandelt; als nun für ihn Anfang Mai der plötzliche Befehl kam, sofort nach Salzburg zurückzureisen, kündigte er, trotz aller Einlenkungsversuche des Vaters, den Dienst bei Colloredo. Er stand auf der Straße, aber er war frei. Mozart lebte nun in Wien, anfangs beglückt, heiter, frei vom Zwang und voll euphorischer Zuversicht, weil er sich nun in Aloysias Schwester Konstanze verliebt hatte und ihm Heiratspläne vorschwebten. Aloysia Weber war 1779, ein Jahr nach ihrer Verpflichtung an das Münchener Theater, nach Wien engagiert worden. Mit ihr gingen, da der Vater kurz zuvor verstorben war, die Mutter und die drei Schwestern. Am 31. Oktober 1780 heiratete Aloysia übigens in

Wien den Schauspieler Lange, von dem auch das Mozartporträt stammt, das der österreichischen Sondermarke von 1956 zugrundeliegt. Doch war Mozarts Position nicht ausreichend, um eine Familie zu gründen. Aus diesen Schwierigkeiten suchte er sich durch zunehmende Konzerttätigkeit und unermüdlichen Fleiß zu helfen. Er, der reine Tor, wurde von der Schwiegermutter geschickt in das Netz der Ehe gezogen. Mit Vater Leopold gab es deswegen ein Zerwürfnis, das später nie mehr bereinigt werden konnte, dasselbe gilt im wesentlichen auch bezüglich der Schwester Nannerl. Mozart begann schon morgens um 6 Uhr in der Früh mit der Arbeit und endete meist erst nach Mitternacht. Die Hochzeit fand am 4. August 1782 statt. Seine Ehe mit Konstanze, welche in Geldangelegenheiten ebensowenig weitblickend war wie ihr Gatte, ist rückblickend sogar als gut zu bezeichnen. Wenn sie auch die Größe ihres Mannes erst Jahrzehnte nach dessen Tod begriffen zu haben scheint, so war sie trotz ihrer leichtfertigen und oberflächlichen Art doch die Lebensgefährtin, die Mozart brauchte. Hingegen mißlangen in der Folgezeit die erwünschte Aussöhnung mit dem Vater und die Anbahnung eines freundschaftlichen Verhältnisses zur Schwester. Gegen Konstanze blieb der Vater stets kalt und abweisend, daran änderte auch die im Juli 1783 angetretene Reise des Ehepaares zu Vater und Schwester nach Salzburg nichts. Zudem war während ihres dortigen Aufenthaltes der erst im Juni geborene Sohn Raimund Leopold, den sie in Pflege gegeben hatten, gestorben, und noch im Dezember 1783 schrieb der Sohn an den Vater: »Wegen dem armen, dicken, fetten und lieben Buberl ist uns beiden recht leid.«

In den nächsten Jahren erkrankte Wolfgang einmal, wie wir aus einem Brief Leopolds vom 14. September 1784 an die Tochter Nannerl erfahren: »Mein Sohn war in Wien sehr krank. Er schwitzte in der neuen Oper des Paisiello durch alle Kleider und mußte in der kalten Luft erst den

Bedienten suchen, der seinen Überrock hatte, weil unterdessen der Befehl ergangen war, keinen Bedienten durch den ordentlichen Ausgang ins Theater zu lassen. Dadurch erwischte nicht nur er, sondern manch anderer ein rheumatisches Fieber, das, wenn man nicht gleich etwas dazu tut, in Faulfieber ausartet. Er schreibt:

»Ich habe vier Tage nacheinander zur nämlichen Stunde rasende Kolik bekommen, die sich allzeit mit starkem Erbrechen geendet hat. Ich muß mich nun entsetzlich halten. Mein Doktor ist Herr Sigmund v. Barisani, der ohnehin die Zeit, als er hier ist, fast täglich bei mir war. Er wird hier sehr gelobt, ist auch sehr geschickt; und Sie werden sehen, daß er in kurzem sehr avancieren wird.« Doch wird nicht gesagt, wo sich besagte Koliken manifestierten – Magen, Darm, Galle oder ableitende Harnwege –, so daß wir auf Grund dieser Mitteilung leider keine verbindlichen Schlüsse ziehen können.

Leopold Mozart stattete vom 11. Februar bis zum 25. April 1785 seinen Gegenbesuch in Wien ab und konnte sich von Wolfgangs wachsenden Erfolgen, die nicht zuletzt durch seine guten Verbindungen zum Adel entstanden waren, persönlich überzeugen. Hier erreichte Mozarts Leben in der Tat einen einmaligen, wenn auch kurzen wirtschaftlichen Höhepunkt. In der Großen Schulerstraße Nr. 846 bewohnte er eines der schönsten und teuersten Quartiere, welches außerdem sehr geräumig war; schon die reichverzierte Stuckdecke des Arbeitszimmers wird den Vater von der wirtschaftlichen Prosperität seines Sohnes hinlänglich überzeugt haben. In Gegenwart des befreundeten Joseph Haydn fand jenes historische Quartettspiel statt, bei dem dieser zu Leopold die berühmt gewordenen Worte: »Ihr Sohn ist der größte Komponist, den ich von Person und dem Namen nach kenne«, über Wolfgang gesprochen hat, wovon Leopold an die Tochter unter dem Datum des 14. Februars 1785 stolz berichtete.

Allein dieses Glück, in Wolfgangs Ruhm als ausübender Künstler und Komponist begründet, war nur vorübergehend. Wohl im Banne revolutionärer Gedanken, die ihn auch zum Vertonen des »Figaro«-Stoffes veranlaßten, erschien Mozart am 19. Februar 1786 auf dem Maskenball, kostümiert als indischer Philosoph. Dort verteilte er ein gedrucktes Flugblatt mit 8 Rätseln und vierzehn »Bruchstücken aus Zoroasters Fragmenten«, alle von ihm selbst verfaßt. Er sandte dieses Dokument auch an Vater Leopold, der es an Nannerl weitergab (J. H. Eibl).

Ein Text lautete:

»Bist du ein armer Dummkopf, so werde Kanonikus. Bist du ein reicher Dummkopf, so werde ein Pächter. Bist du ein adeliger, aber armer Dummkopf – so werde, was du kannst, für Brot. Bist du aber ein reicher, adeliger Dummkopf, so werde, was du willst; nur kein Mann von Verstand – das bitte ich mir aus.«

Entgegen allen Intrigen, an denen Mozarts »Rival«, der Komponist und kaiserliche Hofkapellmeister Antonio Salieri (1750–1825), besonders beteiligt war, erfolgte die »Figaro«-Premiere am 1. Mai 1786; für die Oper erhielt er 450 Gulden. Wenn auch der Erfolg, welcher sich schon jetzt kundtat, außergewöhnlich zu sein schien, verschwand das Werk doch im gleichen Jahr nach der neunten Aufführung vom Spielplan. Der Grund liegt auf der Hand: Der Adel fühlte sich zutiefst kompromittiert! B. Paumgartner schreibt: »Es bleibt eine erschütternde Tatsache, daß Mozart trotz der gewaltigen Leistung seines ›Figaro‹ den merkwürdigen Verfall seiner Beliebtheit als schöpferischer Musiker beim Wiener Publikum nicht zu hemmen vermochte. 1786 veranstaltete Mozart noch sieben Akademien, nach 1788 hat er aller Wahrscheinlichkeit nach keine mehr zustande gebracht. Alle Hoffnungen Mozarts, Rang, Ansehen und Einkommen zu erzwingen, entschwanden trauriger von Tag zu Tag.« Schon im Jahre 1786 ließen seine Einnahmen, woran nicht zu zweifeln ist, erheblich nach, so daß Mozart den festen Plan hatte, nach England – wohin ihn zeitlebens eigenartige Kontakte banden – zu gehen. Da sich sein Vater weigerte, zwei Kinder inzwischen in Pflege zu nehmen, reiste Mozart stattdessen Anfang Januar 1787 nach Prag, um den »Figaro« hier zu sehen. Doch der dortige grandiose Applaus änderte seine Lage in Wien nicht, denn »der Prager Provinzialerfolg erregte in der Kaiserstadt kaum mehr als freundlich mitleidiges Kopfnicken« (B. Paumgartner). Man darf hierfür nicht die Gleichgültigkeit des Publikums in Ansatz bringen, das sich erfahrungsgemäß stets dem Neuesten zuwendet – dafür war der Abstieg nach dem »Figaro« zu jäh und zu brüsk. Die Zahl der Schüler nahm ständig ab, die Akademien verloren sich von selbst, in die Subskriptionslisten trug sich so gut wie niemand mehr ein. »Die Konzerttätigkeit Mozarts kam von 1787 an fast gänzlich zum Erliegen. Die einmaligen Opernhonorare oder Verlegerhonorare waren schnell aufgebraucht« (F. Blume). »Ohne Zweifel haben viele Zeitgenossen, die das überzeitlich Geniale des Werkes nicht begriffen, den ›Figaro‹ als einen heftigen Angriff gegen die sakrosankte Struktur der Wiener Gesellschaft empfunden. Man begann Mozart, wenn schon nicht als einen Aufrührer, so doch als einen kleinen Frondeur in diesen Kreisen anzusehen. Und wahrscheinlich hat man damals schon in jenen bevorzugten Schichten des Adels und des Wiener Bürgertums begonnen, von dem leidenschaftlichen jungen Künstler abzurücken, der so gerne und allzu deutlich seine Meinung heraussagte. Vielleicht war dies der Beginn der furchtbaren Vereinsamung, die Mozarts letzte Lebensjahre umschattete« (B. Paumgartner).

Am 10. Mai 1787 teilte Vater Leopold Mozart seiner Tochter Nannerl mit:

»Dein Bruder wohnt itzt auf der Landstraße No. 224. Er schreibt mir aber keine Ursache dazu, gar nichts! das mag ich leider errathen.« Dem weltkundigen Mann entging es nicht, daß sein Sohn in Wien gescheitert und aus der einst feudalen Wohnung in die Vorstadt, »auf die Landstraße«, verzogen war. In den letzten 1800 Tagen vor dem Tod senkte sich das große Schweigen auf Wolfgang Amadeus Mozart, wartete man in Wien im Grunde nicht mehr auf ein Werk von ihm. Sein gewaltsamer Tod ist nur der Schlußpunkt hinter alles. »Mozart stand in Spannung zur Ordnung der damaligen Gesellschaft – da er sich nicht fügen konnte und wollte, wurde er zum Revolutionär. Die Wiener Adelsgesellschaft, von deren Wohlergehen Mozart materiell abhing, hat dies durchaus bemerkt; zwar protegierte sie ihn zuerst, überantwortete ihn aber nach der Aufführung des Figaro dem Elend und damit dem frühen Tode« (A. Rosenberg).

Bereits die nächste Opernpremiere, »Don Giovanni«, konnte Mozart in Wien nicht erreichen, die Uraufführung erfolgte am 29. Oktober 1787 in Prag. Im Dezember wurde der Meister vom Kaiser Joseph II. zum k.k. Kammerkompositeur mit dem bescheidenen Jahresgehalt von 800 Gulden angestellt. Aber in der Folgezeit hat er nicht einmal die ersehnte 2. Kapellmeisterstelle erhalten, nur um die – allerdings unbesoldete – Position eines Adjunkten des Domkapellmeisters zu St. Stephan bewarb er sich im Todesjahr 1791 mit Erfolg.

Vater Mozart und sein Sohn haben sich später nie mehr gesehen. In seinem letzten Brief an ihn schreibt Wolfgang die bekannten Sätze:

»Nun höre ich aber, daß Sie wirklich krank seien! Wie sehnlich ich einer tröstenden Nachricht von Ihnen selbst entgegensehe, brauche ich Ihnen wohl nicht zu sagen; und ich hoffe es auch gewiß, obwohl ich es mir zur Gewohnheit gemacht habe, mir immer in allen Dingen das Schlimmste vorzustellen. Da der Tod (genau zu nehmen) der wahre Endzweck unseres Lebens ist, so habe ich mich seit ein paar

Jahren mit diesem wahren, besten Freunde des Menschen so bekannt gemacht, daß sein Bild allein nichts Schreckendes mehr für mich hat, sondern recht viel Beruhigendes und Tröstendes. Und ich danke meinem Gott, daß er mir das Glück gegönnt hat, mir die Gelegenheit (Sie verstehen mich) zu verschaffen, ihn als den Schlüssel zu unserer wahren Glückseligkeit kennen zu lernen. Ich lege mich nie zu Bette ohne zu bedenken, daß ich vielleicht (so jung als ich bin) den andern Tag nicht mehr sein werde – und es wird doch kein Mensch von allen, die mich kennen, sagen können, daß ich im Umgang mürrisch oder traurig wäre – und für diese Glückseligkeit danke ich alle Tage meinem Schöpfer und wünsche sie vom Herzen jedem meiner Mitmenschen ... Ich hoffe und wünsche, daß Sie sich während ich dieses schreibe besser befinden werden; sollten Sie aber wider alles Vermuten nicht besser sein, so bitte ich Sie ... mir es nicht zu verhehlen, sondern mir die reine Wahrheit zu schreiben oder schreiben zu lassen, damit ich so geschwind als es Menschen möglich ist in Ihren Armen sein kann; ich beschwöre Sie bei allem, was – uns heilig ist. – Doch hoffe ich bald einen trostreichern Brief von Ihnen zu erhalten, und in dieser angenehmen Hoffnung küsse ich Ihnen samt meinem Weibe und dem Carl 1000mal die Hände und bin ewig

Ihr gehorsamster Sohn
W: A: Mozart.«

Diese Worte, geschrieben am 4. April 1787, werden den Vater noch einmal von der Anhänglichkeit seines Sohnes überzeugt haben und dem 68jährigen, welcher am 28. Mai 1787 in Salzburg seine Augen für immer schloß, ein gewisser Trost gewesen sein. Trotzdem dürfen sie nicht darüber hinwegtäuschen, daß er letzten Endes unversöhnt und zutiefst resigniert starb – das große Ziel, welches er sich mit seinem Sohne vorgenommen hatte, war nicht erreicht worden. Bei aller Achtung und Wertschätzung blieb es dem Vater nicht verborgen, daß die späteren Erfolge Wolfgangs in umgekehrtem Verhältnis zu seinen raschen Siegeszügen als Wunderkind standen. Welch gewagten Einsatz hatte er riskiert, welche großen finanziellen Opfer auf sich genommen, indem er rastlos an der Ausbildung des Knaben gearbeitet und keine Reise gescheut hatte, die ihn noch mehr hätte bekannt machen können — und dies alles unter Umständen, bei denen jede Fahrt die Kräfte der Passagiere bis an den Rand der Erschöpfung trieb, in einer Zeit, in welcher der Zustand der Straßen mehr als zu wünschen übrig ließ, und die Strapazen, die den Insassen der Postkutschen abverlangt wurden, ans Legendäre grenzten! Und dennoch mußte es der Vater erleben, daß sein von Zweit- und Drittrangigen umgebenes Wunderkind, dem sogar ein Haydn den Wundermann attestierte, nach allen gescheiterten Versuchen bezüglich einer festen Anstellung in Wien ein mehr oder weniger vages Leben als freischaffender Bohemien führte, und dies an der Seite einer Lebensgefährtin, die Leopold ihrer Art und Einstellung nach zuwider gewesen ist. Allein auf sich selbst gestellt, fehlte es dem Sohne an der Ellenbogenkraft und an der erforderlichen Begabung für Intrige, um sich in die erste Reihe der musischen Günstlinge emporzuspielen und seinem merkantil veranlagten Vater den wirtschaftlichen Beleg für sein Künstlertum zu erbringen. Mozart war sich außerdem des eigenen Wertes voll bewußt und in des Wortes ursprünglichster Bedeutung stolz. Das hat ihm namentlich in der Wiener Gesellschaft über die neidischen Kollegen hinaus noch viele persönliche Feinde eingebracht. Ohne weise Führung blieb Mozart ein Kind, und wir wissen nicht, in welchen Kreisen er verkehrte, und ob die posthumen Beschuldigungen, es seien dies leider oft keineswegs die besten gewesen, zutreffen.

Zudem ist Mozarts äußere Erscheinung in gar keiner Weise markant gewesen. Als der Zauber des Wunderkindes verblich, blieb dem Aspekt nach nur die durchschnittliche Hülle eines gewöhnlichen Sterblichen übrig: Das Göttliche war in ihn eingelagert wie eine an der Oberfläche nicht erkennbare Goldader in taubes Gestein. So mag es auch verständlich sein, wenn Tieck, als er Mozart 1789 in Berlin sah, von ihm sagen konnte, daß er »klein, rasch, beweglich und blöden Auges, eine unansehnliche Figur« sei. Nur wenig über 150 Zentimeter groß, später etwas korpulent, bot dieser ewig quecksilbrig-nervöse Mann mit dem großen Kopf, der plumpen Nase und der von Pockennarben verunstalteten Haut physiognomisch wenig Anziehendes. Wolfgangs Augen waren von zartem Blau, das Haar sehr blond. Der etwas »unstete und zertstreute« Blick rührte mit von einer Myopie her, die sich auch schon auf den Kinderbildern durch den leichen Exophthalmus ankündigt. Infolge jener gewaltigen Strapazen während der Reisen und einer entsprechend mangelhaften Ernährung zog sich das Wunderkind eine Rachitis zu. Schädelveränderungen (Stirnhöcker), Zwergwuchs und Knochenverbiegungen an druckbelasteten Stellen, hier an den Händen, bezeugen das. So trägt Beethovens Neffe Karl zu Anfang des Jahres 1824 in die Konversationshefte des tauben Komponisten ein: »Mozarts Finger waren von dem unablässigen Spielen so gebogen, daß er das Fleisch nicht selbst schneiden konnte.« Gäbe es nicht eine davon unabhängige, aber fast gleichlautende Briefnotiz Zelters an Goethe, könnte man alles für Übertreibung halten. Außerdem trug Mozart sein Haar lang, und zwar wegen Fehlbildungen im Bereich der äußeren Ohrmuschel, eines fehlenden Ohrläppchens und einem massiven Wulst, welcher die Muschel durchzog und die Öffnung des äußeren Gehörganges schlitzartig verkleinerte. Diese Anomalie vererbte sich übrigens auf den jüngeren der beiden Söhne, nämlich Wolfgang Franz.

Mozart liebte kräftige Farben, vor allem Rot. Seine ständige innere Unruhe fand ihren Niederschlag in äußerer

Betätigung – den stets in nervöser Bewegung befindlichen Händen, der hastigen Sprechweise, der Neigung zum Tanzen, Kegeln, Billardspiel. Von hoher, reiner Gesinnung und in allen Dingen des Lebens äußerst korrekt, fiel er seiner naiven, gutgläubigen Wesensart, die in seltsamem Gegensatz zu seiner sonstigen intuitiven Menschenkenntnis stand, mehr als einmal zum Opfer. Wenn auch böswillige biographische Verdrehungen nach seinem Tode das Gegenteil – nicht zuletzt zum Zwecke der Begründung seines vorzeitigen Endes – in Umlauf zu setzen versuchten, so darf trotz seiner Hingabefähigkeit an die irdischen Genüsse dieser Welt nicht vergessen werden, daß er sich zeitlebens ein kindlich reines Herz und einen lauteren Charakter bewahrte. Zudem ist Mozart stets ein Suchender gewesen. Ende 1784 wurde er Freimaurer; eine Mitgliederliste der »Loge zur neu gekrönten Hoffnung in Wien, in der Weihburggasse im Graf Fuchs'schen Hause« nennt 1787 neben ihm noch den Theaterdirektor E. Schikaneder. Mozarts Vater Leopold wurde in Wien am 4. April 1785 ebenfalls als Lehrling in den Bund aufgenommen und schon am 22. April in den Meistergrad erhoben. Wolfgang Amadeus hat sehr wahrscheinlich noch einen weit höheren Rang innegehabt.

Was sich in seinem Innern abspielte, kann trotz des vorliegenden großen biographischen Materials nur erahnt werden. Der »letzte Mozart« entzieht sich nach einem unerforschlichen Gesetz der detaillierten Interpretation, weshalb E. Schenk von der »Unfaßbarkeit seiner Person« spricht. Die Gegenwart besitzt, so eigenartig das erscheint, kein allgemeingültiges, treffendes und umfassendes Mozartbild. Je nach Lage des Temperamentes hat jeder Betrachter das in ihn hineininterpretiert, was ihm selbst am meisten entgegenkam. Weil die Gemälde sehr von der Musik und weniger vom Persönlichen her aufgebaut sind, weichen die Mozartporträts allesamt so stark voneinander ab. In dem Werk »Aethiopica« von Heliodor wird beschrieben, auf welche Weise sich göttliche Wesen in der Antike für gewöhnliche Sterbliche, sofern sie eingeweiht sind, zu erkennen geben: Durch ihren undurchdringlichen Blick, ihre ungehemmte Beweglichkeit und durch ein Körpermal. Alle diese Voraussetzungen sind bei Mozart – ohne daß man nun ins Schwärmen verfällt – tatsächlich erfüllt gewesen.

Denn wenn er zwar als Mensch aus Fleisch und Blut unter uns lebte, war er dabei doch »ein ganz anderer«, nicht zuletzt durch einen erheblichen Psychoinfantilismus, der auch den Mann Mozart nie verließ und ihn bei aller kritischen Lebenserkenntnis vor den Trivialitäten des Alltags abschirmte. Ihn darum mit dem Maßstab unserer Erfahrung zu messen, ist ein Unding. Seine Seele war keineswegs so hell und luzid, wie sie sich in den Werken darstellt; Mozarts Gemüt ist gespalten gewesen. Immer hat man beim Lesen auch der besten Biographien den Eindruck, daß sie uns nur Teilwahrheiten vermitteln. Wohin zog es ihn, mit wem verkehrte er, wohin begab er sich außerhalb der kontrollierbaren Bahnen des Lebens? Weshalb nannte er sich um 1782 mit einem Mal Wolfgang Adam (so auch im Trauungsdokument)!? Zeitlebens stand Mozart unter dem dämonischen Zwang des ständigen Produzierenmüssens, nicht allein durch die äußere Notlage, sondern einem verborgenen inneren Drang gehorchend, für dessen Ursache er selbst keine Erklärung gehabt haben dürfte. Während andere bestrebt waren, das letzte Werk ins rechte Licht zu rücken, war Mozart im Geist schon beim nächsten. Allein die Fülle von 623 Opera – die angefangenen und unvollendet gebliebenen nicht mitgerechnet! – erbringt den Beweis für diese gewaltige schöpferische Spannung, der er ausgeliefert zu sein schien, und die gewissermaßen seine Lebenskerze an beiden Enden zugleich abbrennen ließ. Sein vorzeitiger Tod läßt ihn vor unserem geistigen Auge eher geläutert erscheinen. Daran vermag auch die Tatsache nichts zu ändern, daß Mozarts Musik für die Zeitgenossen viel zu schwer verständlich und technisch viel zu kompliziert war, was – außer den verborgenen Intrigen – später die Mißerfolge seines Nie-zum-Zuge-Kommens in Wien teilweise miterklärt. Aber Mozart hätte auch weitergeschrieben, wenn der geringe Prozentsatz jener Werke, deren Druck er erleben durfte, nicht gedruckt worden wäre. Zu diesen Faktoren trat vor dem Tode noch ein Zug des Ausgeliefertseins an höhere, invisible Mächte, ein Zug der Ausweglosigkeit in das Bild (Blume).

Das Jahr 1787 brachte Mozart einen weiteren herben Verlust, denn am 2. September starb sein Freund, der ihn behandelnde Arzt Dr. Sigmund Barisani, worüber er in seinem Stammbuch schreibt:

»Heute, am 2. September dieses nämlichen Jahres, war ich so unglücklich, diesen edlen Mann, liebsten, besten Freund und Erretter meines Lebens, ganz unvermutet durch den Tod zu verlieren. Ihm ist wohl! Aber mir, uns und allen, die ihn genau kannten – uns wird es niemals wohl werden, bis wir so glücklich sind, ihn in einer besseren Welt und auf Nimmerscheiden zu sehen.«

Von 1788 an versank Mozart rasch in den wirtschaftlichen Ruin. Charakteristisch ist nun, daß man ihn in Wien zwar nicht ganz zum Verstummen bringt, seine Opernaufführungen jedoch rasch nach der Premiere wieder absetzt:

Im Mai dieses Jahres erfolgte die Wiener Erstaufführung des »Don Giovanni«, die Oper wurde aber zu Mozarts Lebzeiten bloß 15mal gegeben und verschwand noch im gleichen Jahr vom Spielplan. Im Juni dieses Jahres beginnen die uns erhaltenen Bettelbriefe an den befreundeten Kaufmann Michael Puchberg, der ihm, soweit man das übersehen kann, insgesamt rund 1500 Gulden borgte. Auch 1789 gelang es Mozart nicht, Subskribenten für irgendwelche Akademien zu gewinnen. Die Kunstreise an der Seite von Fürst K. Lichnowsky im April (Prag, Dresden, Berlin, Leipzig) »war fast nutzlos geblieben« (F. Blume). Anfang Juni kehrte er nach Wien zurück. Kurze Zeit später erkrankte auch noch seine Frau an einem Beingeschwür und mußte mehrere Monate zur Kur nach Baden. Ende August wurde »Figaro« wieder ins Programm aufgenommen, jedoch nur 12mal gegeben. Der Kaiser, wieder auf Mozart aufmerksam geworden, ließ ihm einen Opernauftrag erteilen. Im Burgtheater hat man am 26. Januar 1790 »Così fan tutte« aufgeführt und nach insgesamt 10 Abenden für immer abgesetzt. Im Mai 1790 kamen noch 2 Schüler zu Mozart, er »möchte es gerne auf 8 Scolaren bringen«. Nach dem Tode des Kaisers änderte sich in Mozarts Leben nichts, er lebte weiter »im Jammer« und betonte, daß sein Schicksal in Wien so widrig sei, daß er nichts verdienen könne, selbst wenn er wolle. »Meine gegenwärtigen Umstände sind aber so, daß ich, ohne die Hilfe eines biederen Freundes, meine Hoffnung zu meinem ferneren Glücke ganz verloren geben muß.« Trotz aller äußeren Behinderungen kommen hier jene beiden Haupteigenschaften zum Durchbruch, die für das Scheitern von Mozarts Leben hauptsächlich verantwortlich zu machen sind: Das Übermaß der Begabung auf der einen und seine Unfähigkeit, die Umwelt in seinen Bann zu zwingen auf der anderen Seite; ferner der Umstand, daß ihm Erwerb und Besitz stets gleichgültig waren, weshalb er nie disponieren oder kalkulieren konnte.

Anfang Mai heißt es in einem Schreiben:

»Mir ist sehr leid, daß ich nicht ausgehen darf, um mit Ihnen selbst sprechen zu können, allein meine Zahn- und Kopfschmerzen sind noch so groß, und ich fühle überhaupt noch eine starke Alteration.« Der neue Kaiser, Leopold II., wollte im Grunde genauso wenig mit Mozart zu tun haben wie sein Vorgänger und alle seine Träume, daß er an der Schwelle des Erfolges stünde, entpuppten sich als Phantastereien.

Am 14. August schreibt er wieder an Puchberg:

»So leidentlich als es mir gestern war, so schlecht geht es mir heute; ich habe die ganze Nacht nicht schlafen können vor Schmerzen. Ich muß mich gestern von vielem Gehen erhitzt und dann unwissend erkältet haben. Stellen Sie sich meine Lage vor: krank und voller Kummer und Sorge. Eine solche Lage verhindert auch die Genesung um ein merkliches. In 8 oder 14 Tagen wird mir geholfen werden; sicher, aber gegenwärtig habe ich Mangel. Könnten Sie mir denn nicht mit einer Kleinigkeit an die Hand gehen? Mir wäre für diesen Augenblick mit allem geholfen . . .« Hier verstand es der Absender, den Bericht über einen banalen Infekt geschickt mit dem Wunsch nach finanzieller Subvention zu verbinden und ein momentanes körperliches Mißbehagen zum Mittelpunkt eines wirtschaftlichen Anliegens zu machen.

In Wien selbst gelang ihm jetzt kein Erfolg mehr, obwohl seine Werke in Prag begeisterte Aufnahme fanden. Aber war die »Führungsspitze« in Prag, war dort der Adel nicht derselbe wie in Wien, mußte man sich dort durch den »Figaro« nicht ebenso herausgefordert fühlen? Hierzu möge folgendes gesagt werden: In Wien, nicht in Prag saß die Regierung, die sich im eigentlichen Sinn durch Mozart kompromittiert wähnte. Hinzu kommt, daß sich beide Städte in einem heimlichen Konkurrenzkampf miteinander befanden, und daß es als Ehrensache galt, in künstlerischen Dingen an der Moldau grundsätzlich eine andere Meinung zu haben als an der Donau – wenn dem Komponisten dort das Publikum weit fortschrittlicher und verständiger erschien als in der Wahlheimat, dann hatte das zum Teil ganz andere Gründe, als er dachte. Mozart befand sich »auf der Reise nach Prag« angesichts der bitteren Notwendigkeit, in der Fremde *keinem* Boykott ausgesetzt zu sein, wie das in Wien seit dem Jahre 1786 der Fall gewesen ist. Zuletzt fiel er wohl noch Wucherern in die

Hände. Am 1. Oktober verpfändete Mozart für 1000 Gulden das gesamte Mobiliar, um die Reise zur Kaiserkrönung nach Frankfurt am Main zu finanzieren, obgleich man ihn dorthin gar nicht einlud. Die Briefe an die Gattin bezeugen, wie lustlos und resigniert er war. Am 3. Oktober schreibt er aus Frankfurt an Konstanze über die als Auftrag gedachte Trauermusik für das Mausoleum des Feldmarschalls Laudon, deren tiefernste Einleitungstakte die damalige Seelenverfassung widerspiegeln. Das Werk ist als ein Stück für eine Orgelwalze in einer Uhr gedacht, dauert etwa 8 Minuten und wurde als Trauermusik noch viele Jahre nach Mozarts Tod verwandt:

». . . ich habe mir so fest vorgenommen, gleich das Adagio für den Uhrmacher zu schreiben . . . tat es auch – war aber, weil es eine mir sehr verhaßte Arbeit ist, so unglücklich, es nicht zu Ende bringen zu können – ich schreibe alle Tage daran – muß aber immer aussetzen, weil es mich ennuiert – und gewiß, wenn es nicht einer so wichtigen Ursache willen geschähe, würde ich es sicher ganz bleiben lassen – so hoffe ich aber doch, es so nach und nach zu erzwingen –«

Zwar war Mozart »berühmt, bewundert und beliebt«, wie er am 8. Oktober nach Hause schrieb, und »wenn die Academie ein bischen gut ausfällt, so habe ich es meinem Namen . . . zu danken.« Der materielle Erfolg des Konzertes, welches erst am 15. Oktober stattfand, war hingegen schlecht; zu der geplanten zweiten Veranstaltung am 17. Oktober ist es in Frankfurt nicht mehr gekommen. Der Not gehorchend – und sicher nicht aus innerem Anliegen – fuhr dann Mozart am 16. Oktober mit dem Marktschiff nach Mainz, wo er am Mittwoch, dem 20. Oktober, im Akademiesaal des Kurfürstlichen Schlosses vor dem Kurfürsten Karl Joseph von Erthal in Gegenwart des Reichs-Vizekanzlers Franz de Paula Gundaccar Fürst Colloredo und seiner Gemahlin sowie ihren Söhnen ein Konzert gab.

Eine eindrucksvolle zeitgenössische Schilderung in Gedichtform lautet:

»Beim letzten Kurfürst war's im Schloß zu Mainz
an einem Spätherbstabend. Vorm Portale
um Läufer und Heiducken drängt sich Volk
und steh'n in langer Reihe die Karossen.
Im Festsaal droben aber rauscht's und glänzt's
von Perlen, Gold und seidnen Prunkgewändern.
Was nur von Adel und von hohem Rang,
ist hier versammelt. Hochfrisierte Damen
in steifen Röcken flüstern unverwandt
zum Fächerspiel mit stolzen Kavalieren,
doch plötzlich richten alle Augen sich
auf einen Punkt. Naht dorther ein Gekrönter
dem Erzbischof, der auf dem Kurstuhl thront?
Ein Mächtiger der Erde, wie schon häufig
als Gast kam in seiner Herrscherpracht,
ein König? – Nein! und doch ist es ein König,
der jetzt vortritt im schlichten Bürgerkleid
sich tief verbeugt und zum Klavier dann schreitet,
ein Herrscher in dem unbegrenzten Land,
wo frei der Melodien Ströme fließen:
Herr Wolfgang Amadeus Mozart ist's –.
Und wie er kaum die Tasten noch berühret,
Wird's kirchenstill auf einmal rings im Saal;
andächtig lauscht der Kreis erwählter Gäste
dem Spiel des Meisters, und als es vorbei,
da klatschen sie ihm Beifall, daß der Puder
von den Perücken stäubt, ja, daß sogar
(entgegen allem Brauch) Seine Gnaden
der Kurfürst selbst es über sich gewinnt
und drückt die Hand dem Musikantenkind.«

Allein Mozart nennt in seinem Brief vom 23. Oktober nur »magere 15 Carolin« (= 165 Gulden) als Geschenk des Kurfürsten, als hätte ihn der Name »Colloredo« als böser Geist bis hierher verfolgt. Schon am nächsten Tag reiste er weiter nach Mannheim; dort wohnte Mozart am 23. Oktober der Hauptprobe des »Figaro« bei. In einem Bericht heißt es, »Mozart habe klein, schmächtig und blaß ausgesehen und sei durch seine hervorstehenden Augen und die große Nase in seiner äußeren Erscheinung aufgefallen« (E. L. Stahl). Über Schwetzingen und München kehrte Mozart heim nach Wien. Dort nahm er Abschied von Joseph Haydn, dessen erste Englandreise begann, und Mozart war voll düsterer Ahnungen. Am 4. März 1791 gab er sein letztes öffentliches Konzert. Die Zahl der Werke war gerade in dem vorhergehenden Jahr klein. Seine Verschuldung nahm ständig zu. Konstanze zog es wieder zur Kur nach Baden, allein was Mozart anbetrifft, so sind ernstliche Erkrankungen aus all den vergangenen Jahren nicht bekannt geworden.

Die weiten Reisen vom Jahr 1789 und auch die Fahrt zur Kaiserkrönung nach Frankfurt im Herbst 1790 hätte niemals ein Mensch unternommen, der sich nicht wohl fühlte oder gar chronisch kränkelte. Kaum ein Jahr seines arbeitsreichen Lebens war übrigens so fruchtbar wie das Todesjahr 1791! Die Komposition der »Zauberflöte«, deren mysteriöses Textbuch zum Teil noch ebensowenig geklärt ist wie die hintergründige Art der Auftragserteilung, fiel im wesentlichen in die Monate Mai, Juni und Juli 1791. Libretto wie Tonwerk durchzieht eine larvierte Zahlensymbolk, die Oper selbst hat ein Herzstück der Freimaurerei zum Inhalt, welches Mozart und sein Texter Schikaneder in die Handlung verwoben, was Außenstehenden allerdings nicht auffällt; beide sind ja selbst Logenbrüder gewesen. Mozarts Frau Konstanze weilte währenddessen meist in Baden zur Kur an der Seite ihres Freundes Franz Xaver Süßmayr.

Bereits im Sommer fühlte sich Mozart unwohl, mehr und mehr wuchs der Verdacht, daß ihm jemand nach dem Leben trachtete. Das britische Verlegerehepaar Vincent und Mary Novello besuchte im Jahre 1829 die Hinterbliebenen Mozarts, darunter auch die Witwe, wobei sie folgende wichtige Notiz in ihr Tagebuch, das übrigens erst im Jahre 1945 aufgefunden und 1955 gedruckt wurde, eintrugen:

»Ungefähr sechs Monate vor seinem Tode kam Mozart

der furchtbare Gedanke, daß ihn jemand . . . vergiften wolle – er kam eines Tages zu Konstanze und klagte über große Schmerzen in den Lenden und allgemeine Mattigkeit – einer seiner Feinde habe ihm die verderbliche Mixtur beigebracht, die ihn töten würde, und sie könnten den Zeitpunkt seines Todes genau und unweigerlich berechnen.« Im Juni 1791 war zudem erstmals bei Mozart ein merkwürdiger »grauer Bote« mit einer sonderbaren Nachricht erschienen, was Mozart zutiefst erschreckte. Es heißt, dieser Bote hätte eine Totenmesse, das »Requiem«, in Auftrag gegeben. Nissen schreibt hierzu: »Ja, Mozart äußerte selbst andere, sehr seltsame Gedanken, und wenn man sie ihm auszureden versuchte, so schwieg er, aber unüberzeugt.«

Bernhard Paumgartner stellt rückblickend fest:

»Der zeitweilige Glaube des kranken Meisters an einen Anschlag auf sein Leben (»einer seiner Feinde« – »some of his enemies«) ist unbezweifelbar. Noch am 25. August 1837 schreibt Konstanze, die über diese Frage nie ganz sicher war, an den Regierungsrat Ziegler nach Münster über ihren Sohn, daß dieser nicht wie sein Vater Neider zu befürchten habe, die ihm nach dem Leben trachteten. – Es bleibt seltsam, daß die wichtigsten Dokumente und Nachrichten über Mozarts Tod erst eine gute Generationsspanne, etwa 35 Jahre später, auftauchten. Die offizielle Mozartforschung hat – fast bis in die letzten Jahrzehnte – manche Einzelheit geflissentlich verschwiegen, so daß eine gewissenhafte Berichterstattung, auch wenn sie von einer Vergiftung Mozarts nicht überzeugt ist, um der historischen Objektivität willen alles Erreichbare über seine Erkrankung und sein Ende wenigstens anzuführen verpflichtet ist.«

Es heißt, Mozart sei gerade in diesem seinem letzten Lebensjahr durch den leichtlebigen Theaterdirektor E. Schikaneder, auf dessen Vorstadtbühne später die Premiere der »Zauberflöte« erfolgte, zu einem unsittlichen Lebenswandel verleitet worden. Sogar H. Abert weist darauf hin: »Die damit verbundene Freiheit und Schikaneders Vorbild haben ihn damals in das wüste Treiben mit hineingerissen und . . . gerade diese Vorgänge blieben im Gedächtnis der Leute haften.« Nach J. B. Suard litt Mozart auf Grund seiner »Beziehungen zu einer Theaterdame« an einer unheilbaren Krankheit, was allerdings auch als planmäßige Irreführung in die Welt gesetzt worden sein kann. Damals wurde die Syphilis innerlich mit Quecksilber (= Sublimatpillen) therapiert. Ein solches Rezept lautete etwa:

Mercurii sublimati corrosivi grana quindecim solve in Aquae destillatae drachmis sex.
Decantato liquori adde
Micae panis albi, drachmas duas cum dimidia.
Misce fiat Massa, ex qua formentur pilulae Nr. 120.
S. Morgens und abends 2 Pillen zu nehmen.
(15 Gran = 1,05 gr.; 1 Drachme = 4,4 gr.)

Gerade in Wien behandelte Gerard van Swieten (1700 bis 1772), der Leibarzt Maria Theresias, seit dem Jahre 1754 Syphilitiker mit seinem »Liquor mercurii Swietenii«, der ein Viertel bis ein Halbes Gran Sublimat, in Branntwein gelöst, enthielt; der Alkohol dürfte hierbei nicht nur als Vehikel, sondern auch als beliebtes und zugleich stimulierendes Geschmackskorrigens gedient haben. Man mußte also nur eine Dezimale bei der Verabfolgung dieser hochgiftigen Quecksilberverbindung ändern, und schon hätte Mozart sein »Gift« ganz freiwillig »als Heilmittel« eingenommen! Eine Geschlechtskrankheit ist bei Mozart aber völlig unbewiesen, weshalb solche Spekulationen mit allen Vorbehalten wiedergegeben seien.

Schon während der Arbeit an der »Zauberflöte« sank er »in öftere Ermattung und minutenlange halbohnmächtige Bewußtlosigkeit« (F. Rochlitz). Da im eigenhändigen Werksverzeichnis die Beendigung dieser Oper — außer Priestermarsch und Ouvertüre — unter »Jullius« eingetragen ist, sind auch die vorerwähnten Beschwerden für besagten Zeitabschnitt anzusetzen. Ferner unterstreicht N. Nissen die Kraftabnahme, er schrieb »den Titus bey hinschwindenden Kräften« (»and a general languor spreading over him by degress«, Novello). Sein früherer Librettist Lorenzo da Ponte lud Mozart zwar nach London ein (Memoiren, Bd. II), aber er wollte erst den Erfolg der »Zauberflöte« in Wien abwarten, heißt es. Fort von Wien wollte Mozart in jedem Fall, sonst hätte sich der Meister im gleichen Jahr nicht um eine dauerhafte Anstellung bei Fürst G. A. Potemkin beworben.

Die kompositorische Tätigkeit an der »Zauberflöte« wurde plötzlich durch den eiligen Auftrag der böhmischen Stände unterbrochen, zur Krönung Leopolds II. in Prag als König von Böhmen die Festoper zu schreiben. »Sehr kränklich war er nach Prag gereiset«, schrieb F. Rochlitz in seinen »Mozart-Anekdoten« von 1798/99. Da er Mozart noch persönlich kannte und von der Umgebung des Komponisten aufschlußreiche Hinweise erhielt, wird man seinem Zeugnis Glauben schenken dürfen. In Prag kam Mozart am 28. August an. Sein Kranksein *vor* der Abreise ist also erhärtet, dasselbe geht aus dem »Krönungsjournal für Prag« (1791) hervor: »Die Komposition (»Titus«) ist von dem berühmten Mozart und macht demselben Ehre, ob er gleich nicht viel Zeit dazu gehabt und ihn noch dazu eine Krankheit überfiel, in welcher er den letzten Theil derselbigen verfertigen mußte.«

»Schon in Prag kränkelte und medizinierte Mozart unaufhörlich; seine Farbe war blaß und die Miene traurig, obschon sich sein munterer Humor in der Gesellschaft seiner Freunde doch oft noch in fröhlichen Scherz ergoß«, hielt F. X. Niemetschek fest.

Längst hatten ihn die äußeren Umstände in die Knie gezwungen, der einstige impetuöse Elan, seine Satire und Personenkritik fehlen in den Briefen der letzten Jahre.

»Bey Hofe zeigte sich gegen Mozarts Komposition eine vorgefaßte starke Abneigung«, heißt es in einem zeitgenössischen Bericht. Es wird dunkel angedeutet, daß er dort in Verruf gekommen sei wegen seiner Schulden (und Schlimmerem, wenn man auch nicht sagte, was das nun war). Darum verwundert auch der Mißerfolg der Prager »Titus«-Aufführung vom 6. September 1791 nicht. Die Kaiserin soll das Werk eine »Porcheria tedesca« genannt haben, vielleicht wurde ihr Gemahl beim Anblick des brennenden Kapitols unliebsam an die Schwierigkeiten erinnert, in denen sich damals seine Schwester Marie Antoinette in Paris befand – schon standen die Gewitterwolken der Revolution drohend am Himmel –, und er hielt möglicherweise unter solchen Umständen die Wahl des Themas für reaktionär, faßte das Werk als einen gegen sich selbst gerichteten Affront auf. Bei Mozart wußte man zwar, was er vollendete, aber nie, was er noch alles hätte schreiben können! Da in Begleitung des Kaiserpaares viele Leute vom Hof mit nach Prag gekommen waren, und entsprechende Intrigen unter Salieris Schirmherrschaft ins Kraut schossen, wurde die Krönungsoper mehr oder weniger zu einem »Prager Debakel im Wiener Milieu«.

Aus jener Zeit stammt der apokryphe Brief, der an da Ponte in Triest gerichtet gewesen sein soll, und von welchem seit neuestem das Autograph fehlt:

»Mein Kopf ist schwach und zerstreut, das Bild dieses Unbekannten will nicht von meinen Augen weichen. Ich sehe ihn ständig vor mir; er bittet, er bedrängt mich, und ungeduldig treibt er mich zur Arbeit an. Ich fahre in ihr fort, denn zu komponieren strengt mich weniger an als untätig zu sein. Andererseits habe ich vor nichts mehr zu zittern. Ich fühle es und brauche keinen Beweis; die Stunde schlägt. Ich bin im Begriffe zu sterben. Ich höre auf, ehe ich in den Genuß meines Talentes gekommen bin. Das Leben *war* so schön, meine Laufbahn begann unter so günstigen

Vorzeichen; aber niemand kann sein Schicksal ändern. Niemand mißt sich selber seine Tage zu; man muß sich ergeben, das ist es, was der Vorsehung gefällt. Ich vollende meinen Grabgesang; ihn darf ich nicht unbeendet hinterlassen.«

Im 18. Kapitel der »Anekdoten aus Mozarts Leben« schreibt F. Rochlitz:

»Die letzte Zeit seines Lebens, da er schon an einem kränkelnden Körper und besonders an so äußerst leichter Reizbarkeit der Nerven litt, wurde er, der – wie sich, meines Bedünkens, psychologisch leicht erklären läßt – überhaupt sehr furchtsam war, besonders viel von Todesgedanken beunruhigt. Nun arbeitete er so viel, so schnell – freylich deshalb auch zuweilen so flüchtig . . . Seine Anstrengung ging dabey oft so weit, daß er ganz entkräftet zurücksank . . . er nahm an nichts mehr wahren Anteil.« Im 19. Kapitel fährt der Verfasser fort: »In dieser Zeit schrieb er seine Zauberflöte, seine Clemenza di Tito, sein himmlisches Requiem . . . Schon über der ersten dieser Opern versank er . . . in öftere Ermattung und minutenlange halbohnmächtige Bewußtlosigkeit.«

Die gleichen Symptome finden sich auch in N. Nissens Mozartbiographie von 1828 wieder. Sie dominierten, als er die letzten Musiknummern der »Zauberflöte«, den Priestermarsch und die Ouvertüre, am 28. September beendete. Konstanze, welche wieder in Baden weilte, erschien anläßlich der Uraufführung am 30. September in Wien, und im Gegensatz zu den früheren Opern scheint diesmal gleich der Erfolg auf seiner Seite gewesen zu sein. An diesem und am nächsten Tag hat Mozart die Aufführung vom Flügel aus geleitet. Um ihn etwas abzulenken, fuhr Konstanze mit ihm aus, wobei es zu jener denkwürdigen Begebenheit kam, welche als Bericht bei Niemetschek und Nissen schon klassische Bedeutung erlangt hat:

»Mit inniger Betrübnis sah seine Gattin seine Gesundheit immer mehr hinschwinden. Als sie eines Tages an einem schönen Herbsttage mit ihm in den Prater fuhr, um ihm Zerstreuung zu verschaffen, und sie Beyde einsam saassen, fing Mozart an vom Tode zu sprechen und behauptete, daß er das Requiem für sich setze. Dabey standen ihm Thränen in den Augen, und als sie ihm den schwarzen Gedanken auszureden suchte, sagte er: Nein, nein, ich fühle mich zu sehr, mit mir dauert es nicht mehr lange: *Gewiß, man hat mir Gift gegeben!* Ich kann mich von diesem Gedanken nicht loswinden.«

Mozarts Wiener Hausstand glich seit 1789 dem eines armen Junggesellen. »Wo ich geschlafen habe? – zu Hause, versteht sich – ich habe recht gut geschlafen, nur haben mir die Mäuse rechtschaffene Gesellschaft geleistet – ich habe ordentlich mit ihnen discutiert« (Brief vom 25. Juni 1791).

Mozarts gesundheitliche Verfassung war damals jedoch keineswegs bedrohlich, auch die Briefe an Konstanze in Baden lassen nichts Diesbezügliches erkennen. Vom Juli bis zum 4. Dezember hat er außer der Ouvertüre, dem Priestermarsch und sonstigen Einzelheiten zur »Zauberflöte« neben der Oper »Titus« noch mehrere Werke ganz vollendet, nämlich das Klarinettenkonzert in A-Dur und zwei Kantaten, deren letztere im Autograph 18 Blätter umfaßt und für die Einweihung des zweiten Tempels der Loge »Zur Neugekrönten Hoffnung« am 18. November gedacht war. Selbst im Oktober hielt Mozart an seinem bisherigen Arbeitsrhythmus fest, sein Appetit sowie der Schlaf waren noch leidlich normal, wie die Briefe – sofern er nicht alles verharmloste – aus jener Zeit beweisen. Denn die Beschwerden, soweit sie uns überliefert sind, wirken diffus und wenig charakteristisch. Mozart ist nur unterschwellig krank gewesen: Rückenschmerzen, Mattigkeit, Depressionen, Ohnmachten, Flüchtigkeit und Schreckhaftigkeit neben extrem leichter Reizbarkeit und Blässe! Am 8., 9. und

13. Oktober besuchte Mozart die »Zauberflöte«, das letzte Mal sogar mit seinem Gegner Salieri – er rechnete vielleicht mit Mozarts baldigem Tod! Am 16. Oktober fuhr Mozart mit dem Knaben Karl nach Baden, um Konstanze heimzuholen; sie reisten am 17. Oktober zurück (J. Eibl).

Ende Oktober wurde Mozart bettlägerig. Der in den ersten Novembertagen hinzugezogene Dr. Closset verordnete vollständige Ruhe und untersagte Mozart das Arbeiten (A. Greither).

In vielen Mozartbiographien findet man die Angabe von Mozarts Hausdiener J. Deiner, der folgenden Ausspruch Mozarts, bevor er gänzlich wegunfähig war, festhielt: »Mich befällt eine Kälte, die ich mir nicht erklären kann.« Dieser Bericht erschien erstmals am 28. Januar 1856 in der Wiener Morgenpost und hat jene Szene zum Inhalt, da Mozart in sein Stammlokal »Zur silbernen Schlange« tritt und sich erschöpft in ein Nebenzimmer setzt:

»Als Mozart in dieses Zimmerchen gekommen war, warf er sich müde auf einen Sessel und ließ den Kopf in die vorgestützte rechte Hand sinken. So saß er ziemlich lange, worauf er dem Kellner befahl, ihm Wein zu bringen, während er sonst Bier zu trinken pflegte. Als der Kellner den Wein vor ihn hinstellte, blieb Mozart regungslos sitzen, ohne auch nur von dem Getränk zu kosten. Da trat der Hausmeister Joseph Deiner durch die Türe, welche in den kleinen Hofraum führte, in das Extrazimmer. Dieser war Mozart gut bekannt und wurde von ihm stets mit viel Vertrauen behandelt. Als Deiner des Tonmeisters ansichtig wurde, blieb er stehen und betrachtete ihn lange aufmerksam. Mozart sah ungewöhnlich blaß aus, sein gepudertes blondes Haar befand sich in Unordnung, und der kleine Zopf war nachlässig gebunden. Plötzlich sah er empor und bemerkte den Hausmeister. ›Nun, Joseph, wie gehts?‹ fragte er. ›Das sollte ich wohl Sie fragen‹, entgegnete Deiner, ›denn Sie sehen ganz krank und miserabel aus . . . Vermut-

SYNOPSE DER KRANKHEITSSYMPTOME

Symptom	*Quelle:* *Niemetschek*	*Nissen*	*Novello*	*Rochlitz*	*Karl Th. Mozart*
	1. Subakutes Vorstadium				
Rückenschmerzen			+		
Mattigkeit	+	+	+	+	
Blässe	+				
Depressionen	+	+			
Ohnmachten		+		+	
Extr. Reizbarkeit		+		+	
Furchtsamkeit		+		+	
Flüchtigkeit		+		+	
Fühlt sich vergiftet	+	+	+		+
Kältegefühl	Deiner-Bericht				
	2. Toxisches Finalstadium				
Erbrechen		+			
General. Ödem		+			+
Leibkoliken					+
Foetor					+
Finales Fieber		+	+		
Schreibfähigkeit erhalten		+	+		
Tremor	Letzte Handschrift in KV 623				
Bewußtsein erhalten	+	+			
Ärzte in der Diagnose uneinig	+				

lich haben Sie in Böhmen viel Bier getrunken und sich damit den Magen verdorben.‹ ›Mein Magen ist besser, als du meinst‹, sagte Mozart, ›ich habe schon mancherlei verdauen gelernt!‹ Ein Seufzer begleitete diese Worte. – ›Nein‹, sagte Mozart, ›ich fühle, daß es bald ausmusiziert sein wird.‹«

Im November, schreibt A. Leitzmann, verließ Mozart schon selten sein Lager, aber nicht mehr das Zimmer. Genauere Einzelschilderungen fehlen jedoch, über die Krankheitssymptome wird kaum etwas gesagt. Letztmals in der Öffentlichkeit gesehen hat man Mozart am 18. November, als er anläßlich der Weihe eines neuen Tempels der Loge »Zur Neugekrönten Hoffnung« seine Freimaurerkantate KV 623 dirigierte. Sie ist sein »finales« Werk, auf dem 18. Blatt erkennt man in der Partitur ein deutliches Kleinerwerden der Schrift (Mikrographie) neben Koordinationsstörungen und erdbebenartigen Veränderungen des Ductus infolge eines Quecksilbertremors. Wahrscheinlich, aber nicht sicher zu beweisen, stammt auch aus dieser Zeit ein undatierter Entschuldigungsbrief an einen unbekannten Empfänger, sehr wahrscheinlich ebenfalls ein Mitglied der Freimaurerloge, wie bereits die Anrede erkennen läßt:

»Lieber Bruder. Nun ist es eine Stunde her, daß ich nach Hause kam – und zwar mit starken Kopfschmerzen und Magenkrampf behaftet; – ich hoffte immer auf Besserung – da ich aber leider das Gegenteil empfinde, so sehe ich wohl, daß ich nicht dazu bestimmt bin, unserer heutigen ersten Feierlichkeit beizuwohnen, und bitte Sie, lieber Br., mich deswegen an Ort und Stelle bestens zu entschuldigen. – Niemand verliert dabei mehr als ich; ich bin Ewig ihr

aufrichtigster Br. Mozart

Euer Hochgräflichen –
O Ja gewis«

Vom 20. November an konnte Mozart das Bett nicht mehr verlassen. Hände und Füße wurden dick, die Schwellungen dehnten sich über den ganzen Körper aus (»una gonfiezza generale«, wie der Sohn Karl Thomas schrieb), und weil sie auch am Rumpfe bestanden, fertigte man ihm besondere Nachtjacken an.

Nissen schreibt: »Seine Todeskrankheit, wo er bettlägerig wurde, währte 15 Tage. Sie begann mit Geschwulsten an Händen und Füßen und einer beynahe gänzlichen Unbeweglichkeit: derselben, der später plötzliches Erbrechen folgte, welche Krankheit man hitziges Frieselfieber nannte. Bis zwey Stunden vor seinem Verscheiden blieb er bey vollkommenem Verstande.« Der Gesang eines Kanarienvogels verursachte Mozart physische Schmerzen. Abends verfolgte er mit der Uhr in der Hand jedes Akt-Ende seiner zu immer größerem Erfolg gelangenden »Zauberflöte«-Aufführungen. Ein Brief von Mozarts Schwägerin Sophie, allerdings erst Jahrzehnte nach dessen Tod abgefaßt, besagt:

»Nun, als M. erkrankte, machten wir beyde ihm die Nacht-Leibel, welche er vorwärts anziehen konnte, weil er sich vermög Geschwulst nicht drehen konnte; und weil wir nicht wußten, wie schwer krank er seye, machten wir ihm auch einen wattirten Schlafrock, daß, wenn er aufstehete, er gut versorgt sein möchte, und so besuchten wir ihn fleißig ... Ich suchte mich zu fassen und ging an sein Bette, wo er mir gleich zuruffte: Ach gut, liebe Sophie, daß Sie da sind. Sie müssen heute Nacht da bleiben, Sie müssen mich sterben sehen. Ich suchte, mich stark zu machen und ihm es auszureden, allein er erwiederte mir auf alles: Ich habe ja schon den Todten-Geschmack auf der Zunge, und: Wer wird denn meiner liebsten Constance beystehen, wenn Sie nicht hier blieben ... Die arme Schwester ging mir nach und bat mich um Gottes willen, zu denen Geistlichen bey St. Peter zu gehen ...«

Zu diesem Brief vom 7. April 1825 gibt es noch eine weitere Ergänzung der Verfasserin, abgedruckt bei Nissen:

»Die Schwägerin meynt, Mozart sey in seiner Krankheit

nicht zweckmäßig genug behandelt worden, denn statt daß man auf andere Weise das Friesel noch mehr heraustreiben sollte, hätte man ihm zur Ader gelassen und kalte Umschläge auf den Kopf gemacht, worauf die Kräfte zusehends geschwunden und er in Bewußtlosigkeit gefallen sey, aus der er nicht wieder zu sich kam . . .«

Am 28. November wurde von Dr. Sallaba »Hitziges Frieselfieber«, wie es heißt, diagnostiziert, am 3. Dezember ein Aderlaß durchgeführt. Wie Mozarts Ärzte – Dr. N. Closset und besagter M. von Sallaba, von denen der Letztgenannte schon 1797 starb – ihren Patienten therapierten, ist unbekannt. Mozart wohnte damals im sogenannten kleinen Kaiserhaus in der Rauhensteingasse Nr. 970, 1. Stock. Das ziemlich geräumige Zimmer war sehr dunkel; es hatte zwei Fenster in einen engen Hof. Das Arbeitszimmer befand sich um die Ecke, gegen die Straße zu – in diesem Milieu endete der einst gefeierte Tonmeister! In der »Allgemeinen musikalischen Zeitung«, Leipzig (25. Juli 1827), fand sich ein anonymer Bericht aus München, wo der Sänger B. Schack im Dezember 1826 gestorben war, so daß man in ihm den Urheber der nachfolgenden Zeilen vermuten darf:

»Selbst an dem Vorabend seines Todes ließ er (Mozart) sich die Partitur des Requiem noch zum Bette hinbringen und sang (es war zwey Uhr Nachmittags) selbst noch die Altstimme; Schack, der Hausfreund, sang, wie er es denn vorher immer pflegte, die Sopranpartie, Hofer, Mozarts Schwager, den Tenor, Gerl(e), später Bassist beym Mannheimertheater, den Baß. Sie waren bey den ersten Takten des Lacrimosa, als Mozart heftig zu weinen anfing, die Partitur bey Seite legte, und elf Stunden später um ein Uhr Nachts, verschied (5ten Dec., 1791, wie bekannt).«

F. X. Niemetschek weist darauf hin, daß »die Ärzte in der Bestimmung seiner Krankheit nicht einig« waren. Am Abend des 4. Dezember bekam der Kranke hohes Fieber, es trat unerträgliches Kopfweh auf. Dr. Closset, der im Theater weilte, erschien nach der Vorstellung und verordnete kühle Umschläge auf die Stirn. Etwa um 0.50 Uhr des anbrechenden 5. Dezembers, kurz vor Vollendung der ersten Tagesstunde, ist Mozart laut Mitteilung der Zeitgenossen, wie auch aus dem obigen Bericht hervorgeht, tot gewesen. Aber trotz einer ins Gigantische angewachsenen Pyramide aus Mozartliteratur sind wirklich brauchbare Meldungen über sein Ende nach wie vor ganz rar. Eine davon findet sich im Reisetagebuch der Novellos:

»Gegen Abend sandten sie nach dem Arzt, der aber im Theater war und dem Boten antwortete, er würde kommen, sobald die Oper vorüber wäre. Bei seiner Ankunft wies er Madame Haibel (die Schwägerin) an, Mozarts Schläfen und Stirne in Essig und kaltem Wasser zu baden. Sie fürchtete, daß die plötzliche Kälte dem Leidenden schaden könnte, dessen Arme und Beine sehr heiß und dick waren (whose arms and limbs were much inflamed and swollen). Aber der Arzt bestand darauf und Madame Haibl legte ein feuchtes Tuch auf seine Stirne. Sogleich ging ein leichtes Beben durch Mozarts Körper und kurz darauf hauchte er in ihren Armen seine Seele aus. In diesem Augenblick waren nur Madame Mozart, der Arzt und sie selbst im Zimmer anwesend.«

An dieser Stelle sei noch eine Notiz aus N. Nissens Kollektaneen, zum Teil unpublizierten handschriftlichen Notizen, die vom Salzburger Mozarteum verwahrt werden, wiedergegeben. Er hielt fest:

»Sein Tod erregte öffentliche Teilnahme. Die Leute blieben vor den Fenstern seiner Wohnung stehen und wehten mit ihren Schnupftüchern hinauf. Er fragte seine Frau, was der Medikus Closset gesagt hatte. Sie antwortete Tröstliches. Er widersprach: es sei nicht wahr und war sehr betrübt: nun soll ich sterben, da ich Dich u. (die) Kinder versorgen könnte. Ach nun hinterlasse ich Euch unversorgt.

Plötzlich bekam er ein Erbrechen – es fuhr von ihm heraus in einem Bogen – das war braun und er war todt.« –

Das Totenbuch der Pfarre von St. Stephan und das Verzeichnis der Verstorbenen in der Stadt Wien vom 5. Dezember 1791 melden »Hitziges Frieselfieber« als Todesursache. Diese Diagnose findet sich aber außer bei Mozart sonst bei keinem der männlichen Toten vom November und Dezember 1791, was von vornherein eine »Seuche« ausschließt. Zudem kannte man nur »Fieber mit Ausschlägen« oder »Fieber, hitzige«, auch »Frieselfieber« (M. Stoll), aber *nicht* »Hitziges Frieselfieber«; die Eintragung dürfte also von einem Leichenbeschauer – was damals durchaus üblich war – und nicht von einem Arzt stammen, denn einen ärztlich unterschriebenen Totenschein oder eine ärztliche Epikrise kennen wir keineswegs. Eine Sektion unterblieb. Die Konfusion bezüglich Mozarts Todeskrankheit beginnt also schon bei der Sterbeeintragung. Noch schlechter steht es um die 1824 inaugurierte Diagnose »Rheumatisches Entzündungsfieber« des Dr. Guldener von Lobes: Dieser Krankheitsbegriff taucht nur dreimal in den damaligen Totenprotokollen auf!

Mozarts musikalisches Genie war nie umstritten, seine Todeskrankheit immer! Das merkwürdige Aussehen der Leiche und postmortale Anschwellungen ließen dem Vernehmen nach bald Gerüchte eines Giftmordes aufkommen. Am 6. Dezember wurde der Sarg eingesegnet und soll in einem Reihengrab auf dem Friedhof von St. Marx beigesetzt worden sein. Zeugen für die Beerdigung fehlen, denn die wenigen Freunde kehrten angeblich bereits am Stubentor wegen schlechten Wetters um. Das kann aber nicht zutreffen, denn auf Grund der sehr gewissenhaften meteorologischen Eintragungen des Grafen C. von Zinzendorf wissen wir, daß während dieses Zeitraumes ein sehr stabiles Wetter herrschte, »temps doux et brouillard fréquent«, also Nebel und Nieselregen, mithin keinesfalls das vielzitierte »Schnee- und Regenwetter«, welches die Trauergemeinde schon vorzeitig in alle Winde zerstreute! Jede Frage nach einem sogenannten »Mozartgrab« mündet ins Spekulative.

Die Zahl der Vermutungsdiagnosen bezüglich Mozarts Tod ist nicht gering – sie alle halten jedoch einer ernsthaften Prüfung nicht stand. Unter dem »Hitzigen Frieselfieber« verstand die Medizin des 18. Jahrhunderts eine mit Hautausschlag, Fieber und Schüttelfrösten einhergehende Krankheit – der Wiener Schule war jedoch dieser Begriff, wie oben erwähnt, nicht geläufig. Mozarts Leiden verlief jedoch schleichend, auch passen die Körperschwellungen gar nicht in den Rahmen eines akut-toxischen Geschehens. Da aber die Quecksilbervergiftung in gewissen Stadien, wie wir später sehen werden, mit Hautausschlag und finalem Fieber einhergehen kann, ist man mit der Annahme des »Hitzigen Frieselfiebers« zwar auf eine falsche Fährte geraten, es steckt aber doch ein Körnchen Wahrheit in dieser Definition.

Eine Hirnhautentzündung (»deposito alla testa« = »Ablagerung der krankmachenden Materie im Kopf«), die Guldener von Lobes vermutete, kommt ebenfalls nicht in Betracht, denn Mozart war bis zum Abend des letzten Tages bei vollkommenem Bewußtsein und wohl auch beschränkt arbeitsfähig. Eine tuberkulöse Hirnhautentzündung paßt noch viel weniger in den Rahmen des Krankheitsgeschehens, wie es überhaupt der Mozartforschung der letzten 50 Jahre mit absoluter Sicherheit gelungen ist, eine Tuberkulose in Mozarts Anamnese auszuschließen.

Andere Autoren nahmen an, Mozart sei an einer Herzinsuffizienz gestorben. Dem widerspricht schon die Tatsache, daß Mozart ganz kurz vor seinem Tode in der Öffentlichkeit eine längere Kantate dirigierte; außerdem ist nichts von einem Kardinalsymptom, der Atemnot, berichtet. Selbst Laien müßten dieselbe bemerkt haben, als er kurz vor dem

Tode angeblich noch die Alt-Partie bei einer Gesangsprobe am Krankenbett übernahm. Wieder andere Verfasser neigten der Auffassung zu, eine Thyreotoxikose mit Herzschwäche habe sein frühes Ende verursacht, allein davon ist man in der Gegenwart immer mehr abgekommen, zumal Mozart in den letzten Lebensjahren zur Körperfülle neigte. Wäre Mozart einer Herzschwäche erlegen, dann wären die Körperschwellungen an den Beinen und nicht, wie wir genau wissen, überall, besonders jedoch am Rumpfe, aufgetreten. Zur Annahme eines – nicht vorhandenen – Morbus Basedow sahen sich frühere Autoren gedrängt, weil Mozart stets quecksilbrig war, etwas hervortretende Augen hatte und ein erethisches Wesen an den Tag legte, jedoch bereits von Kindheit an!

Die 1824 von dem österreichischen Protomedicus inaugurierte Vermutungsdiagnose »Rheumatisches Entzündungsfieber« hat andere Autoren in die Richtung eines rheumatischen Leidens, einer Polyarthritis rheumatica, gewiesen. 1906 vertrat der Ungar J. v. Bókay in einem Zeitschriftenartikel ebenfalls diese These, und der eidgenössische Zahnarzt Dr. C. Bär hat 1966 dasselbe Thema zum Gegenstand einer Monographie gemacht: Bei beiden stirbt der Patient nach einem akut-brisanten rheumatischen »Schub« infolge von »Herzkomplikationen« und »Aderlässen«; das seit dem Sommer 1791 schwelende Krankheitsbild wird dabei völlig übergangen. Die Worte »Geschwulst an Händen und Füßen« deuten beide im Sinne des Rheumas, obwohl Mozart bis zuletzt schrieb – wie wäre das möglich gewesen bei einer Beteiligung der Handgelenke, dazu noch einer schmerzhaften Affektion der Extremitäten, von der *nirgends* die Rede ist?! Außerdem hatte Mozart bis ganz zuletzt *kein* Fieber. Ferner erledigt sich die Rheumathese dadurch, daß eine – noch dazu tödliche – Rheumaerkrankung bei einem Erwachsenen nach überstandenen Rheumaschüben in der Jugend, die bei Mozart zweifellos vorhanden waren, erfahrungsgemäß nicht vorkommt, was Bär übrigens bekannt ist und durch eine seit dem 18. Jahrhundert eingetretene Änderung des rheumatischen Krankheitsbildes erklärt werden soll, jedoch liegt für eine solche Pathomorphose kein Grund vor. Und wie soll ein junger Mann innerhalb von etwa zwei Wochen am »akuten Rheumatismus« sterben? Hier müssen nun »die Aderlässe« herhalten, obwohl wir bloß von einem einzigen wissen! Hinzu kommt eine medizinhistorische Kuriosität, welche den Vertretern der »Rheumathese« völlig entging: Dieser Formulierung von einst, im neuralpathologischen Sinne verstanden, kommt überhaupt keine rheumatologische Bedeutung im *heutigen* Sinne zu! Nach der Lehre der Neuralpathologen werden alle Funktionen des Organismus vom Nervensystem gelenkt. »Eine krankhafte Stimulation des Nervensystems führt zu pathogenetisch gleichen Zuständen: zum Rheuma der fibrösen Organe, zu Ödemen der serösen Organe, Katarrhen der Schleimhäute, Tetanus des Nervensystems, Neuralgien usw. Daß man damals darunter etwas ganz anderes verstand, als Bär nachzuweisen versucht, geht einmal aus dem epidemischen Charakter der Krankheit Mozarts hervor, den Guldener v. Lobes bescheinigt, ferner paßt zum rheumatischen Fieber in unserem heutigen Sinne überhaupt nicht das ›deposito alla testa‹, der Befall des Gehirns, welcher angeblich die Todesursache darstellte. Mit anderen Worten: Unter dem rheumatischen Entzündungsfieber verstand man vor 150 Jahren etwas ganz anderes, nämlich eine Krankheit heute nicht mehr bestimmbarer Natur« (A. Greither). Das einzige, was in diesem Zusammenhang zu beweisen ist und belegbar erscheint, bleibt die Wassersucht im finalen Geschehen, die nichts mit lokalen – unbeschriebenen – Gelenkschwellungen zu tun hat!

Der erste Arzt, welcher im medizinischen Fachschrifttum über Mozarts Todeskrankheit publizierte, war der Franzose J. Barraud. Er stellte 1905 die Niere in den Vordergrund, seine ebenso geistreichen wie temperamentvollen Sätze in der »Chronique médicale« verdienen es noch heute, gelesen zu werden:

»Mozart ist nur noch ein Schatten seiner selbst. Das bißchen Körperfülle, das er sich im Laufe der Zeit zugelegt hatte, schmilzt wie der Schnee an der Sonne dahin. Seine Blässe war erschreckend; der Glanz seiner Augen war erloschen, und seine Schwäche war derart stark geworden, daß er jeden Augenblick das Bewußtsein verlor ... Mitte November verschlimmerte sich das Übel rapid. Seine Hände und Füße sind beträchtlich (wassersüchtig) angeschwollen, er fühlt sich von einer Art Lähmung umgeben und ist gezwungen, sich zu Bett zu legen ... Die Agonie begann ... Mozart ist nach unserer Meinung an Albuminurie (= Brightsche Krankheit, Wassersucht) gestorben. Und wenn man seine extreme Schwäche in Rechnung stellt, als er die ersten Anfälle seines Übels wahrnimmt, wird man leicht begreifen, daß die Nephritis nicht mehr als 6 Monate gebraucht hat, um einen Menschen niederzuschmettern, der sein ganzes Leben lang hat kämpfen müssen – um sein Brot!« Damit war der erste, entscheidende Schritt getan zur Erkenntnis des Nierenleidens im Hinblick auf die Todesursache Mozarts, auch wenn diese Diagnose später eminent erweitert und ausgebaut wurde, ja selbst die Vertreter der Vergiftungsthese (J. Dalchow, G. Duda, D. Kerner) sehen in der Niere das insuffiziente und für den Tod maßgebliche Organ.

Später hat man die Vorstellung einer *chronischen* Nephropathie dahingehend zementiert, daß man an eine in der Jugend durchgemachte Nephritis dachte, welche im Laufe der Zeit zur Schrumpfniere führte. Es gelang jedoch bis jetzt keinem Autor, ein solches Leiden aus den Quellen herauszulesen oder gar zu beweisen, selbst die Briefe sind diesbezüglich gänzlich »leer«, die chronische Nephritis erwächst, sehr zum Leidwesen ihrer Verfechter, einem dokumentarischen Vakuum. Eine »echte, stille Urämie«, wie sie von ihnen gewünscht wird, ist schon deswegen auszuschließen, weil wir wissen, daß Mozart bis zuletzt arbeitsfähig und noch dazu bei vollem Bewußtsein war. Urämiker sind erfahrungsgemäß immer wochen- meist sogar monatelang vor dem Ende kaum arbeitsfähig und tagelang vor dem Tode *bewußtlos.* Folglich dürfte es als ganz unwahrscheinlich abzulehnen sein, daß ein solcher Patient noch während der drei letzten Lebensmonate zwei Opern, zwei Kantaten, ein Klarinettenkonzert und dergleichen fertigstellt, ja sogar noch nach Prag reist! Gesetzt den Fall, Mozart hätte als Kind einen – biographisch nicht belegbaren – Infekt durchgemacht (z.B. Tonsillitis mit Nephritis oder Pyelonephritis), dann würde er mit an Sicherheit grenzender Wahrscheinlichkeit keine weiteren 25–30 Jahre mehr gelebt haben, dazu noch voller Vitalität und usque ad finem arbeitend. Wie Sarre zeigte, leben selbst heute nach 25 Jahren nur noch 12 Prozent der Kranken mit chronischer Nephritis, die Hälfte ist schon nach 10 Jahren tot – um wieviel mehr erst zur Mozartzeit, wo die Lebensbedingungen und Hygiene sowie die ärztlichen Kenntnisse weit bescheidener waren als heute! Höchst unwahrscheinlich, daß Mozart dann die große Ausnahme gewesen sein soll, welche die Regel bestätigt! Gerade seine gigantische schöpferische Gesamtleistung von rund 20000 beschriebenen Notenseiten ist der beste Gegenbeweis für »Apathie, Lethargie, chronisches Nierensiechtum«, von den Strapazen seiner vielen Reisen, die er noch im letzten Lebensjahr spielend meisterte, erst gar nicht zu reden. Und noch eins! Patienten, die einem chronischen Nierenleiden erliegen, lassen zuletzt meist keine beachtlichen Ödeme mehr erkennen. Schon F. Volhard stellte fest, daß »mit Eintritt und Zunahme der Niereninsuffizienz der nephrotische Einschlag verblaßt«. Bei Mozart aber standen gerade die finalen Schwellungen derart im Vordergrund, daß sie selbst den Laien auffielen.

So befand sich die Exegese über Mozarts letzte Krankheit in einem Dilemma: Die akuten terminalen Ödeme hätte man zur Not noch mit dem Bild der akuten Nephritis in Einklang bringen können, aber dann wären diese Erscheinungen mit den wochen- und monatelang *vorher* schwelenden Allgemeinsymptomen kaum vereinbar gewesen. Umgekehrt sprachen seine schöpferischen Leistungen und seine weiten Reisen bis unmittelbar vor dem Tod gänzlich gegen das Vorliegen einer latenten Niereninsuffizienz. Wenn zudem Mozart über längere Zeit nierenkrank gewesen wäre, dann wäre uns irgendwann einmal etwas von stärkerem Durst berichtet worden, welcher ein unabdingbares Symptom dieser Krankheit ist – aber an keiner einzigen Stelle der uns bekannten Quellen finden wir einen Hinweis darauf! Auch die bekannte Silberstiftzeichnung der Dorothea Stock von 1789 läßt keine »gedunsenen Züge« erkennen. Hierbei wird oft vergessen, daß Mozart dem pastösen Menschentyp zugehörte und bereits die Bilder des siebenjährigen Wunderkindes eine etwas teigige Haut erkennen lassen.

»Weil sein Körper nach dem Tode schwoll, glaubt man gar, daß er vergiftet worden«, schrieb das Berliner musikalische Wochenblatt bereits Ende Dezember 1791. »Er klagte über Gift-Symptome und daß er nun die Welt verlassen müsse«, teilte J. Isaak Gerning 1802 in seiner »Reise durch Österreich und Italien« mit. Eine inhaltlich fast gleichlautende Mitteilung steht in Gerbers »Lexikon der Tonkünstler«, Leipzig 1813. Mozarts wiederholt geäußerter Verdacht, daß ihm »sein Feind«, der Komponist Antonio Salieri, »nach dem Leben trachte«, sowie dahingehende Andeutungen seiner Frau Konstanze haben dazu geführt, daß man diese Vermutung besonders in Rußland immer wieder diskutierte. Hierbei soll es sich (laut I. Belza: »Mozart und Salieri«, Moskau 1953) um ein »langsam wirkendes Gift gehandelt haben, das Mozart in größeren Zeitabständen verabreicht wurde«. Das bei Reclam im Jahre 1889 erschienene Textbuch zur »Zauberflöte« bringt übrigens denselben Hinweis. Da die Symptomatologie der Arsenikvergiftung gar nicht auf Mozarts Todeskrankheit paßt, kommt nur *eine einzige* Intoxikation in Frage, die *chronische Quecksilbervergiftung!* Rückenschmerzen, Mattigkeit, Depressionen, Ohnmachten, Flüchtigkeit und Schreckhaftigkeit gehören neben extrem leichter Erregbarkeit und Blässe zur Symptomatologie des toxikologisch scharf umrissenen »Erethismus mercurialis«. Am Ende länger dauernder Vergiftungsperioden treten toxische Nephrosen auf mit final urämischen Symptomen, ferner ein Quecksilbertremor. Zum Bild der heute genau bekannten Kalomelkrankheit zählt man Fieber, Exanthem und Hirnhautreizung, lauter Symptome, *die alle* bei Mozart beobachtet wurden. Auch das oben erwähnte Kältegefühl ist für diese Art der Giftwirkung geradezu klassisch.

*

Daraus geht zur Genüge hervor, daß das Endstadium der Quecksilberintoxikation einem echten, akuten Nierenversagen gleicht, und in der Tat hat Mozarts Todeskrankheit eine geradezu tragische Ähnlichkeit mit dem uns heute bekannten Bild der chronischen Quecksilbervergiftung. Außer den biographisch belegten Schwindel- und Ohnmachtsanfällen fügen sich auch die übrigen Befunde lückenlos in die Symptomatologie des sogenannten Merkurialismus: Die bis zuletzt voll erhaltene Arbeitsfähigkeit, das Fehlen des Durstes, die erst ganz zuletzt aufgetretenen eminenten Körperschwellungen durch akutes Nierenversagen, ferner Erbrechen und Halluzinationen, finaler Kräfteverfall sowie Hautausschlag und Hirnhautreizung. Gerade eine solche Verschiedenartigkeit brachte damals die verschiedensten Vermutungsdiagnosen ins Rollen (»Hitziges Frieselfieber«, »Rheumatisches Entzündungsfieber«, »Gehirnhautentzündung«, »Nierenversagen« usw.), und in jeder von ihnen steckt eine markante Teilsymptomatik der chronischen Quecksilbervergiftung!

Wenn auch das Quecksilber viel zu Mozarts Zeit als Abführmittel gebraucht wurde, so ist der Giftmord mit Quecksilber am Ende des 18. Jahrhunderts nur relativ selten im Schrifttum verzeichnet. Dies kommt daher, weil die medikamentöse Anwendung des Quecksilbers über die Wiener Schule hinaus damals noch wenig Anwendung gefunden hatte. Mozart verkehrte sonntags regelmäßig im Hause des Gottfried van Swieten, dessen Vater Gerard als erster die Lues mit Sublimat, in Branntwein gelöst, behandelte. Wir dürfen im Zusammenhang damit nicht vergessen, daß die Kenntnis der detaillierten Giftwirkung zum Zwecke der Tötung eines Menschen im 18. Jahrhundert weit größer war als heute. L. Lewin sprach 1920 die Vermutung aus, daß man früher von einem Gifte oft nur eine einzige richtige Dosis zu geben brauchte, um anfangs noch keine manifesten Symptome und dennoch eine allmähliche Untergrabung der Gesundheit zu erzielen. Erst mit der Serienfabrikation der Handfeuerwaffen verschwinden die Gifte und deren eingehende Kenntnis mehr und mehr in den nachfolgenden Jahrzehnten aus dem Erfahrungsschatz der Europäer.

Nach dem Stand der Dinge kann nicht daran gezweifelt werden, daß Mozart einer Quecksilbervergiftung zum Opfer fiel, welche im Sommer 1791 zunächst mit unterschwelligen Dosen systematisch eingeleitet wurde, bevor er schließlich in der zweiten Novemberhälfte die tödliche Restdosis erhielt, so daß Arme wie Beine anzuschwellen begannen. Man wird gut daran tun, sein Ende nicht als eine isolierte Untat zu betrachten, sondern als Schlußpunkt hinter jene grauenhafte Vereinsamung, in welcher er sich seit 1786 befand und die ziemlich synchron mit der »Figaro«-Premiere einsetzte. (Im Februar 1785 war die Aufführung des gleichnamigen Theaterstückes von Beaumarchais in Wien noch verboten worden!)

Interessant ist im Hinblick auf das Wissen um dieses Todesgeschehen, daß der Titelkupfer zum ersten Textbuch der »Zauberflöte« auf einer linkerhand abgebildeten Hermessäule acht Merkurallegorien erkennen läßt (8 ist die heilige Zahl von Hermes = Merkur!), welche der Alchemie des Mittelalters und anderen entsprechenden Symbolen (Ibis, Schlange, Widderkopf, Leier) entstammen. Selbst die österreichische Mozartsonderbriefmarke von 1956 hat am Rande wieder 8 Merkurallegorien aufzuweisen, welche an den Eckpunkten von den Sonnenrädern abgehen: nämlich viermal zwei Leiern und Caducei. Der akademische Maler in Wien, welcher die Marke seinerzeit entwarf, hat in einem persönlichen Schreiben die Richtigkeit dieser Interpretation bestätigt. Besonders wichtig ist hierbei die Tatsache, daß nach den Vorstellungen der Alchemie des Mittelalters sowohl die Zahl 8 als auch die Farbe grau dem Planeten Merkur zugewiesen sind, was wieder lebhafte Gedankenverbindungen weckt zum »Grauen Boten«, der Mozart vor seinem Ende in Wien öfter in Schrecken versetzte und eine Seelenmesse bestellte. So profan es klingen mag – aber diejenigen, die Mozarts Tod beschleunigten, haben ihn mit einem ihm »standesgemäßen« Gift liquidiert, mit Merkur, dem Idol der Musen. Man verwandte ja keineswegs das übliche Blei oder Arsen, sondern Quecksilber, welchem von jeher divine Eigenschaften nachgerühmt wurden: Es ist zwar metallisch, aber doch flüssig und zudem flüchtig, es verdampft bereits bei Zimmertemperatur. Unter den Elementen nimmt es eine Sonderstellung ein, es galt darum als »göttlich«, als androgyn, als zweigeschlechtlich. Quecksilber, das streng gehütete Geheimnis der Alchemisten, ist also eine »heilige Substanz«, weil es Wasser und Luft in seinem Wesen vereint. Von jenem Jugendporträt mit dem Homerischen »Hymn on Mercury« bis zum jähen Tod schließt sich in Mozarts Biographik ein schrecklicher Kreis, so daß man den Worten Greithers nur zustimmen kann: »Aus den Mozartbiographien erfährt der medizinische Laie gerade so viel, um ehrfürchtig vor dem dunklen, über Mozart waltenden Geschick zu verstummen.« Nun, man erfährt darüber hinaus aus dem Textbuch der »Zauberflöte« noch einiges mehr, wenn man deren altheidnische Opfer- und Einweihungsmythen, die bis auf den Osiris- und Dionysoskult zurückreichen, *richtig* interpretiert. Hier, im Textbuch der Zauberflöte, das ebenso wie die Musik der Oper auf ein festes Zahlenschema eingeschworen ist, liegt Mozarts eigenes Schicksal verborgen. Dem Gift, nämlich Quecksilber (= Merkur), kommt unter diesen Umständen mehr zu als ein Mittel zum Mord – es hat mythologischen, fast religiösen Charakter. Die Zauberoper wurde zum Mausoleum Mozarts, sein Tod vorausbestimmt. Nur so sind auch die Worte zu verstehen, die der verstorbene finnische Komponist Jan Sibelius am 31. Oktober 1956 an den Verfasser schrieb:

»Ja, es scheint wohl so gewesen zu sein, daß einer der größten der Tonkunst ermordet wurde. Welches Glück, daß er schon so viel geschrieben hatte!«

Für den Arzt ist »der Fall« mit der klinischen Dokumentation eigentlich abgeschlossen, denn jede forensische Nachforschung versandet heute, da zwischen Einst und Jetzt mehrere Generationen liegen, sowieso im Anonymen. Aber nach Mozarts Tod haben sich zuviele Dinge ereignet, die man nicht einfach übergehen oder beiseite lassen kann. Schon F. X. Niemetschek drückte sich 1798 diskret, aber unmißverständlich aus: »Sein früher Tod, wenn er ja nicht auch künstlich befördert war . . .«, und im »Neuen teutschen Merkur« von Wieland (November 1798) finden sich folgende Worte bezüglich Mozarts Ende: »Freilich muß jedem Biedermann sein Herz über die jammervolle Engherzigkeit bluten, womit der harmlose, nur seiner Kunst lebende Mozart in Wien dem Mangel und vielleicht einem noch auf andere Weise beschleunigten Tode preisgegeben wurde.« Aber erst 32 Jahre nach der Beisetzung lebte das Mordgerücht mit besonderer Vehemenz auf. Hatte sich zuvor eigentlich nur »das Ausland« damit befaßt, so kamen 1823 die alarmierenden Nachrichten aus Wien selbst. Sie konzentrierten sich auf Mozarts unerbittlichen »Rival«, den Komponisten und kaiserlichen Hofkapellmeister Antonio Salieri (1750–1825). Er ist in der ganzen Affäre bis jetzt die letzte greifbare Person geblieben, und für ihn dürfte das lateinische Sprichwort Gültigkeit besitzen: »Non semper errat fama.«

Es begann damit, daß mehrere Tageszeitungen in Wien berichteten, Salieri habe den Mord an Mozart zugegeben, die Angelegenheit gebeichtet und einen Selbstmordversuch unternommen. Daß Mozart ihn schon zu Lebzeiten als seinen Mörder deklarierte, ist dem Reisetagebuch der Novellos zu entnehmen: »Salieris Feindschaft begann mit Mozarts Komposition von Così fan tutte. Er hatte die Oper selbst begonnen, aber aufgegeben, da er sie für unwürdig hielt, in Musik gesetzt zu werden. Der Sohn (Wolfgang Franz Xaver) stellt es in Abrede, daß er (Salieri) Mozart vergiftet habe, obwohl der Vater es glaubte und Salieri es in seinen letzten Tagen gestand.« Wie I. Belza mitteilte, hat der österreichische Musikhistoriker G. Adler († 1941) in unserem Jahrhundert eine diesbezügliche Beichte von Salieri in einem Wiener Kirchenarchiv entdeckt und davon seinen Schüler B. Assafjeff in Kenntnis gesetzt, ohne daß Einzelheiten bekannt wurden.

Zwischen dem 22. und 25. November 1823 schrieb der Neffe Karl in die Konversationshefte des tauben Beethoven: »Salieri hat sich den Hals abgeschnitten, lebt aber noch.« Am 27. November notierte der polnische Musiker K. K. Kurpinski, der damals zu Besuch in Wien weilte, in sein Tagebuch: »Ich wollte mich Salieri vorstellen, aber man sagte mir bei Artaria (dem Musikverlag), daß er niemanden, auch seine besten Freunde nicht, zu sich lasse. Es heißt, daß er sich den Hals durchschnitten habe.«

Bald darauf trägt der Neffe Karl in Beethovens Konversationshefte ein: »Salieri behauptet, er habe Mozart vergiftet.« Dann der Kapellmeister A. Schindler: »Mit Salieri geht es wieder sehr schlecht. Er ist ganz zerrüttet. Er phantasirt stets, daß er an dem Tode Mozarts schuld sey und ihm mit Gift vergeben habe. Dieß ist Wahrheit – denn er will dieß als solche beichten. So ist es wahr wieder, daß alles seinen Lohn erhält.« Während des Winters der Wiener Redakteur J. Schickh: »Es sind 100 zu 1 zu wetten, daß die Äußerung Salieris wahr ist! Die Todesart Mozarts bestätigt diese Äußerung.« Und sogar 1825, nach Salieris Tod, hält der Neffe fest: »Man sagt auch jetzt sehr stark, daß Salieri Mozarts Mörder ist.«

Daraufhin erklärte man Salieri für geistesgestört und brachte ihn zwangsweise ins Spital. Danach bekam er zwei Pfleger, welche im Juni 1824 ein Attest unterschrieben, daß er nie irgendwelche Selbstbezichtigungen geäußert hätte. Sein behandelnder Arzt, Dr. Joseph Röhrig, hüllte sich in Schweigen und unterzeichnete nicht mit. Über die Art und den weiteren Verlauf dieser Wesensveränderung Salieris schweigen sich die zeitgenössischen Biographien hartnäckig aus, selbst der vielverwandte Begriff »Delir« taucht nicht auf, laut Totenprotokoll verschied er »am Brand des Alters«.

Hinzu kam ein weiteres Ereignis: Am 23. Mai 1824 wurde im Wiener Redoutensaal die 9. Sinfonie von Ludwig van Beethoven neben einzelnen Teilen der Missa solemnis aufgeführt. Dabei flatterte von der Galerie ein Flugblatt herab, das ein überschwengliches Gedicht, betitelt »A Lodovico van Beethoven. Ode alcaica di Calisto Bassi«, 20 Strophen lang, beinhaltete. Es entpuppte sich aber bei näherer Betrachtung als larvierte Anklageschrift gegen Antonio Salieri, und besonders die Strophen 6, 7, 17, 18 erregten unliebsames Aufsehen. Angeblich zum Lobe Beethovens verfaßt, finden sich darin unter Bezugnahme auf Mozart und Salieri böse Worte wie diese: »Wolfgang, die Bleichsucht ist an seiner Seite, die in der Hand hält den vergifteten Becher.« Calisto Bassi, ein 24 Jahre alter und aus Verona stammender Textdichter verstand es, sich während des nachfolgenden Verhörs geschickt aus der Affäre zu ziehen und sämtliche Bezichtigungen als »puren Zufall« abzutun. Ihm kam der Umstand sehr zustatten, daß die Zensur nichts Anstößiges in den Versen witterte und sie freigab. So wurde auch diese Angelegenheit totgeschwiegen, in keiner Theaterzeitung erschien ein Hinweis, selbst die Tagespresse überging den Vorfall.

Nun aber war es für Salieris Freunde höchste Zeit, einzugreifen. Der Journalist G. Carpani veröffentlichte in der Mailänder Vierteljahresschrift »Biblioteca Italiana« vom 3. Quartal 1824 einen riesigen Brief, betitelt »Lettera del sig. Carpani in difesa del M°. Salieri calunniato dell'avvelenamento del M°. Mozzard«, welcher neben endlosen Weitschweifigkeiten kaum brauchbare Sachlichkeiten enthält. Anschließend folgt das bekannte Gefälligkeitsattest des Dr. Guldener von Lobes:

»Gerne teile ich Euer Gnaden alles mit, was mir über die Krankheit und den Tod Mozarts bekannt ist. Er erkrankte im vorgerückten Herbst an einem rheumatisch-entzündlichen Fieber, das damals fast allgemein unter uns umging und viele Menschen befiel. Ich erfuhr davon indessen erst einige Tage später, als sich sein Zustand bereits verschlimmert hatte. Ich besuchte ihn um verschiedener Rücksichten willen nicht, aber ich erkundigte mich über ihn beim Herrn

Dr. Closset, mit dem ich sozusagen alle Tage zusammentraf. Dieser hielt die Krankheit Mozarts für gefährlich und fürchtete von Anfang an einen schlimmen Ausgang, insbesondere eine Absetzung im Kopfe (un deposito alla testa). Eines Tages traf er den Dr. Sallaba und sagte ihm aufs bestimmteste: Mozart ist verloren, es ist nicht mehr möglich, die Absetzung aufzuhalten. Sallaba teilte mir diese Bemerkung sofort mit, und in der Tat starb Mozart einige Tage danach mit den gewohnten Symptomen einer Absetzung im Kopfe. Sein Tod erweckte allgemeine Anteilnahme, aber niemand kam es in den Sinn, auch im entferntesten den Verdacht einer Vergiftung anzunehmen. Viele Menschen sahen ihn während seiner Krankheit, viele erkundigten sich über ihn, seine Familie stand ihm mit viel Fürsorge bei, sein von allen hochgeschätzter Arzt, der begabte und erfahrene Closset, hat ihn mit all der Aufmerksamkeit eines verantwortungsvollen Arztes behandelt und mit der Anteilnahme eines jahrelangen Freundes, so daß ihm sicher nicht entgangen wäre, wenn auch nur die geringste Spur einer Vergiftung zu entdecken gewesen wäre. Die Krankheit nahm ihren gewohnten Verlauf und hatte ihre gewohnte Dauer. Closset hatte sie so richtig beobachtet und erkannt, daß er den tödlichen Ausgang fast auf die Stunde voraussagte. Die Krankheit befiel zur gleichen Zeit verschiedene Einwohner Wiens und hatte bei manchen den gleichen tödlichen Ausgang und die gleichen Symptome wie bei Mozart. Die genaue Besichtigung der Leiche zeigte nichts Ungewöhnliches.

Das ist alles, was ich imstande bin, über Mozarts Tod zu sagen. Es würde mir ein hohes Vergnügen sein, wenn ich dazu beitragen könnte, die schreckliche Verleumdung des hervorragenden Salieri zu entkräften. Es bleibt mir nur übrig, Euer Gnaden um Entschuldigung zu bitten, daß ich diese wenigen Zeilen nicht sofort übersandt habe. Immer neue Geschäfte und ein ständiges Unwohlsein, das sich erst nach einem Aderlaß besserte, haben meinem guten Willen immer neue Hindernisse in den Weg gelegt.

Döbling, 10. Juni 1824

Ihr ergebener Diener
Guldner.«

Da hier ein Arzt über einen Patienten, den er nachweislich auf dem Krankenbett weder besuchte noch untersuchte, urteilt, verweist er seinen »Befundbericht« selbst auf den zweiten Platz. Außerdem ist die Anwesenheit des Guldener von Lobes für das Jahr 1791 in Wien nicht belegt. Auf Grund der Angaben in der österreichischen Nationalenzyklopädie ist er erst um 1802 von Prag, wo er an drei Krankenhäusern wirkte, in die Donaumetropole verzogen. Mozarts letzter Arzt, Dr. Closset, auf den sich Guldener berief, lebte damals noch, aber unbegreiflicherweise hüllte er sich in Schweigen – vielleicht hat man ihn auch erst gar nicht befragt. Außerdem herrschte in Wien Ende 1791 gar keine Seuche. Die Totenprotokolle bezeugen es. Im Dezember starben dort sogar weniger Menschen (1042) als im September (1064). Stellt schon Guldeners Formulierung »Rheumatisches Entzündungsfieber« im Sinne der damaligen Medizin, wie oben dargelegt, etwas sehr Vages dar, so muß auch die im Totenbuch angegebene Diagnose »Hitziges Frieselfieber« als irreführend betrachtet werden, wohl um eine epidemische Krankheit vorzutäuschen, so daß jede weitere Untersuchung des Kadavers unterblieb, und man ihn »aus Angst vor Ansteckung« rasch entfernte.

Carpani selbst will den Lesern in besagtem Artikel weismachen, daß Mozarts Leiche »gerichtlich untersucht« worden ist, was indessen niemals der Fall war. Dann erwähnt er in seiner Apologie einen Zeugen, der »Mozarts Sterbestunde beiwohnte«, und zwar den späteren Musiker Sigismund von Neukomm, der 1778 in Salzburg zur Welt kam, damals also 13 Jahre alt gewesen ist und zudem erwiesenermaßen 1791 gar nicht in Wien wohnte. Auch weitere Behauptungen Carpanis – er stand im Dienst der Wiener Geheimpolizei und hatte einen zweifelhaften Ruf – wie die angeblich gute menschliche Harmonie zwischen Salieri und Mozart sowie seine Feststellung, Salieri selbst habe zu Lebzeiten »von dieser verleumderischen Erfindung keine Ahnung« gehabt, sind längst durch beweiskräftige zeitgenössische Gegenargumente widerlegt. Aufs Ganze gesehen hat Carpanis Verteidigung Salieri wenig genützt. Beide starben schon 1825, Dr. Guldener von Lobes 1827. Zudem war es damals von Mailand bis Wien ein weiter Weg, und es ist fraglich, ob man dort von der »Biblioteca Italiana« überhaupt Notiz nahm. Alles, was Carpani seinen Lesern sagte, mußten diese auf Treu und Glauben hinnehmen. Die Gefahr, daß eine unbequeme Erwiderung folgen würde, schien schon durch die Wahl des Ortes bei der Publikation gebannt.

Aber gerade in Mailand lebte ein Mensch, mit dessen Existenz Carpani kaum rechnen konnte: Karl Thomas Mozart! Im Jahre 1784 in Wien als der ältere der beiden Mozartsöhne zur Welt gekommen, brachte man ihn nach dem Tod des Vaters zunächst zum befreundeten Professor Niemetschek nach Prag, wo er dann auf Anordnung der Mutter Konstanze das Handelsfach ergreifen mußte, ohne die Gymnasialstudien vollendet zu haben. Er fand aber in diesem Beruf keine Befriedigung und zog 1805 nach Mailand, studierte dort zunächst Musik, hörte aber nach drei Jahren wieder damit auf und wurde Beamter bei der österreichischen Regierung. Seitdem er auf die Musikerlaufbahn verzichtet hatte, führte Karl Thomas ein bescheidenes Dasein und diente nach Kräften dem Ruhm des Vaters. Er soll ein kleiner, schmächtiger Mann mit schwarzen Augen und leicht ergrauten Haaren gewesen sein, dazu schlicht und höchst bescheiden in seinem Benehmen. Zusammen mit dem Bruder war Karl Thomas im September 1842 in Salzburg Zeuge der Denkmalsenthüllung für seinen Vater, trat 1850 in den Ruhestand, überlebte die ganze Familie und starb unvermählt am 31. Oktober (dem Namenstag des Vaters) 1858, 74 Jahre alt, zu Mailand. Das hier wiedergegebene Schriftstück ist in Italienisch abgefaßt, beginnt ohne Anrede und endet nach dreieinhalb Manuskriptseiten unvermittelt. Es wurde ganz zufällig im Internationalen Musikerbriefarchiv (Berlin; jetzt Wien) in den sechziger Jahren dieses Jahrhunderts entdeckt. Die zahlreichen Durchstreichungen und Verbesserungen im Text lassen darauf schließen, daß der Verfasser zunächst seine Gedanken ex tempore aufzeichnete. Möglicherweise erwog er eine spätere Ausarbeitung, die dann doch angesichts der Aussichtslosigkeit eines solchen Unternehmens unterblieb. Der derzeitige Eigentümer des Originals ist nicht zu ermitteln, es gibt nur eine Kopie, welche absolut zweifelsfrei die Handschrift des Mozartsohnes erkennen läßt. Der Text lautet in deutscher Übersetzung:

»Ich habe den Brief gelesen, den Herr Abt Carpani in die italienische Bibliothek (= Biblioteca Italiana) aufnehmen ließ, um Salieri gegen die Anschuldigung der Vergiftung zu verteidigen. Ich stimme mit allem überein, was er in dem ersten Teil seiner Verteidigungschrift anführt, das heißt bezüglich der Neigung der Menschen, den boshaften, sonderbaren und geheimnisvollen Behauptungen Glauben zu schenken. Unangebracht scheint mir übrigens das von Herrn Carpani gebrauchte Kunstmittel, um die Zustimmung der Italiener zu seiner Meinung zu gewinnen, wenn er davon spricht, die Ehre der Nation schützen zu wollen, welche gewiß nicht von der Untat eines einzelnen Menschen Schaden nehmen kann. Aber noch weniger stimme ich mit seiner Meinung bezüglich des zweiten Teiles überein, in welchem er sich mit dem eigentlichen Thema befaßt. Man denke nur an die weitschweifige und zum Teil vollkommen unpassende Diskussion, die einzig und allein geführt wurde, um Gelegenheit zu finden, derart scharfe Ausdrücke zu gebrauchen, mit welchen er immer großzügig gewesen ist, wenn es sich um Mozart handelte und die – obwohl er es nicht offen gesteht – doch zeigen, *wie* verschieden sein oben erwähntes Urteil über Mozart von dem der großen Mehrheit ist. Es lohnt sich nicht, ihm in seinen Behauptungen zu folgen, da sie damit nichts zu tun haben. Was man aufklären sollte, ist, ob es sich bei seiner Krankheit um ein nicht diagnostiziertes entzündliches Gallenfieber handelte, das der Arzt gleich als hoffnungslos bezeichnete (er erkannte die Gefahr erst in den letzten Augenblicken).

Besonders erwähnenswert sind meiner Ansicht nach die Umstände, nämlich, daß ein paar Tage vor dem Tod eine derart große, allgemeine Schwellung auftrat (una gonfiezza generale), welche den Kranken an jeder kleinsten Bewegung hinderte, ferner der Gestank, der eine innerliche Auflösung ankündigte und gleich nach dem Tode immer stärker wurde, so daß er eine Leichen-Sektion unmöglich machte.

Ein anderer bezeichnender Umstand ist der, daß der Kadaver nicht steif und kalt wurde, sondern, wie es bei Papst Ganganelli und denen, die durch Pflanzengift starben, der Fall war, in allen Teilen weich und elastisch blieb.

Möge der Maestro Salieri an dem Tod Mozarts unschuldig sein, wie ich es wünsche und glaube. Ob das Leben Mozarts gewaltsam beendet wurde und man Salieri dieses Verbrechen zuschreiben soll?

In bezug auf diesen zweiten Teil möchte ich mich den zahlreichen Zeugen anschließen, die die persönlichen Eigenschaften des Maestro Salieri zu schätzen wußten, und darum glaube ich, daß er unschuldig ist, möchte aber unterstreichen, daß ich dazu nicht durch die Verteidigungsschrift

Carpanis veranlaßt wurde. Ich kann das Zeugnis des Herrn Neukomm nicht als gültig anerkennen, da er um jene Zeit kaum der Kindheit entwachsen war, ebenso halte ich die Behauptung für falsch, daß er beim Tode Mozarts zugegen gewesen sei. In die Familie Mozart wurde er neun Jahre später eingeführt, als er zum Erzieher des jüngsten Sohnes des Maestros ausersehen wurde. Falls man aber die Glaubwürdigkeit der Behauptung Neukomms anerkennen wollte, wie kann man das, was Carpani behauptete, mit der von Neukomm in die französischen Blätter eingerückten Erklärung vereinbaren? Demgemäß sollte man glauben, daß der kranke Salieri – obwohl geistesgestört – *sich dazu bekennt, am Tode Mozarts schuld zu sein* (im Manuskript unterstrichen), während Carpani durchaus bemüht ist, diesen Umstand zu verneinen und seine Meinung durch das Zeugnis der Krankenpfleger Salieris unterstützt.

Gänzlich falsch sind außerdem die Umstände, die Carpani anführt und welche den Tod Mozarts begleitet hätten. Es ist falsch und noch nicht erwiesen, ob Mozart gestorben ist, weil sein Lebenslauf beendet war oder ob sein Tod durch Gewalt herbeigeführt wurde. Indessen gibt es starke Anzeichen, das in Betracht zu ziehen. Übrigens darf man nicht vergessen, was Mozart selbst in den letzten Monaten seines Lebens vermutete, ein Verdacht, der bei ihm durch die sonderbaren Auswirkungen der inneren Unordnung, die er spürte, entstanden war und mit der mysteriösen Bestellung des Requiems zusammentrifft – alles Dinge, die so allgemein bekannt sind, daß ich sie hier nicht weiter zu erwähnen brauche ...«

Auffallend ist, daß der Verfasser dieser Zeilen sehr genaue Informationen besessen haben muß. Auch sind dem Autor alle Widersprüche, in die sich Carpani auf der einen und S. von Neukomm auf der anderen Seite (»Journal des débats«, Paris; eine wesentlich kürzere, aber ziemlich inhaltsähnliche Verteidigung Salieris à la Carpani in französischer Sprache) im Rahmen ihrer sogenannten Apologien verwickelten, bekannt. Besonders die Hinweise auf das letzte Krankheitsgeschehen erscheinen wichtig: Einmal erwähnt er Koliken im Leib, die eine Gallenblasenaffektion hätten vermuten lassen, ferner weist er auf jene enormen Körperschwellungen hin, die eine Sektion unmöglich machten. Entzündliche Prozesse im Bereich der Mund- und Darmschleimhaut dürften als Ursache für die Körperausdünstungen, die eine »innerliche Auflösung« ankündigten, anzusehen sein — lauter wichtige klinische Bausteine, die sonst nirgends vermerkt sind! Allerdings gehören die vorbeschriebenen Leichenveränderungen in den Bereich der Fabel: Selbst Papst Klemens XIV., der 1773 den Jesuitenorden aufhob und dessen bürgerlicher Name Ganganelli lautete, wird zur Stützung dieser bereits in der Antike vertretenen irrigen These, daß Pflanzengifte keine Totenstarre aufkommen lassen, herangezogen. »Weich und elastisch« blieb der Leichnam Mozarts durch die Wasseransammlung im Gewebe, durch das Ödem, welches für das finale Nierenversagen charakteristisch ist. Ganz zweifellos aber hat Karl Thomas Mozart an einen unnatürlichen Tod seines Vaters geglaubt.

Das eigentliche Nachspiel zu all dem kam von dem frühverstorbenen russischen Dichter Alexander Puschkin (1799 bis 1837), der mit 37 Jahren nur wenig älter wurde als Mozart. Im Jahre 1830 schuf er den Einakter »Mozart und Salieri«. Er war gewiß kein Sensationsschriftsteller und besaß wichtige Detailkenntnisse, da er oft im Künstlersalon des österreichischen Botschafters zu Petersburg, Graf Ludwig Ficquelmont (1777—1857), mit dem er befreundet war, verkehrte. Der Dichter stand zudem einflußreichen Kreisen nahe, und nicht zuletzt waren es Frauen, welche ihm die im Westen erschienenen, aber von der zaristischen Zensur verbotenen Bücher und Periodika übermittelten. Via Diplomatenpost gewann er weitere Einblicke in vertrauliche

Angelegenheiten, er ist also stets »au courant de tout« gewesen (I. Belza).

Unter dem Datum vom 26. Oktober 1830 beendete Puschkin in der Einsamkeit des väterlichen Erbgutes Boldino – da ihm die Ausbreitung der Cholera vorübergehend die Rückkehr nach Moskau verbot – hier, im östlichen Gouvernement Nischnij-Nowgorod, das vorerwähnte Werk, welches etwa zehn Druckseiten umfaßt. Puschkin war damals 31 Jahre alt.

Man gewinnt bei der Lektüre des kontrastreichen Stükkes den Eindruck, als habe Puschkin den »Rivalen« Salieri nicht nur als Neider oder Widersacher aufgefaßt. Er *muß* diese Tat vielmehr unter innerem Zwang vollbringen. So baut Puschkin im großen Salierimonolog dann Mozart wie ein divines Wesen auf, dessen Stunde nun kommt, das geopfert wird:

»Nein! länger darf ich fortan meinem Los
Nicht widerstehn; ich bin erwählt, um ihm
Halt zu gebieten – sonst sind wir verloren,
Wir alle, Diener der Musik und Priester,
Nicht ich allein mit meinem hohlen Ruhme.
Was nutzts, wenn Mozart noch am Leben bleibt,
Um eine neue Höhe zu erreichen?
Wird er die Kunst damit erhöhen? Nein;
Sie stürzt aufs neue ab, wenn er verschwindet:
Denn einen Nachfolger läßt er uns nicht.
Was haben wir von ihm? Ein Cherub
Bracht er uns einige Paradieseslieder,
Den flügellosen Wunsch in uns empörend,
Um uns, Kindern des Staubs, dann zu entfliegen!«

Ja, Salieri besitzt seit 18 Jahren noch ein Gift, das ihm einst die Gattin übereignete:

»Jetzt – wird es Zeit! Was Liebe dargebracht
Geh' heute in den Kelch der Freundschaft über.«

Dann folgt jene Stelle, die den Kulminationspunkt des Dramas verkörpert, aber grundsätzlich bereits in Bassis früherem Gedicht vorweggenommen zu sein scheint:

Mozart: »Und Genius und Verbrechen sind unvereinbar stets. Hab ich nicht recht?«

Salieri: »Meinst du? (Er schüttet Gift in das Glas Mozarts) So trinke doch!«

Mozart: »Ich trink dein Wohl,
Mein Freund, und auf den aufrichtigen Bund,
Der Mozart und Salieri eng verbindet,
Zwei Söhne einer Harmonie« (Er trinkt).

Salieri: »Halt ein, halt ein! Du trankest schon! . . . ohne mich?«

Puschkin, der nach einer unglücklichen Duellaffäre starb, fand in dem Komponisten N. Rimsky-Korsakoff (1844 bis 1908) den ebenbürtigen Künstler, welcher 1898 Puschkins Einakter vertonte. Die Dauer der Aufführung beträgt etwa 50 Minuten. Salieris Monologe erscheinen in Rembrandtschem Hell-Dunkel, dazwischen finden sich Melodien aus Mozartopern und einzelne Requiempartien. Hier ist das seltene Ereignis Wirklichkeit geworden, daß ein bedeutender Musiker seinem geistigen Idol ein Denkmal in Noten setzte.

An diesem Punkte endet die Tätigkeit des forschenden Arztes. Mit der Erarbeitung einer präzisen Diagnose, mit der Sammlung des biographischen Materials und mit der Feststellung, daß Mozart die Natur seiner Todeskrankheit sehr richtig erfaßt hatte, ist ein Ergebnis erreicht worden, das vielleicht durch einige historische Details im Laufe der Zeit ergänzt, in seiner Gesamtschau kaum nennenswert verändert werden dürfte. Es darf auch heute noch mit der Neuentdeckung von Quellen gerechnet werden, wie dies für das Reisetagebuch der Novellos, unmittelbar nach dem zweiten Weltkrieg, gilt, oder für die Entgegnung des Mozartsohnes Karl Thomas auf Carpanis Verteidigung Salieris. Dabei können immer noch neue Krankheitssymptome ans Licht kommen, die das Bild der Quecksilbervergiftung ergänzen. Wenn das eine oder andere fehlt, besagt das keineswegs etwas gegen die Diagnosestellung, denn die Menschen von damals dachten nicht im ärztlichen Sinne; so fehlen auch die Körperschwellungen in der Beschreibung von Niemetschek, Rochlitz u. a., erst N. Nissen erwähnt sie und Karl Thomas Mozart. Bis in die jüngste Vergangenheit hinein haben die Ereignisse von 1791 die Menschen beeindruckt. Der im letzten Weltkrieg vom Feindflug nicht mehr zurückgekehrte A. de Saint-Exupéry beschließt sein 1939 erschienenes Buch »Wind, Sand und Sterne« mit folgenden Gedanken: »Mozart ist zum Tode verurteilt . . . Mich bedrückt, daß in jedem dieser Menschen etwas von einem ermordeten Mozart steckt.« Der amerikanische Autor D. Weiss ist dann in zwei Bänden, »Sacred and Profane« sowie »The Assassination of Mozart« dem ganzen Fragenkomplex weiter nachgegangen und hat manches Nützliche, wenn auch in feuilletonistischer Form, herausgefunden (London 1968 und 1970).

Über die biographische Rahmenhandlung hinaus, die leicht zu Sensationsberichten führen könnte, wird es immer gut sein, wenn man den Blick auf den Kranken selbst lenkt, der einsam und verlassen, auf seinem Leidenslager einer Zukunft ohne Hoffnung auf Genesung entgegenblikken mußte. Wie sein Leben unter dem Zwange des schöpferischen Impulses stand, so ist auch sein Tod eine einzige Passion gewesen, aus deren Finale sich Mensch und Werk zu unwiederbringlicher Ganzheit sublimierten. Denn in Mozart starb das größte musikalische Genie des Abendlandes. Vielleicht am treffendsten ist der gesamte Fragenkomplex von W. A. Bauer und O. E. Deutsch auf Seite 180 der Kleinausgabe Mozartscher Briefe umrissen worden:

»Daß Wolfgang Amadé Mozart am 5. Dezember 1791, zwei Monate vor seinem 36. Geburtstag, starb, erfüllt uns immer wieder mit bitterem, hilflosem Schmerz. Dem Kinde Mozart hat ein früher Bewunderer die Worte des homerischen Hermeshymnos zugerufen, da Apoll staunend dem

Wunder des Leierspiels des jungen Hermes lauscht und fragt, ob ihm ein sterblicher Mensch oder ein Gott das erhabene Geschenk göttlichen Gesangs gegeben habe: nie seien vorher so wunderbare Töne erklungen. Und so staunen auch wir vor dem Kinde, dem Manne Mozart: er war und bleibt ein Bote aus einer anderen Welt.«

WOLFGANG AMADEUS MOZART

1. *Baader, E. W.:* Quecksilbervergiftung; in: Handbuch der praktischen Medizin, München – Berlin 1957.
2. *Bär, C.:* Mozart – Krankheit, Tod, Begräbnis, Salzburg 1966.
3. *Barrington, D.:* Miscellanies, London 1781.
4. *Bauer, W. A., Deutsch, O. E.:* Mozart, Briefe und Aufzeichnungen, Bd. III+IV, Kassel 1962 und 1963.
5. *Bauer, W. A., Deutsch, O. E.:* Mozarts Briefe i. d. Fischer-Bücherei, Nr. 318, Frankfurt – Hamburg 1960.
6. *Barraud, J.:* A quelle maladie a succombé Mozart? »La Chronique Médicale« 15. Nov. 1905, Nr. 22.
7. *Beethoven, L. van:* Konversationshefte, Bd. IV+V. Leipzig 1968 und 1970.
8. *Belza, I.:* Mozart und Salieri, Moskau 1953.
9. *Belza, I.:* Nachwort zur russischen Ausgabe des Buches »Sacred and Profane« von David Weiss, Moskau 1970.
10. *Belza, I.:* Vergessene polnische Komponisten, Moskau 1963.
11. *Belza, I.:* Zur Entstehung von Puschkins Tragödie »Mozart und Salieri«. Nachrichten der Akademie der Wissenschaften (Reihe Literatur und Sprache), Moskau 1964.
12. *Blagoi, D. D.:* Puschkins Werk in der Zeit von 1826 bis 1830, Moskau 1967.
13. Berliner Musikalisches Wochenblatt vom 12. Dezember 1791, Nachrichten aus Briefen (Andeutung einer möglichen Vergiftung Mozarts).
14. *Blom, E.:* Mozart's Death, »Music & Letters« 1957: 320.
15. v. *Bôkay, J.:* Die Todesursache Mozarts, Orvosî Hetilap Nr. 3/1906 (Ungarisch), auch ref. in Mitteilungen der Medizin und Naturwissenschaften, Bd. 6 (1907), 323.
16. *Carp, L.:* Mozart: His tragic life and controversial death. Bulletin of the New York Academy of Medicine, Vo. 46, Nr. 4/1970.

17. *Cloeter, H.:* Die Grabstätte W. A. Mozarts auf dem St. Marxer Friedhof in Wien. Wien 1941.

18. *Dalchow, J., G. Duda, D. Kerner:* W. A. Mozart – Die Dokumentation seines Todes, Pähl/Obb. 1966.

19. *Daumer, G. F.:* »Aus der Mansarde«, Zeitschrift, Mainz 1861, Heft 4. »Verhältniß der geheimen Gesellschaften, namentlich des Freimaurerordens, zu großen und genialen Persönlichkeiten, an zwei ausgezeichneten Ordensmitgliedern – Mozart und Lessing – aufgezeigt und ins Licht gesetzt.«

20. *Dent, E. J.:* Mozarts Opern, Berlin (E. Reiss), o. J. (1922).

21. *Deutsch, O. E.:* Mozart – Dokumente seines Lebens, dtv-Ausgabe Nr. 140, München 1963.

22. *Deutsch, O. E.:* Carpanis Verteidigung Salieris (mit Wiedergabe des Textes in Italienisch, Einleitung in deutscher Sprache), Schweizerische Musikzeitung 1957: 8.

23. *Deutsch, O. E.:* W. A. Mozart. Die Dokumente seines Lebens, Kassel 1961.

24. *Einstein, A.:* Mozart, Zürich 1953.

25. Frankfurter Konversationsblatt (Belletristische Beilage zur Postzeitung) Nr. 298 vom 14. Dezember 1855 Mozarts letzte Wohnung).

26. *Eibl, J. H.:* W. A. Mozart, Chronik eines Lebens. Kassel 1965.

27. *Gessmann, G. W.:* Die Geheimsymbole der Alchemie, Arzneikunde und Astrologie des Mittelalters, Ulm 1959.

28. *Greither, A.:* Die Todeskrankheit Mozarts. In: Literatur-Eildienst »Roche« Nr. 4/1967: 25.

29. *Greither, A.:* Die Todeskrankheit Mozarts. Deutsche Medizinische Wochenschrift 1967: 723.

30. *Greither, A.:* Die sieben großen Opern Mozarts (mit einer Pathographie Mozarts), Heidelberg 1970.

31. *Gugitz, G.:* Zu Mozarts Tod. Mozarteums-Mitteilungen 1920: 1.

32. *Guitard, E. H.:* Mozart victime du mercure. Revue d'histoire de la pharmacie 1961: 178.

33. *Guldener v. Lobes, E. V.:* Beobachtungen über die Krätze, gesammelt in dem Arbeitshause zu Prag. Prag 1791.

34. *Hajdecki, A.:* Mozarts Taufnamen. In: Beethoven-Forschung (Lose Blätter), Heft 6+7, August 1916 (Wien), herausgegeben von Th. v. Frimmel.

35. *v. Hermann, A.:* Antonio Salieri. Inaug.-Diss. (unvollendet), Wien 1827.

36. *Hirsch, A.:* Handbuch der historisch-geographischen Pathologie, Stuttgart 1881.

37. *Holmes, E.:* The life of Mozart. London 1845.

38. *Holz, H.:* Mozarts Krankheiten und sein Tod. Inaug.-Diss., Jena 1938.

39. *Hoschek, R., W. Fritz:* Taschenbuch für den medizinischen Arbeitsschutz und die werksärztliche Praxis, Stuttgart 1964 (Hg-Vergiftg.).

40. *Hummel, W.:* W. A. Mozarts Söhne, Kassel 1956.

41. *Immermann, H.:* »Der Schweißfriesel«, Wien+Leipzig 1913.

42. *Jahn, O.:* W. A. Mozart. 4 Bde, Leipzig 1856–1859.

43. Karola Kurpinskiego Dziennik podrózy 1823. Krakau 1954: 162.

44. *Kerner, D.:* Starb Mozart eines natürlichen Todes?, in »Wiener med. Wochenschrift« 1956: 1070.

45. *Kerner, D.:* Mozarts Todeskrankheit, Veröffentlichungen des Internationalen Musiker-Brief-Archivs Berlin, Berlin, Mainz 1961.

46. *Kerner, D.:* Mozarts Todeskrankheit. In: ABBOTTEMPO (Illinois) 1967, Bd. 2, S. 2 (8 Sprachen).

47. *Kerner, D.:* Die Kontroverse um Mozarts Tod (Carpanis Verteidigung Salieris). Ärzteblatt Rheinland-Pfalz vom Jan., März, Mai und Juli 1970 (24 S.).

48. *Kerner, D.:* Eine unbekannte Erwiderung auf Carpanis Verteidigung Salieris. Acta Mozartiana 1967: 31.

49. *Kerner, D.:* Mozarts Aufenthalt in Mainz. Mainzer Almanach 1963: 94.

50. *Kuschinsky, G., H. Lüllmann:* Chronische Hg-Vergiftung. In: Kurzes Lehrbuch der Pharmakologie, Stuttgart 1966.

51. Leipziger »Allgemeine musikalische Zeitung«, 1825, Sp. 349 (Hinweis auf Salieris Selbstanklagen).

52. *Leitzmann, A.:* Mozarts Persönlichkeit, Leipzig (Insel) 1914.

53. *Leitzmann, A.:* Wolfgang Amadeus Mozarts Leben in seinen Briefen und Berichten der Zeitgenossen. Leipzig o. J. (Insel).

54. *Lewin, L.:* Die Gifte in der Weltgeschichte. Berlin 1920.

55. *Lewin, L.:* Gifte und Vergiftungen. Berlin 1929.

56. *Ludendorff, M.:* Mozarts Leben und gewaltsamer Tod. München 1936.

57. *Ludwig, H.:* Erscheinungsformen der chronischen Pyelonephritis. In: Z. ärztl. Fortbild. Nr. 5: 358 (1967).

58. *Moeschlin, S.:* Klinik und Therapie der Vergiftungen, Stuttgart 1956.

59. Mozarts Werkverzeichnis (1784–1791), Faks.-Druck, Wien 1938.

60. *v. Mosel, I. F.:* Über das Leben und die Werke des Anton Salieri. Wien 1827.

61. *Nettl, P.:* Mozart und die königliche Kunst. Berlin 1932.

62. *Nettl, P.:* W. A. Mozart als Freimaurer und Mensch. Hamburg 1956.

63. *Niemetschek, F. X.:* Leben des k. u. k. Kapellmeisters Wolfgang Gottlieb Mozart. Leipzig 1798.

64. *Nissen, G. N.:* Biographie W. A. Mozarts. Leipzig 1828.

65. *Nottebohm, G.:* Mozartiana. Leipzig 1880.

66. *Novello, V. und M.:* A Mozart Pilgrimage. Transcribed and compiled by Nerina Medici di Marignano, edited by Rosemary Hughes. First printed London 1955. Deutsche Übersetzung (Boosey & Hawkes, Bonn) 1959.

67. Österreichische National-Enzyklopädie von 1835 (Dr. Guldener von Lobes zog 1802 nach Wien).

68. *Orel, A.:* Mozarts deutscher Weg. Wien 1943.

69. *Paumgartner, B.:* Mozart. Zürich + Freiburg 1967.

70. *Paumgartner, B.:* Erinnerungen. Salzburg 1969.

71. *Pisarowitz, K. M.:* Salieriana. Mitteilungen der Internationalen Stiftung Mozarteum 1960, Heft 3/4.

72. *Puschkin, A.:* Gesammelte Werke. Herausgegeben von J. von Guenther, München 1966.

73. *Reinhard, W.:* Die Krankheiten Mozarts und Schumanns, Med. Mschr.: 320 (1956).

74. *Reuter, F.:* Giftmord und Giftmordversuch. Wien 1958.

75. *Rochlitz, F.:* Verbürgte Anekdoten aus Wolfgang Gottlieb Mozarts Leben, ein Beytrag zur richtigern Kenntnis dieses Mannes, als Mensch und Künstler. Allgemeine Musikalische Zeitung (AMZ) Leipzig 1798: 18 ff.

76. *Rosenberg, A.:* »Die Vorschule des Genies« (Vater Leopold Mozart). Schaffhauser Nachrichten vom 15. November 1969.

77. *Rosenberg, A.:* »Die Zauberflöte«. München 1964 und 1972.

78. *Saint-Exupéry, A. de:* Wind, Sand und Sterne. Düsseldorf 1956.

79. *Sarre, H.:* Die Prognose der chronischen Nephritis. Lebensversicher.-Med. 1 (1963).

80. *Schachter, M.:* A propos des maladies et de la mort de Mozart. Neuropsichiatria 119 (Genova) (1960).

81. *Schenk, E.:* Mozarts erster Arzt. Sonderdruck a. d. Anzeiger der phil. hist. Klasse d. österr. Akademie d. Wissenschaften, Wien (M. Rohrer) 1954.

82. *Schenk, E.:* Mozart und die Gestalt (»Die Musik«, Nov. 1941: 62).

83. *Schiedermair, L.:* Mozart. Bonn 1948.

84. *Schiedermair, L.:* Mozart. Sein Leben und seine Werke. München 1922.

85. *Scheidt W.:* Quecksilbervergiftung bei Mozart, Beethoven und Schubert. Med. Klin. 1967: 195.

86. *Schmidt, E. F.:* Ein schwäbisches Mozartbuch. Lorch 1948.

87. *Schnerich, A.:* Faksimile-Ausgabe des Requiem-Autographs. Wien 1913.

88. *Schurig, A.:* Mozart und seine Welt. Leipzig 1913.

89. *Schurig, A.:* W. A. Mozart. 2 Bde. Leipzig 1913.

90. *Schurig, A.:* Aufzeichnungen, Dokumente von Konstanze Mozart (1782–1842). Dresden 1922.

91. *Sederholm, C. G.:* »Ist Mozart an Morbus Basedow ge-

storben?« Ciba-Symposium Bd. 7, Heft 5, Dezember 1959.

92. *Slonimsky, N.:* The weather at Mozart's funeral. »The Musical Quarterly«, 1/1960.

93. *Smith, E.:* »La Clemenza di Tito«, Kommentar im Beiheft der Decca-Schallplattenfirma, 1968.

94. *Solozow, A.:* Leben und Werk von N. Rimsky-Korsakoff. Moskau 1964.

95. *Stefan, P.:* Die Zauberflöte. Wien 1937.

96. *Stahl, E.:* Mozart am Oberrhein. Straßburg 1942.

97. *Stoll, M.:* Heilungsmethoden in dem Praktischen Krankenhaus zu Wien. Wien 1789.

98. *Storck, K.:* Mozart. Sein Leben und Schaffen. Stuttgart 1908.

99. *Szametz, R.:* »Hat Mozart eine Psychose durchgemacht?« Inaug.-Diss., Frankfurt a. M. 1936.

100. *Taylor, A. S.:* Die Gifte. Köln 1862.

101. *Tenschert, R.:* Mozart. Leipzig 1930.

102. *Troyat, H.:* Puschkin. Eine Biographie. München 1959.

103. *Ulibischeff, A.:* Mozarts Leben und Werke. 2. Aufl., Stuttgart 1859 (4 Bde.).

104. *Valentin, E.:* Mozart. Hameln 1947.

105. *Valentin, E.:* Mozart. Eine Bild-Biographie. München 1959.

106. *Valentin, E.:* »Das Motiv der Prüfung im Drama Mozarts.« Vortrag anl. des 17. Mozart-Festes der Deutschen Mozart-Ges. in Augsburg 1968, wiedergegeben unter dem Titel »Mozarts Aktions-Drama« im Programmheft des 19. Deutschen Mozart-Festes, Augsburg 1970.

107. *Volhard, F.:* Die doppelseitigen hämatogenen Nierenerkrankungen. In: Handbuch der inneren Medizin, Bd. III (Springer), Berlin 1918.

108. *Weiss, D.:* Sacred and Profane. A Novel of the life and times of Mozart. London (Hodder & Stoughton) 1968.

109. *Weiss, D.:* The Assassination of Mozart. London (Hodder & Stoughton) 1970.

110. *Weizmann, E.:* »Wiener Arbeiterzeitung« vom 14. April 1957 (Totenprotokolle von 1791).

111. *Weber, G.:* Weitere Ergebnisse der weiteren Forschungen über die Echtheit des Mozartschen Requiems. »Cäcilia« Heft 22/23, Mainz 1827.

112. *Wildermann, H.:* W. A. Mozart. Leben und Gestalt in 36 Darstellungen. Dornach (Schweiz) 1956.

113. *Woyts, J. J.:* Schatzkammer medicinisch- und natürlicher Dinge. Leipzig 1716.

114. v. *Wurzbach, C.:* Mozart-Buch. Wien 1869.

115. *Zangger, H.:* Quecksilber-Vergiftung. In: Handb. Inn. Med., Bd. 6 (Springer), 1919.

116. »Die Zauberflöte«, Textbuch mit Einführung b. Reclam, Leipzig 1889.

117. »Die Zauberflöte«, Faksimile-Nachdruck des Textbuches der Erstausgabe. Wien 1942.

118. »Die Zauberflöte«, Originalpartitur nebst Einführung (G. Gruber) in Serie II, Werkgruppe 5, Band 19 der Neuen Ausgabe sämtlicher Werke. Kassel (Bärenreiter) 1970.

Das Wunderkind W. A. Mozart in seinem 8. Lebensjahr
Kupferstich von T. Cook, London

Wolfgang Amadeus Mozart. Stich nach dem nicht mehr vorhandenen Original des Josef Grassi

Mozarts unerbittlicher »Rival«, der Komponist und kaiserliche Hofkapellmeister Antonio Salieri (1750–1825)

Das Siegel von Mozarts Wiener Loge, der er offiziell seit Ende 1784 angehörte

Die letzten drei Takte von Mozarts Kantate KV 623 (beendet am 15. November 1791) lassen einen deutlichen Quecksilbertremor (Ataxie, Mikrographie, erdbebenartige Veränderungen des Schriftspiegels) auf dem 18. Blatt des Autographs erkennen, besonders in den Mittelstimmen

Mozarts älterer Sohn Karl Thomas (1784–1858) führte in Mailand als Steuerbeamter ein bescheidenes Dasein

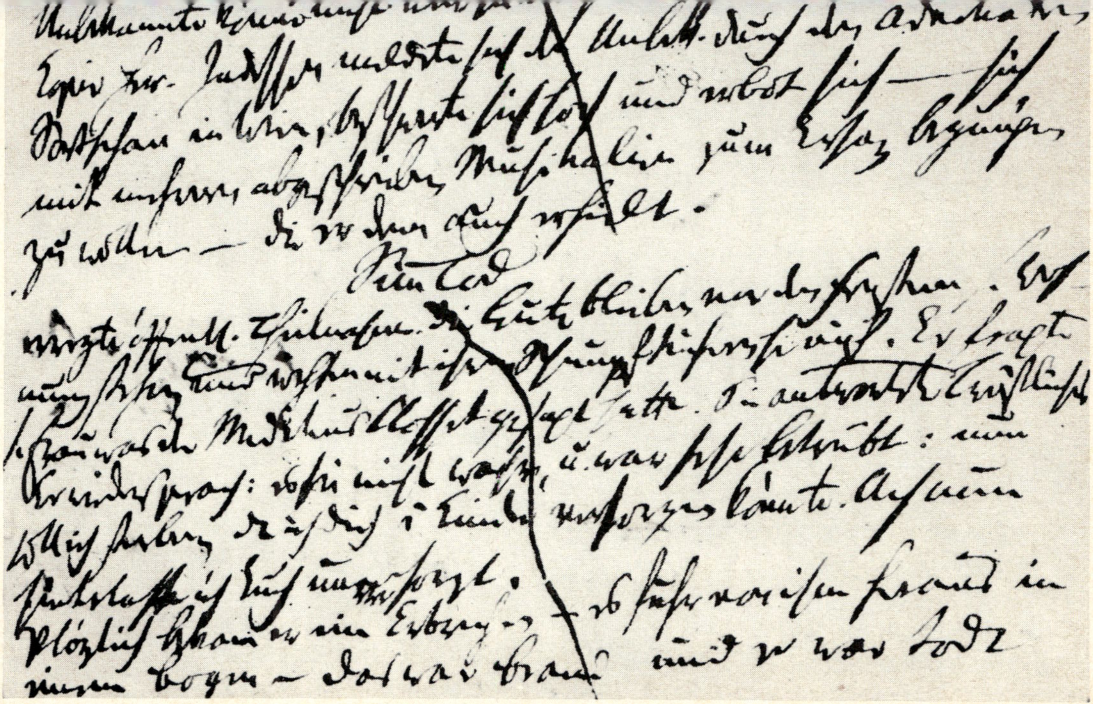

Handschriftliche Eintragung in N. Nissens »Kollektaneen«, Mozarts Tod betreffend

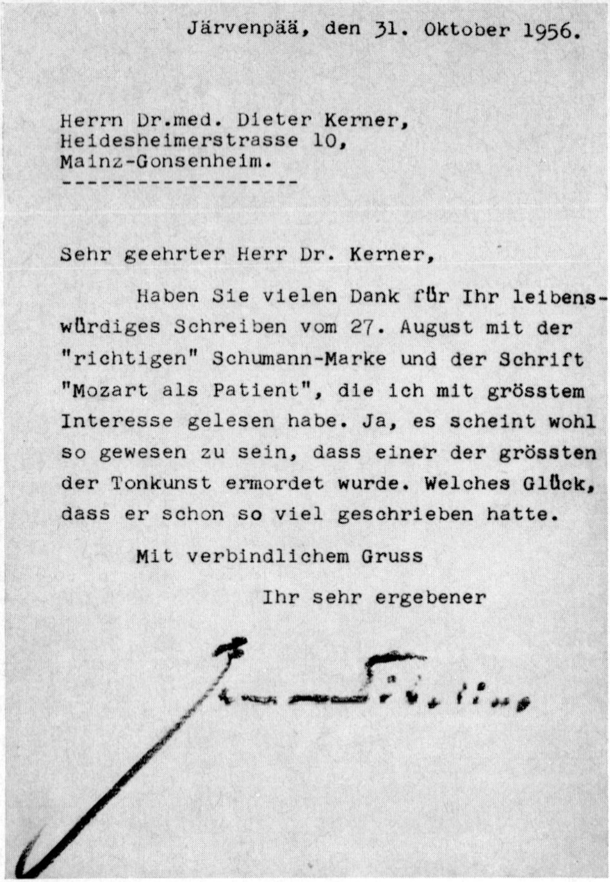

Järvenpää, den 31. Oktober 1956.

Herrn Dr.med. Dieter Kerner,
Heidesheimerstrasse 10,
Mainz-Gonsenheim.

Sehr geehrter Herr Dr. Kerner,

Haben Sie vielen Dank für Ihr leibenswürdiges Schreiben vom 27. August mit der "richtigen" Schumann-Marke und der Schrift "Mozart als Patient", die ich mit grösstem Interesse gelesen habe. Ja, es scheint wohl so gewesen zu sein, dass einer der grössten der Tonkunst ermordet wurde. Welches Glück, dass er schon so viel geschrieben hatte.

Mit verbindlichem Gruss

Ihr sehr ergebener

Brief des finnischen Komponisten J. Sibelius vom 31. Oktober 1956

Der Journalist G. Carpani (1752–1825), der 1824 eine lange Verteidigungsschrift publizierte, um Salieri von dem Vorwurf, Mozart vergiftet zu haben, zu entlasten

Ludwig van Beethoven (1770–1827)
Gemälde von F. Waldmüller

LUDWIG VAN BEETHOVEN
(1770–1827)

»Zusammengefaßter, energischer, inniger habe ich noch keinen Künstler gesehen. Ich begreife recht gut, wie er gegen die Welt wunderlich stehn muß.«

(J. W. v. Goethe an Christiane v. Goethe, 19. 7. 1812)

»Vor allem muß man sagen, daß Beethoven, wenn auch ein höchst sonderlicher, doch ein wahrhaft guter Mensch war.«

(F. Grillparzer)

Ludwig van Beethovens Einzug in die Wiener Gesellschaft und in das Bürgertum seiner Zeit vollzog sich nicht zuletzt auf Grund einer wesentlichen *technischen* Neuerung im Instrumentenbau: durch den volleren Klang der neuen Klaviere, die um die Jahrhundertwende entstanden und – im Gegensatz zu ihren Vorgängern – nun eine viel nuancenreichere, ja fast orchestrale Tonfülle aufwiesen. Vom Beginn seines Schaffens bis zu dem Zeitpunkt, da er die Feder für immer aus der Hand legte, ist Beethoven diesem Instrument verbunden geblieben und hat Überwältigendes für das Pianoforte geschaffen.

Beethoven soll bedauert haben, daß ihm Mozart im Jahre 1787, als er nur etwa zwei Wochen in Wien weilte, nicht vorspielte. Damals war er knapp 17 Jahre alt und gehörte zu jenen drei Kindern, die von den sieben Nachkommen der Eheleute Maria Magdalena und Johann van Beethoven am Leben blieben. Sein Bruder Karl starb 1815 mit 41 Jahren, die Mutter mit 40 Jahren an Tuberkulose. Nur der Bruder Johann erreichte mit 72 Jahren ein hohes Alter.

Ludwig van Beethoven entstammte einer niederdeutschen Künstlerfamilie. Die Großmutter, die drei Kinder gebar, brachte man wegen Trunksucht in ein Kloster. Ihr einziges überlebendes Kind Johann – der ebenfalls wegen Trunksucht schon früh seine Stellung als Tenor bei der Hofkapelle des Bonner Kurfürsten aufgeben mußte – war der Vater von Ludwig van Beethoven.

Der in den Biographien immer wieder erwähnte Neffe Karl, dessen Vormundschaft Beethoven später übernahm, ist der Sohn des an Tuberkulose verstorbenen Bruders Karl gewesen. Beethoven hatte eine fast krankhafte Zuneigung zu ihm gefaßt, was auch gewisse Prozeßakten andeuten; er wurde 52 Jahre alt und hinterließ 5 Kinder, jedoch nur einen Sohn. Dieser Ludwig van Beethoven, der sich auch »Louis von Hoven« nannte, bereiste als internationaler Hochstapler die Alte und die Neue Welt. 1890 wurde er, bereits erheblich vorbestraft, letztmals in Paris gesehen – wo er starb, ist unbekannt (P. Nettl). –

Die musikalische Begabung hatte Ludwig van Beethoven zweifellos vom Vater ererbt, und dieser unterrichtete seinen Buben recht streng. Am 26. März 1778 trat der kleine Junge erstmals in einem Konzert zu Köln öffentlich auf. Er hatte auch sonst gute Lehrer (z. B. Christian Gottlob Neefe), die ihn auf dem Klavier, der Geige und der Orgel unterwiesen, und weil Beethoven stets sehr wißbegierig gewesen ist, eignete er sich auch eine gute Allgemeinbildung an. »Durch ununterbrochenen Fleiß erhalten Sie Mozarts Geist aus Haydns Händen«, schrieb Graf Waldstein in Beethovens Stammbuch, als dieser zum zweiten und letzten Male der Heimat den Rücken kehrte, um im Herbst 1792 nach Wien zu reisen. Von dieser Stadt ist er, außer gelegentlichen Exkursionen und Badereisen, bis zu seinem Tode nicht mehr fortgekommen. Die Brüder Karl, Kaspar und Johann – der Letztgenannte brachte es als Apotheker zu einem gewissen Vermögen – folgten ihm dorthin nach.

In der Kindheit hat Beethoven sicher die Pocken durchgemacht. Die Lebendmaske des Bildhauers F. Klein aus dem Jahre 1812 zeigt im Bereich des Kinns deutliche Pockennarben. Ob Beethoven auch am Typhus erkrankt war, wie oft behauptet wird, läßt sich weder anamnestisch noch datenmäßig belegen.

In Wien, wo er sich klugerweise als Eleve bei Haydn und Salieri anmeldete, hatte Beethoven bald Zutritt zu den vornehmsten Kreisen sowie zum Bürgertum. Hier wuchs Beethoven, zumal Mozarts Thron verwaist war, vor allem als Pianist – seine einzigartigen freien Phantasien auf dem Klavier sind leider unwiederbringlich dahingesunken – zu ungeahnter Größe heran, obwohl er in der Zeit von 1795 bis 1799 nur insgesamt achtmal öffentlich auftrat. Beethoven wird damals als klein und wenig anziehend beschrieben, das Gesicht rot und voller Narben. Er hatte breite Schultern und einen kurzen, derben Nacken. Sein Körper war untersetzt, die Stirn stark gewölbt und kugelig, die Nasenwurzel eingezogen. Unter dichten, buschigen Augenbrauen leuchteten in seltsamem, fast unheimlichem Glanz kleine, abgrundtiefe, durchdringend geistreiche Augen, beweglich wie ihr Träger. In den Jahren 1804/05 benützte Beethoven, da er kurzsichtig war, eine plumpe, silberne Brille, später die »Lorgnette«. Jedoch weiß das sogenannte »Fischhoffsche Manuskript« – unter diesem Titel hat ein Unbekannter zahlreiche Sätze und Aussprüche Beethovens aus nicht mehr vorhandenen Heften und Notizbüchern abgeschrieben – bereits 1796 von einer »gefährlichen Krankheit« während der Berliner Reise zu berichten, die aber nicht näher bezeichnet wurde. Fast gleichzeitig, vielleicht auch etwas später, treten nun erste Hörstörungen auf, und zwar anfänglich auf dem linken Ohr, ferner Durchfälle sowie Verdauungsbeschwerden, die ihn bis zum Lebensende begleiteten. Und dies zu einer Zeit, da er die Klaviersonaten op. 10 komponierte!

Über die Symptome seines fortschreitenden Leidens, das den Meister schon in der 3. Lebensdekade zum Dauerpatienten werden ließ, schreibt er an seinen Freund Carl Amenda, der als Probst im kurländischen Talsen wirkte, wie an einen Beichtvater:

»... Wie oft wünsche ich Dich bei mir, denn Dein Beethoven lebt sehr unglücklich; wisse, daß mir der edelste Teil, mein Gehör, sehr abgenommen hat, schon damals, als Du noch bei mir warst, fühlte ich davon Spuren, und ich verschwieg's, nun ist es immer ärger geworden; ob es wird wieder können geheilt werden, das steht noch zu erwarten, es soll von den Umständen meines Unterleibes herrühren; was nun den betrifft, so bin ich fast ganz hergestellt, ob nun auch das Gehör besser werden wird, das hoffe ich zwar, aber schwerlich, solche Krankheiten sind die unheilbarsten. Wie traurig ich nun leben muß, alles, was mir lieb und teuer ist, meiden ... Die Sache meines Gehörs bitte ich Dich als ein großes Geheimnis aufzubewahren und niemand, wer es auch sei, anzuvertrauen.« (1. Juni 1800.)

Schon zeigt sich eine gewisse Resignation, ein Erkennen der Unheilbarkeit seines Leidens, für dessen wahre Ursache der Inhalt des Schreibens möglicherweise einen unzweideutigen Hinweis gibt. Beethoven wollte sein Leiden vor keinem Menschen wahrhaben, obwohl damals den Außenstehenden dieses Ohrenleiden auffiel. An einem Winterabend des Jahres 1800 führte Wenzel Czerny seinen zehnjährigen Sohn Carl – den bedeutenden Pianisten in der Folgezeit – zu Beethoven, um ihn »prüfen« zu lassen:

»Ein sehr wüst aussehendes Zimmer, überall Papiere und Kleidungsstücke verstreut, einige Koffer, kahle Wände, kaum ein Stuhl.« Inmitten dieser abenteuerlichen Unordnung trat ihm der berühmte Mann selbst entgegen, der kleine Czerny spielte zu dessen großer Freude die erst kürzlich erschienene »Sonate pathétique« auswendig vor, dabei entging ihm aber nicht, daß »Beethoven in beyden Ohren Baumwolle hatte, welche in gelbe Flüssigkeit getaucht schien.«

Weitere Ausführungen bringt ein Brief an den Arzt Dr. Wegeler, einen Bonner Jugendfreund, welcher später auch ein Lied Beethovens in der Freimaurerloge gesungen hat. Dieser Brief trägt das Datum vom 29. Juni 1801:

»Nur hat der neidische Dämon, meine schlimme Gesundheit, mir einen schlechten Stein ins Brett geworfen, nämlich: mein Gehör ist seit drei Jahren immer schwächer geworden, und das soll sich durch meinen Unterleib, der schon damals wie Du weißt elend war, hier aber sich verschlimmert hat, indem ich ständig mit einem Durchfall behaftet war, und mit einer dadurch außerordentlichen Schwäche, ereignet haben, Frank wollte meinem Leib den Ton wiedergeben durch stärkende Medizinen und mein Gehör durch Mandelöl, aber prosit, daraus wird nichts, mein Gehör ward immer schlechter, und mein Unterleib blieb immer in seiner vorigen Verfassung, das dauerte bis voriges Jahr Herbst, wo ich manchmal in Verzweiflung war, da riet mir ein medizinischer asinus das kalte Bad für meinen Zustand, ein gescheiterer das gewöhnliche lauwarme Donaubad, das tat Wunder, mein Bauch ward besser, mein Gehör blieb oder ward noch schlechter, diesen Winter gings mir wirklich elend, da hatte ich wirkliche schreckliche Koliken, und ich sank wieder ganz in meinen vorigen Zustand zurück, und so bliebs bis ungefähr 4 Wochen, wo ich zu

Vering ging, indem ich dachte, daß dieser Zustand zugleich auch einen Wundarzt erfordere, und ohnedem hatte ich immer Vertrauen zu ihm, ihm gelang es nun fast gänzlich diesen heftigen Durchfall zu hemmen, er verordnete mir das laue Donaubad, wo ich jedesmal noch ein Fläschchen stärkende Sachen hineingießen mußte, gab mir gar keine Medizin, bis vor ungefähr 4 Tagen Pillen für den Magen und einen Tee fürs Ohr und darauf kann ich sagen befand ich mich stärker und besser nur meine Ohren, die sausen und brausen Tag und Nacht fort, ich kann sagen, ich bringe mein Leben elend zu, seit 2 Jahren fast meide ich alle Gesellschaften, weils mir nun nicht möglich ist, den Leuten zu sagen, ich bin taub, hätte ich irgend ein anderes Fach, so gings noch eher, aber in meinem Fach ist das ein schrecklicher Zustand, dabei meine Feinde, deren Anzahl nicht geringe ist, was würden diese hiezu sagen – um dir einen Begriff von dieser wunderbaren Taubheit zu geben, so sage ich dir, daß ich mich im Theater ganz dicht am Orchester anlehnen muß, um den Schauspieler zu verstehen, die hohen Töne von Instrumenten, wenn ich etwas weit weg bin höre ich nicht, im Sprechen ist es zu verwundern, daß es Leute gibt, die es niemals merkten, da ich meistens Zerstreuungen hatte, so hält man es dafür, manchmal, auch hör ich den Redenden, der leise spricht, kaum, ja die Töne wohl, aber die Worte nicht, und doch sobald jemand schreit, ist es mir unausstehlich, was nun werden wird, das weiß der liebe Himmel, Vering sagt, daß es gewiß besser werden wird, wenn auch nicht ganz – ich habe schon oft den Schöpfer und mein Dasein verflucht, Plutarch hat mich zu der Resignation geführt, ich will wenns anders möglich ist, meinem Schicksal trotzen, obschon es Augenblicke meines Lebens geben wird, wo ich das unglücklichste Geschöpf Gottes sein werde.«

Auch in einem zweiten Briefe an Wegeler vom 16. November 1801 kommt Beethoven nochmals auf sein Leiden zu sprechen. Er schreibt in dem für ihn bezeichnenden explosiven Briefstil mit rarer Interpunktion folgendes:

»Mein guter Wegeler! ich danke dir für den neuen Beweis deiner Sorgfalt um mich, um so mehr, da ich es so wenig um dich verdiene – du willst wissen, wie es mir geht, was ich brauche, so ungerne ich mich von dem Gegenstande überhaupt unterhalte, so tue ich es doch am liebsten mit dir – Vering läßt mich nun schon seit einigen Monaten immer Vesicatorien auf beide Arme legen, welche aus einer gewissen Rinde, wie du wissen wirst, bestehen, das ist nun eine höchst unangenehme Kur, indem ich immer ein paar Tage des freien Gebrauchs (ehe die Rinde genug gezogen hat) meiner Arme beraubt bin, ohne der Schmerzen zu gedenken, es ist nun wahr, ich kann es nicht leugnen, das Sausen und Brausen ist etwas schwächer als sonst, besonders am linken Ohre, mit welchem eigentlich meine Gehörkrankheit angefangen hat, aber mein Gehör ist gewiß um nichts noch gebessert, ich wage es nicht zu bestimmen, ob es nicht eher schwächer geworden? – mit meinem Unterleib gehts besser, besonders wenn ich einige Tage das lauwarme Bad brauche, befinde ich mich 8 auch 10 Tage ziemlich wohl, sehr selten einmal etwas Stärkendes für den Magen, mit den Kräutern auf den Bauch fange ich jetzt auch nach deinem Rat an; – von Sturzbädern will V. nichts wissen, überhaupt aber bin ich mit ihm sehr unzufrieden, er hat gar zu wenig Sorge und Nachsicht für so eine Krankheit, komme ich nicht einmal zu ihm und das geschieht auch mit viel Mühe, so würde ich ihn nie sehen – was hältst du von Schmidt, ich wechsle zwar nicht gern, doch scheint mir V. zu sehr Praktiker, als daß er sich viel neue Ideen durchs Leben verschaffte – man spricht Wunder vom Galvanism was sagst du dazu? – ein Mediziner sagte mir er habe ein taubstummes Kind sehen sein Gehör wieder erlangen in Berlin, und einen Mann, der ebenfalls sieben Jahre taub gewesen und sein Gehör wieder erlangt habe

– ich höre eben Dein Schmidt macht hiermit Versuche – etwas angenehmer lebe ich jetzt wieder, indem ich mich mehr unter Menschen gemacht, Du kannst es kaum glauben, wie öde, wie traurig ich mein Leben seit 2 Jahren zugebracht, wie ein Gespenst ist mir mein schwaches Gehör überall erschienen, und ich floh – die Menschen, mußte Misanthrop scheinen, und bins doch so wenig, diese Veränderung hat ein liebes zauberisches Mädchen hervorgebracht, die mich liebt, und die ich liebe, es sind seit 2 Jahren wieder einige selige Augenblicke, und es ist das erste Mal, daß ich fühle, daß – Heiraten glücklich machen könnte, leider ist sie nicht von meinem Stande – und jetzt – könnte ich nun freilich nicht heiraten – ich muß mich nun noch wacker herum tummeln, wäre mein Gehör nicht, ich wäre nun schon lang die halbe Welt durchgereist, und das muß ich – für mich gibts kein größeres Vergnügen als meine Kunst zu treiben und zu zeigen – glaub nicht, daß ich bei euch glücklich sein würde, was sollte mich auch glücklicher machen, selbst eure Sorgfalt würde mir wehe tun, ich würde jeden Augenblick das Mitleiden auf euren Gesichtern lesen, und würde mich nur noch unglücklicher finden . . .«

Über die Szene, bei welcher Beethovens beginnende Taubheit sich deutlich abzuzeichnen begann, berichtet der Musiker F. Ries:

»Auf einer dieser Wanderungen gab Beethoven mir den ersten auffallenden Beweis der Abnahme seines Gehörs, von der mir schon Stephan von Breuning gesprochen hatte. Ich machte ihn nämlich auf einen Hirten aufmerksam, der auf einer Flöte, aus Fliederholz geschnitten, im Walde recht artig blies. Beethoven konnte eine halbe Stunde gar nichts hören und wurde, obschon ich ihn wiederholt versicherte, auch ich höre nichts mehr (was indes nicht der Fall war), außerordentlich still und finster.« –

Beethovens Schwerhörigkeit begann bereits im Alter von

26 Jahren. Es ist nicht sicher zu entscheiden, ob damals anfangs eine akute, schmerzhafte Ohrerkrankung bestand, oder ob die Hörstörung, die ja bald beide Ohren ergriff, ohne irgendwelche Begleitsymptome schleichend begann. Den biographischen Daten nach ist der letztere, also der chronisch-progrediente, schleichende Beginn viel wahrscheinlicher.

Zunächst schwand auf dem linken Ohre, später auch auf dem rechten, die Wahrnehmungsfähigkeit für hohe Töne; laute Gespräche empfand Beethoven als besonders störend. Sausen und Brausen sowie Ohrenschmerzen, möglicherweise auch zwischenzeitliche Tubenkatarrhe infolge interkurrenter Infekte, traten während der jahreszeitlichen Klimaschwankungen in wechselnder Stärke auf. Bei totalem Ertauben rechts scheint bis zuletzt ein kleiner Rest von Hörfähigkeit links erhalten geblieben zu sein, auch vernahm er noch kurz vor dem Tode gellende Schreie. Aber dieses sein Leiden verbannte ihn sukzessiv aus der eigentlichen Stätte seines Wirkens, aus dem Konzertsaal: Erst mußte er als Solist abtreten, später auch als Begleiter und Orchesterleiter. Bis etwa zum Jahre 1818 vermochte er immerhin mittels seiner Hörrohre einen gewissen Eindruck von den eigenen Kompositionen zu erhalten, danach konnte er sich nur noch auf schriftlichem Wege mit der Umwelt verständigen.

Über die Ursache von Beethovens Gehörleiden wurden die verschiedensten Ansichten geäußert, und zwar u. a. Neuritis und Atrophie des N. acusticus, Infektfolgen, Tuberkulose, nervöse Erschöpfung, toxische Alkoholwirkung, Otosklerose, chronische Otitis und Labyrinthitis, am meisten jedoch Syphilis.

Beethoven hat mit an Sicherheit grenzender Wahrscheinlichkeit nie eine aktive Tuberkulose durchgemacht, eine toxische Innenohrschädigung infolge Alkoholabusus muß in Anbetracht der frühen subjektiven Initialsymptome im

Alter von erst 26 Jahren von vornherein als unbegründet abgelehnt werden. Da sich nirgends im Schrifttum ein sicherer Anhalt für das Vorliegen eines anfänglich akuten exsudativen Prozesses im Bereich der Paukenhöhle gewinnen läßt und auch weitere Anhaltspunkte, die auf einen chronisch-entzündlichen Prozeß des Innenohrs hindeuten, fehlen, steht die Diagnose »chronische – nicht spezifische Otitis und Labyrinthitis« von vornherein auf schwachen Füßen. Die Tatsache, daß die Schwerhörigkeit etwa gleichstark und schleichend *beidseitig* auftrat, spricht gegen eine gewöhnliche akute und chronische Mittelohrentzündung als Ursache. Tubenkatarrhe jedoch dürfte Beethoven, der sich viel im Freien aufhielt und mitunter ganz durchnäßt heimkam, öfter durchgemacht zu haben. Eine Labyrinthitis hingegen wäre zweifelsohne mit subjektiv stark empfundenen Reizerscheinungen des Gleichgewichtsapparates (Schwindel, Fallneigung, Gangabweichung – für welche sich biographisch nirgends auch nur der geringste Anhalt findet!) einhergegangen, ebenso eine sogenannte Menièresche Erkrankung.

Eine Infektion an Typhus oder Fleckfieber ist ebenfalls nicht zu belegen; dies um so weniger, als Beethoven in seiner umfangreichen Korrespondenz bezüglich der subjektiven Beschwerden sehr mitteilsam war und ziemlich genaue Angaben zu machen pflegte. Toxische Hörstörungen treten zudem akut und nicht wie bei Beethoven sehr langsam und chronisch-fortschreitend auf.

Viel Energie hat man auf die Zementierung der Diagnose »Otosklerose« verwandt, wohl weil sie die einzige und letzte differentialdiagnostische Möglichkeit bietet, um »der ominösen Lues« auszuweichen. Allein alle auf uns gekommenen Befunde widersprechen einer solchen Feststellung: Der im übrigen sehr gewissenhafte Sektionsbericht meldet nichts von einer Stapesankylose, auch schwand bei Beethoven zuerst die Wahrnehmung der *hohen* (Flöte)

Töne und *nicht* der tiefen, wie das für Otosklerose typisch ist. Diese Krankheit tritt auch familiär gehäuft auf, aber außer bei Beethoven ist sonst kein Fall von Taubheit oder Schwerhörigkeit innerhalb der Sippe bekannt geworden. Auch der Umstand, daß Beethoven keine lauten Geräusche vertrug, vermag nichts zur Stützung dieser Diagnose beizutragen.

Im *Sektionsbericht* steht:

»Die Hörnerven waren zusammengeschrumpft und *marklos;* die längs denselben verlaufenden Gehörschlagadern waren über eine Rabenfederspule ausgedehnt und knorplicht. Der linke, viel *dünnere* Hörnerv entsprang mit drei sehr dünnen, *graulichen,* der rechte mit einem stärkeren, hellweißen Streifen aus der in diesem Umfange viel *konsistenteren* und blutreicheren Substanz der vierten Gehirnkammer.« Mit anderen Worten: Schwere Degenerationserscheinungen am 8. Hirnnerven bilateral mit Atrophie und Markscheidenverlust, bedeutende Erweiterung der begleitenden Gefäße, welche bereits teilweise verknorpelt waren als Symptom chronisch-entzündlicher Prozesse in diesem Bereich! Und zudem im Gehirn, von wo die Gehörnerven ihren Ausgang nehmen, eine Zellgewebsvermehrung wohl im Sinne eines spezfischen Granulationsgewebes, wodurch es *absteigend,* also *zentrifugal,* zum Untergang dieser Nerven gekommen sein dürfte. Bemerkenswert ist der Umstand, daß der Sektionsbericht bei dem 1884 verstorbenen Komponisten *F. Smetana,* welcher nachweislich an Syphilis erkrankt war, was die Hörnerven anbetrifft, nahezu wörtlich mit demjenigen Beethovens übereinstimmt. Das ärztliche Mißtrauen in besagter Sache wäre weniger groß, hätte es bezüglich Beethovens Biographik nicht eindeutige Manipulationen gegeben wie etwa die Vernichtung seiner Korrespondenz mit Dr. Bertolini 1831, das planmäßige Verschwinden der meisten Konversationshefte, ganz zu schweigen davon, daß der Sektionsbericht abhanden kam, und unter dem nur in Abschrift vorliegenden Dokument die *Schlußdiagnose fehlt*. Zudem sind die Felsenbeine, welche man eigens im anatomischen Institut verwahrte, später »entwendet worden«. Auch versuchte jemand, wie Th. v. Frimmel mitteilte, sich wenige Tage nach dem Begräbnis durch Bestechung des Totengräbers den Schädel zu beschaffen. Dies alles erweckt, um ein Wort des Dermatologen Erich Hoffmann zu besagtem Thema zu zitieren, »dem Kenner doch starken Verdacht.«

Etwa dreißig Jahre lang traten bei Beethoven – ungefähr zur gleichen Zeit beginnend wie das Gehörleiden – Koliken im Unterbauch sowie rezidivierende Diarrhoen in wechselnden Zeitabständen auf. Sämtliche Medikamente, Bade- und Diätkuren zeitigten nur einen vorübergehenden Erfolg, wobei die Arbeitsfähigkeit des Patienten gar nicht wesentlich beeinträchtigt gewesen zu sein scheint. Ferner fällt im Sektionsbericht die Erwähnung einer vergrößerten und konsistenzvermehrten Bauchspeicheldrüse auf. Eine Vergrößerung des Pankreas, das durch Bindegewebswucherung gleichzeitig induriert und folglich konsistenzvermehrt erscheint, beobachtet man ebenfalls als Endzustand der subakuten oder chronischen Pankreatitis, die in einem hohen Prozentsatz der Fälle als Begleiterscheinung einer Spätsyphilis auftritt. Die von Beethoven immer wieder angegebenen Beschwerden, nämlich während der Verdauung in den Rücken austrahlende Schmerzen, Appetitstörungen, fieberhafte Diarrhoen, Zungenbelag und lästig redizivierende Knochenschmerzen infolge Osteoporose, die sich wie ein roter Faden durch die gesamte Krankengeschichte hinziehen, sind die Kardinalsymptome der *spezifischen* »Pancreatitis interstitialis«, welche das klinische Bild der chronischen Pankreasinsuffizienz im Gefolge haben.

Die Sektion bewies, daß Ludwig van Beethoven letztlich

an den Folgen einer Schrumpfleber (Leberzirrhose) im Leberkoma (Coma hepaticum) starb, nachdem mehrere Bauchpunktionen zur Behebung der Bauchwassersucht (Aszites) vorausgegangen waren. Bilder vom moribunden Beethoven zeigen hingegen, daß diese ganz erfolglos waren, und der Leibesumfang eminent blieb. »Die Leber erschien auf die Hälfte ihres Volumens zusammengeschrumpft, lederartig fest, grünlichblau gefärbt und an ihrer höckerigen Oberfläche, sowie an ihrer Substanz mit bohnengroßen Knoten durchwebt«, steht im Sektionsbericht. Im Schrifttum begegnet man öfter dem Hinweis, daß es sich bei Beethovens Leberleiden um eine alkoholische Schrumpfleber gehandelt habe. Dem ist entgegenzuhalten, daß Beethoven bestimmt kein Trinker im üblichen Sinne war und erst seit seiner Bekanntschaft mit K. Holz etwa ab 1824 mehr Alkohol als zuvor zu sich nahm. Ferner werden seit 1825 Blutungen aus der Speiseröhre (Ösophagusvarizen) beschrieben. »Die Milz traf man mehr als nochmal so groß«, wobei für das ganze Geschehen zusätzlich die Möglichkeit einer spezifischen Genese in Betracht zu ziehen ist, zumal die syphilitischen und bei Leberzirrhose üblichen anatomischen Veränderungen einander weitestgehend gleichen können. Rückblickend werden wir kaum zu erklären vermögen, ob der 1821 beschriebene ikterische Schub durch eine Kopfpankreatitis oder hepatogen bedingt war, da sich solche Krankheitsbilder überschneiden. Verschlimmernd wirkten bei Beethoven zweifelsohne die Folgen des Alkoholabusus, so daß klinisch die pathologischen Veränderungen als Kombinationsprodukt verschiedener Noxen imponierten.

Das Schädelfoto von I. Rottmayer aus dem Jahre 1863 zeigt ferner eine knöcherne Vorwölbung der rechten Schläfengegend, welche bereits im Beethovenjahr 1927 als syphilitische Knochenveränderung gedeutet wurde. Der Sektionsbericht enthält darauf keinen Hinweis. Vergleichende

Messungen am Totenschädel wurden auch erst bei der zweiten Exhumierung im Jahre 1888 – und da nur am Stirnbein – und nicht bei der ersten Exhumierung im Jahre 1863, als das Foto entstand, vorgenommen. Einem fraglichen »Artefakt durch Lehmausfüllung« steht entgegen, daß bereits die Lebendmaske von F. Klein aus dem Jahre 1812 an *derselben* Stelle ebenfalls eine Vorwölbung erkennen läßt. Bezüglich dieser Knochenveränderung ist zu sasagen, daß schon 1894 Gangolphe isolierte hyperostotische Knochenneubildungen mit breitflächiger Ausdehnung im Verlauf einer Spätlues beschrieben hat, bei welchen die den gummösen Formen sonst eigene Destruktion fehlt. Hierher gehört auch die Feststellung im Lehrbuch der pathologischen Anatomie von Kaufmann, worin es heißt: »An anderer Stelle läßt das Schädeldach bei Lues eine fingerdicke, dichte, steinharte Hyperostose erkennen.«

Wir dürfen nicht vergessen, daß die Diagnose »Lues« keineswegs erst aus jüngster Vergangenheit stammt, sondern dieser begegnet man im bisherigen medizinischen Beethoven-Schrifttum an den verschiedensten Stellen! Allein rund 25 fachliche Publikationen schließen sich jener Diagnose in der ersten Hälfte dieses Jahrhunderts an; unter den Autoren finden wir zahlreiche Hals-Nasen-Ohrenärzte, den Dermatologen E. Hoffmann sowie den Beethoven-Forscher Th. v. Frimmel, der sich studienhalber viel mit der Heilkunde beschäftigte. In einem Brief des Beethovenbiographen A. W. Thayer – der nach Abschluß der drei ersten Bände schon zwanzig Jahre vor seinem eigenen Tod die Biographie unter undurchsichtigen Begründungen unvollendet ließ – heißt es, daß Beethoven an einer »veneral disease« erkrankt war, welche »well known to many persons« gewesen sein soll. Thayer fährt fort (Brief vom 29. 10. 1880): ». . . that his ill health and his deafness perhaps come from some common cause.« Auf Grund persönlicher Informationen seitens der Otologen Jacobsohn und Politzer scheinen noch heute Rezepte und Aufzeichnungen von Beethovens eigener Hand vorzuliegen, die keinen Zweifel an der spezifischen Natur seines Leidens lassen. Dies ist durchaus glaubhaft, da sich neben den Konversationsheften noch herausgerissene Einzelblätter im Besitz in- und ausländischer Autographensammler befinden. Da Beethoven einmal an die Gräfin Erdödy schrieb: »... von dieser Zeit an erhielt ich wieder eine Art Pulver, wobei ich wieder sechs des Tages nehmen mußte und mich dreimal mit einer volatilen Salbe einreiben mußte«, hat B. Springer 1926 diese Medikation nicht zu Unrecht als kombinierte Quecksilber-Schmierkur aufgefaßt. Sicher stehen auch Beethovens zahlreiche Badekuren (Karlsbad, Teplitz, Baden, Rodaun, Heiligenstadt, Hetzendorf, Mödling usw.) hiermit in Zusammenhang. Wahrscheinlich hat auch, wie E. Jap betont, der Biograph Thayer vor allem von Beethovens Arzt Dr. Bertolini Informationen über Beethovens venerische Erkrankung erhalten, die von diesem aber nie veröffentlicht worden sind.

Viele Biographen setzten alles daran, uns ein Wunschbild anzubieten, in welchem seine zahlreichen Beziehungen zu Frauen nur als platonische Liebe erscheinen. Doch ist das schon auf Grund des Werkserlebnisses bei diesem ungeheuer vitalen und aggressiven Mann, der, als er nichts mehr vernahm, seine Gefühle auf den Neffen Karl pervertierte, ganz unwahrscheinlich. Beethoven, der gewiß um die Ursache seines Leidens wußte, war da nicht kleinlich, denn kurz vor seinem Ende versicherte der Meister, es »sei sein aufrichtiger Wunsch, daß was man einstens über ihn sage, *nach allen Beziehungen strenge der Wahrheit getreu gesagt werde,* gleichviel ob dieser oder jener sich dadurch getroffen fühle *oder es selbst seine eigene Person* betreffe.« Wer daran zweifelt, sollte immerhin eine fast parallele Stelle aus dem »Heiligenstädter Testament« von 1802 zur

Kenntnis nehmen: »... ihr meine Brüder Carl und (Johann), sobald ich tot bin und Professor Schmidt lebt noch, so bittet ihn in meinem Namen, daß er *meine Krankheit beschreibe*, und dieses hier geschriebene Blatt füget ihr dieser meiner *Krankengeschichte* bei ...« Die Ärzte, welche sich jenes Auftrages annahmen, hat man, eben weil sie der Wahrheit zu dienen versuchten, oft verlästert. Sie standen, was das Quellenmaterial anbetrifft, geistig vor »verbrannter Erde«, zumal die Epigonen kein Mittel unversucht ließen, dieses zu eliminieren – zum Teil auch deswegen, weil namentlich die Konversationshefte derart massive Verbalinjurien gegen die damalige Wiener Regierung enthielten, daß man sie vernichten zu müssen meinte. So notierte Beethoven zwischen März und Juni 1819 in die Konversationshefte:

»L. V. Lagneau, die Kunst alle Arten der Lustseuche zu erkennen, zu heilen und sich dafür zu sichern etc. etc., Erfurt, bej wimmer dem jägerhorn gegenüber, 5 fl. 54 + w. w.«

Auch die Vermutung, Beethoven könnte das für seinen Neffen notiert haben, ist unhaltbar, denn dieser war damals erst 13 Jahre alt! Wie sehr man immer bestrebt war, solche Fakten zu verheimlichen, erhellt folgender Umstand: Der Beethovenforscher Max Unger teilte in Heft 10/1958 der »Neuen Zeitschrift für Musik« mit, der Musikwissenschaftler Max Friedländer habe ihm nach dem Ersten Weltkrieg einmal mündlich von einem Rezept gegen Syphilis berichtet, das auf den Namen Beethoven ausgestellt war und welches sich lange in Friedländers Dokumentensammlung befand. Aber Friedländer wollte es unter keinen Umständen der Öffentlichkeit preisgeben, weil er der Ansicht war, daß damit das Andenken an den Unsterblichen getrübt würde. Später soll er das Schriftstück nach seiner Emigration in die Vereinigten Staaten einem Museum geschenkt haben – so ist auch diese wertvolle Quelle wieder zugeschüttet worden. Sie wäre um so wichtiger gewesen, als es kaum über einen Komponisten ein derart großes und ernstzunehmendes internationales medizinisches Fachschrifttum gibt wie gerade über Ludwig van Beethoven.

Beethovens Krankheiten lassen sich, wie wir sehen, in mehrere umschriebene Gruppen einteilen, nämlich:

a) das Gehörleiden,
b) das Darm- und Leberleiden sowie
c) Knochenveränderungen am Schädel.

Wenn es gelingt, mehrere gleichzeitig bestehende Erkrankungen bei einem Menschen ursächlich auf *denselben* Nenner zu bringen, dann hat diese Konzeption auf Grund der naturwissenschaftlichen Erfahrung eine weit größere Wahrscheinlichkeit als die Annahme von mehreren, scheinbar voneinander unabhängigen und heterogenen Krankheiten. Es wäre dasselbe, als wenn ein Patient wegen Durst, allgemeiner Leistungsminderung, Pruritus, Neuritis und Furunkulose von zahlreichen Ärzten gleichzeitig behandelt würde und eines Tages ein anderer einen Diabetes feststellt. Das bei Beethoven vor dem 30. Jahre aufgetretene und in Schüben verlaufene Gehörleiden, die auf dem Boden der chronischen Pankreopathie fast ebenso lange wiederkehrenden Durchfälle, der tödliche Ausgang unter dem Bild einer Schrumpfleber und schließlich die im Leben wie postmortal beobachteten Schädelveränderungen legen den Verdacht auf Syphilis mehr als nahe. Somit kann den Worten des Beethoven-Forschers Th. v. Frimmel aus dem Beethovenjahrbuch von 1926 im wesentlichen auch heute nichts mehr hinzugefügt werden. Hier heißt es:

»Man hat bei der Vorgeschichte der Beethovenschen Leberzirrhose die Wahl zwischen den Veranlassungen der chronischen Gedärmentzündung, des habituellen Weingenusses und der ominösen Lues, wozu endlich noch das verwickelte Zusammenwirken aller drei Faktoren kommt.«

Schon im Jahre 1912 hatte derselbe geschrieben: *»Davor* aber ist wohl eine Allgemeinerkrankung anzunehmen, deren organische Gifte sich gerade im Bezirk des Gehörorgans breitgemacht haben. Beethovens Taubheit war ein Symptom. Die Krankheit selbst heißt anders« (»Beethoven-Forschung«, Lose Blätter, Heft 3, März 1912). Und er verschweigt nicht, daß auch ihm aus der Feder A. W. Thayers vertrauliche Hinweise über jene »andere« Krankheit Beethovens zuteil geworden sind.

Tiefe Resignation spricht aus Beethovens *»Heiligenstädter Testament«* vom 6. Oktober 1802:

»Für meine Brüder Carl und (Johann) Beethoven.
O ihr Menschen die ihr mich für feindselig störrisch oder misanthropisch haltet oder erklärt, wie unrecht tut ihr mir ihr wißt nicht die geheime Ursache von dem; was euch so scheinet, mein Herz und mein Sinn waren von Kindheit an für das zarte Gefühl des Wohlwollens, selbst große Handlungen zu verrichten dazu war ich immer aufgelegt, aber bedenket nur, daß seit 6 Jahren ein heilloser Zustand mich befallen, durch unvernünftige Ärzte verschlimmert, von Jahr zu Jahr in der Hoffnung gebessert zu werden, betrogen, endlich zu dem Überblick eines *dauernden* Übels (dessen Heilung vielleicht Jahre dauern oder gar unmöglich ist) gezwungen, mit einem feurigen lebhaften Temperamente geboren selbst empfänglich für die Zerstreuungen der Gesellschaft, mußte ich früh mich absondern, einsam mein Leben zubringen, wollte ich auch zuweilen mich einmal über alles das hinaussetzen, o wie hart wurde ich durch die verdoppelte traurige Erfahrung meines schlechten Gehörs dann zurückgestoßen, und doch war's mir noch nicht möglich den Menschen zu sagen: sprecht lauter, schreit, denn ich bin taub, ach wie wär es möglich, daß ich dann die Schwäche *eines Sinnes* angeben sollte; der bei mir in einem vollkommeneren Grade als bei andern sein sollte, einen Sinn, den ich einst in der größten Vollkommenheit besaß, in einer

Vollkommenheit, wie ihn wenige von meinem Fache gewiß haben noch gehabt haben – o ich kann es nicht, drum verzeiht, wenn ihr mich da zurückweichen sehen werdet, wo ich mich gerne unter euch mischte, doppelt wehe tut mir mein Unglück, indem ich dabei verkannt werden muß, für mich darf Erholung in menschlicher Gesellschaft, feinere Unterredungen, wechselseitige Ergießungen nicht statt haben, ganz allein fast nur so viel als es die höchste Notwendigkeit erfordert, darf ich mich in Gesellschaft einlassen, wie ein Verbannter muß ich leben, nahe ich mich einer Gesellschaft, so überfällt mich eine heiße Ängstlichkeit, indem ich befürchte in Gefahr gesetzt zu werden, meinen Zustand merken zu lassen – so war es denn auch dieses halbe Jahr, was ich auf dem Lande zubrachte, von meinem vernünftigen Arzte aufgefordert, so viel als möglich mein Gehör zu schonen, kam er fast meiner jetzigen natürlichen Disposition entgegen, obschon, vom Triebe zur Gesellschaft manchmal hingerissen, ich mich dazu verleiten ließ, aber welche Demütigung wenn jemand neben mir stand und von weitem eine Flöte hörte; oder jemand den Hirten singen hörte, und ich auch nichts hörte solche Ereignisse brachten mich nahe an Verzweiflung, es fehlte wenig, und ich endigte selbst mein Leben – nur die Kunst, sie hielt mich zurück, ach es dünkte mir unmöglich, die Welt eher zu verlassen, bis ich das alles hervorgebracht, wozu ich mich aufgelegt fühlte, und so fristete ich dieses elende Leben – wahrhaft elend; einen so reizbaren Körper, daß eine etwas schnelle Veränderung mich aus dem besten Zustande in den schlechtesten versetzen kann – Geduld – so heißt es, sie muß ich nun zur Führerin wählen, ich habe es – dauernd hoffe ich, soll mein Entschluß sein, auszuharren, bis es den unerbittlichen Parzen gefällt, den Faden zu brechen, vielleicht gehts besser, vielleicht nicht, ich bin gefaßt – schon in meinem 28. Jahre gezwungen Philosoph zu werden, es ist nicht leicht, für den Künstler schwerer als für irgend jemand – Gottheit du siehst herab auf mein Inneres; du kennst es, du weißt, daß Menschenliebe und Neigung zum Wohltun drin hausen, – o Menschen, wenn ihr einst dies leset, so denkt, daß ihr mir Unrecht getan, und der unglückliche, er tröste sich, einen seines gleichen zu finden, der trotz allen Hindernissen der Natur doch noch alles getan, was in seinem Vermögen stand, um in die Reihe würdiger Künstler und Menschen aufgenommen zu werden – ihr meine Brüder Carl und (Johann), sobald ich tot bin und Professor Schmidt lebt noch, so bittet ihn in meinem Namen, daß er meine Krankheit beschreibe, und dieses hier geschriebene Blatt füget ihr dieser meiner Krankheitsgschichte bei, damit wenigstens so viel als möglich die Welt nach meinem Tode mit mir versöhnt werde – zugleich erkläre ich euch beide hier für die Erben des kleinen Vermögens, (wenn man es so nennen kann) von mir, teilt es redlich, und vertragt und helft euch einander, was ihr mir zuwider getan, das wißt ihr, war euch schon längst verziehen, dir Bruder Carl danke ich noch insbesondere für deine in dieser letztern spätern Zeit mir bewiesene Anhänglichkeit, mein Wunsch ist es, daß euch ein besseres sorgenloseres Leben, als mir, werde, empfehlt euren Kindern Tugend, sie nur allein kann glücklich machen, nicht Geld, ich spreche aus Erfahrung, sie war es, die mich selbst im Elende gehoben, ihr danke ich nebst meiner Kunst, daß ich durch keinen Selbstmord mein Leben endigte – lebt wohl und liebt euch, – allen Freunden danke ich, besonders Fürst Lichnowski und Professor Schmidt. – Die Instrumente von Fürst L. wünsche ich, daß sie doch mögen aufbewahrt werden bei einem von euch, doch entstehe deswegen kein Streit unter euch, sobald sie euch aber zu was nützlicherm dienen können, so verkauft sie nur, wie froh bin ich, wenn ich auch noch unterm Grabe euch nützen kann – so wärs geschehen – mit Freuden eil ich dem Tode entgegen – kommt er früher als ich Gelegenheit gehabt habe, noch alle meine Kunst-

Fähigkeiten zu entfalten, so wird er mir trotz meinem harten Schicksal doch noch zu frühe kommen, und ich würde ihn wohl später wünschen – doch auch dann bin ich zufrieden, befreit er mich nicht von einem endlosen leidenden Zustande? – komm, *wann du* willst, ich gehe dir mutig entgegen – lebt wohl und vergeßt mich nicht ganz im Tode, ich habe es um euch verdient, indem ich in meinem Leben oft an euch gedacht, euch glücklich zu machen, seid es –
Heiligenstadt am 6. Oktober 1802 Ludwig van Beethoven«

Hierzu findet sich noch eine Nachschrift. Diese lautet:

»Für meine Brüder Carl und (Johann) nach meinem Tode zu lesen und zu vollziehen –

Heiligenstadt am 10. Oktober 1802 so nehme ich denn Abschied von dir – und zwar traurig – ja die geliebte Hoffnung – die ich mit hierher nahm, wenigstens bis zu einem gewissen Punkte geheilet zu sein – sie muß mich nun gänzlich verlassen, wie die Blätter des Herbstes herabfallen gewelkt sind; so ist – auch sie für mich dürr geworden, fast wie ich hierher kam – gehe ich fort – selbst der hohe Mut – der mich oft in den schönen Sommertagen beseelte – er ist verschwunden – o Vorsehung – laß einmal einen reinen Tag der *Freude* mir erscheinen – so lange schon ist der wahren Freude inniger Widerhall mir fremd – o wann – o wann o Gottheit – kann ich im Tempel der Natur und der Menschen ihn wieder fühlen, – Nie? – – nein – o es wäre zu hart.«

In diesem Dokument verlegt also Beethoven selbst den Beginn seiner Leiden ins Jahr 1796, wie es auch Wegeler später mit folgenden vielsagenden Worten tat: »Im kranken Unterleib meines Freundes lag schon 1796 der Grund seiner Übel, seiner Harthörigkeit und der ihm zuletzt tödlichen Wassersucht.«

Bereits 1801/02, zur Zeit der Komposition der düsteren »Mondschein-Sonate«, der Zweiten Sinfonie und der Sonate d-moll (op. 31,2) steht Beethoven im Schatten seiner schweren Krankheit. Alle Behandlungsversuche bezüglich der immer wieder schubweise auftretenden Durchfälle mit lauwarmen Donaubädern, Magenpillen und Diätrichtlinien, der zunehmenden Taubheit mittels Mandelöl, »Vesikatorien« und verschiedenen Teesorten hatten nur eine vorübergehende Besserung im Gefolge, welche ihrer Bedeutung nach lediglich als Spontanremissionen zu werten sind. Auch Baumwolle in den Ohren vermochte da keine grundsätzliche Änderung des Zustandes zu erzielen, obwohl Beethoven später einmal schrieb: »Baumwolle in den Ohren am Klavier benimmt meinem Gehör das unangenehme Rauschende.« Vielleicht, daß dadurch immerhin vorübergehend die subjektiven Ohrgeräusche herabgemindert erschienen. Und die Unmöglichkeit, jene für seine Popularität wichtigen Konzertreisen durchzuführen, wirkte sich auf Beethovens Psyche deletär aus, obwohl gerade damals seine Schaffenskraft ständig zunahm. Es entstand ein Wunderwerk nach dem anderen, ohne daß sich auch nur im mindesten die Folgen der Taubheit nachweisen ließen, denn sein Ton- und Klangvorstellungsvermögen war völlig intakt (Th. v. Frimmel).

Zwangsläufig zog sich Beethoven von nun an aus dem öffentlichen Musikleben mehr und mehr zurück, durch die Vernachlässigung der Klaviertechnik ging auch die Virtuosität allmählich verloren. Alle Bilder zwischen 1801 und 1803 zeigen strengen Ernst und Traurigkeit. Es wird berichtet, daß er bereits 1803 sein c-moll-Klavierkonzert nicht zu voller Zufriedenheit des Publikums vortrug, durch übermäßigen Pedalgebrauch kam es vor allem im langsamen Satz zu Klangverschiebungen, und Ignaz Pleyel, der ihn 1805 hörte, war enttäuscht.

Meist recht bescheiden angezogen schritt er, nur mittelgroß, unrasiert und das Antlitz voller Pockennarben, durch die Straßen Wiens. »Beethoven war ein wenig derb, um nicht zu sagen roh; doch blickte ein ehrliches Auge unter den buschigen Brauen hervor« (L. Spohr). Im Wir[illegible] wie im Sommer erhob er sich schon sehr früh vom Lager, meist bei Sonnenaufgang, um sofort an die Arbeit zu eilen. Mittags weilte er gerne im Kaffeehaus, verstand es zudem, blitzschnell um eine Ecke zu verschwinden, wenn er jemandem nicht begegnen wollte. Spätestens um zehn Uhr abends begab er sich zu Bett. Waschen und Baden gehörte zu Beethovens Lieblingsbeschäftigungen, gutes Brunnenwasser trank er in Mengen. Abends jedoch bevorzugte er alkoholische Getränke. Geistig rege blieb Beethoven bis zu seinem Ende, die Konversationshefte, in welche er später mit dickem Zimmermannsbleistift seine Eintragungen machte, weisen mehrere Titel über die Behandlung von Ohrenleiden, Hämorrhoiden, venerischen Krankheiten und Augenübeln auf, es finden sich darin auch Klassikerausgaben (z. B. Schiller), astronomische Berechnungstabellen für das kommende Jahr, die Biographie über einen Großmeister des Templerordens sowie die Erstausgabe einer Entdekkungsreise ins südliche Eismeer vermerkt. Erworben hat er wohl das wenigste davon, weil er haushalten mußte, denn im Nachlaß erscheinen die Bücher, auf 18 Gulden veranschlagt, als kleinstes Wertobjekt.

Wer Beethoven beim Phantasieren auf dem Flügel erlebte, konnte sich des Eindruckes nicht erwehren, daß übernatürliche Kräfte von ihm Besitz ergriffen, und er wie ein Medium wirkte. Erwachte er aus dem Rausch seines Schaffens, so sah man ihn »mit verstörten Gesichtszügen, die Beängstigung einflößen konnten.« Im Gegensatz zu Mozart hat er langsam und mühevoll gearbeitet und viel umgearbeitet. Unterwegs hielt er einen Bleistiftstummel in der Hand, blieb öfter wie lauschend stehen, sah auf und nieder und zeichnete Noten auf sein Blatt. Vom Unwetter überrascht, ließ er mitunter irgendwo seinen Hut liegen, dann kam er ganz durchnäßt und geistesabwesend zurück.

Eine eigenhändige Eintragung von ihm lautet: »auf dem Kahlenberge 1815 Ende September (links) im Walde – ich bin seelig, glücklich im Wald – jeder Baum spricht durch dich. O Gott, welche Herrlichkeit, in einer solchen Waldgegend in den Höhen ist Ruhe – Ruhe ihm zu dienen –« Wenn sich sein langes, dichtes Haar im Sturm bewegte, hatte Beethoven wirklich etwas Dämonisches. »Er lauschte dem Flimmern der Sterne im Mantel des Cherub, der vor Gott steht« (B. Paumgartner). Denn »die Natur war seine einzige Vertraute«, erzählte Therese von Brunsvik, »sie war seine Zuflucht.«

Zwischen 1802 und 1808 traten immer wieder Durchfälle mit Fieber und Kolikschmerzen im Unterleib auf, besonders dann, wenn Beethoven etwas schwer Verdauliches gegessen hatte. Trink- und Badekuren in vielen Bädern, wohin er meist während der heißen Sommermonate überzusiedeln pflegte, brachten nur einen vorübergehenden Erfolg. Wie aus den Konversationsheften zu entnehmen ist, bevorzugte er leicht verdauliche Speisen, besonders Brotsuppen, Fisch, Kalbfleisch; sein Lieblingsgericht war Makkaroni und Käse. Nur gelegentlich gönnte er sich eine Pfeife Tabak, in späteren Jahren auch eine Zigarre. Geregelte Diät hat Beethoven, welcher stets auf Hausangestellte sowie auf das Essen aus Gaststätten angewiesen war, sicher niemals einhalten können. Außerdem war er ein schwer zu führender und unberechenbarer Patient.

Im Jahre 1804 wurde die 3. Sinfonie, die »Eroica«, aufgeführt; auch entstanden im gleichen Jahr die »Waldstein-Sonate« und die »Apassionata«. Die Oper »Leonore« (später »Fidelio«) war 1805 kaum vom Erfolg gekrönt. Allen Widerständen zum Trotz komponierte Beethoven nun rasch hintereinander das 4. Klavierkonzert, das Violinkonzert, die 4. Sinfonie und die Musik zu Collins Theaterstück »Coriolan«. Das Gehörleiden blieb zu jener Zeit stationär. Zwar schreibt Beethoven in die Skizzenblätter zu den »Rasumowski-Quartetten«: »Kein Geheimnis sei dein Nichthören mehr – auch bei der Kunst«, aber der Musiker Czerny berichtet: »Noch in den Jahren 1811 und 1812 studierte ich bei ihm mehreres, und er korrigierte mit größter Genauigkeit, so gut wie zehn Jahre früher.«

Im Jahre 1808 entstanden die 5. und die 6. Sinfonie. Ehe der Jubel im Finale der Fünften zum Durchbruch kommt, nach dem pp-Ausklang des III. Satzes, nehmen die Dämonen der Schwerhörigkeit in der nachtdunklen Überleitung zum Finale klingende Gestalt an: Das dumpfe Klangkonvolut der Streicher über dem Orgelpunkt as - c wird, zunächst von einzelnen, dann von immer gehäufter auftretenden monotonen Paukenschlägen auf c durchzuckt, Symbol für das Hämmern und Pochen im eignen Ohr. Bis sich dann die Violinen zaghaft-fragend zu Wort melden und die aufkeimende Lebensbejahung anmelden, hat Beethoven über 15 Takte nicht nur Autobiographisches, sondern Autopathographisches zu Papier gebracht. Goethe hörte das Werk, als es ihm der junge Mendelssohn später im Klavierauszug vorspielte, und der Künstler berichtet davon am 25. Mai 1830 in einem Brief:

»An den Beethoven wollte er (Goethe) gar nicht heran; ich sagte ihm aber, ich könnte ihm nicht helfen, und spielte ihm nun das erste Stück der c-moll-Symphonie vor. Das berührte ihn ganz seltsam. Er sagte erst: Das bewegt aber gar nichts, das macht nur staunen; das ist grandios! Und dann brummte er so weiter und fing nach langer Zeit wieder an: Das ist sehr groß, ganz toll! Man möchte sich fürchten, das Haus fiele ein.«

Durch seine wachsenden Erfolge beeindruckt, wurde Beethoven von Jérome Bonaparte das Amt des ersten Kapellmeisters in Kassel angeboten, jedoch blieb Beethoven – nach Aussetzung einer festen jährlichen Leibrente seitens der mit ihm befreundeten Fürsten Lobkowitz und Kinsky sowie des Erzherzogs Rudolph, welche 4000 Gulden betrug – endgültig in Wien. Diese Rente wurde später infolge von Vermögensschwierigkeiten der Gönner erheblich reduziert, sie betrug dann 1360 Gulden.

Auf Grund seiner – wie er glaubte – gesicherten Existenz wollte sich Beethoven in den Jahren 1808/09 verheiraten. Damals komponierte er die Klavier-Miniature »Für Elise«, das 5. Klavierkonzert, die Musik zu Goethes »Egmont« (hierzu meinte Goethe, daß Beethoven mit bewundernswertem Genie in seine Intentionen eingegangen sei) und das Quartett in f-moll, op. 95. Im Jahre 1809, während der Beschießung Wiens durch die Franzosen, notierte F. Ries: »Beethoven brachte die meiste Zeit in einem Keller zu, wo er noch den Kopf mit Kissen bedeckte, um ja nicht die Kanonen zu hören.« Erneute Verschlechterung des Hörvermögens bewog ihn im Jahre 1810 zu folgendem Bekenntnis: »Hätte ich nicht irgendwo gelesen, der Mensch dürfe nicht freiwillig scheiden von seinem Leben, solange er noch eine gute Tat verrichten kann, längst wär' ich nicht mehr – und zwar durch mich selbst!«

Um seinen Gesundheitszustand zu bessern, besuchte Beethoven 1811 und 1812 die böhmischen Bäder. Am 2. September 1812 teilte J. W. v. Goethe seinem Freund K. F. Zelter in Berlin mit:

»Beethoven habe ich in Teplitz kennen gelernt. Sein Talent hat mich in Erstaunen gesetzt; allein er ist leider eine ganz ungebändigte Persönlichkeit, die zwar gar nicht unrecht hat, wenn sie die Welt detestabel findet, aber sie freilich dadurch weder für sich noch für andere genußreicher macht. Sehr zu entschuldigen ist er hingegen und sehr zu bedauern, da ihn sein Gehör verläßt, was vielleicht dem musikalischen Teil seines Wesens weniger als dem geselligen schadet. Er, der ohnehin lakonischer Natur ist, wird es nun doppelt durch diesen Mangel.«

Es war dies etwa der Zeitpunkt, da Beethoven auf dem rechten Ohr immer mehr ertaubte; doch hat er den Höhepunkt seines Ruhmes um 1812/13 erreicht, nicht zuletzt auch durch sein pompöses Orchesterwerk »Die Schlacht bei Vittoria« oder »Wellingtons Sieg«, op. 91, dessen Uraufführung auf den 8. Dezember 1813 fiel, und womit er, nach seinen eigenen Worten, »die Wiener schlug«. Allein die Verständigung mit den Orchestermitgliedern, die Beethoven auf die eigenartigste Weise versuchte, bereitete schon erhebliche Schwierigkeiten. Nach einer Phantasie beim Grafen Dönhoff war 1812 »die Hälfte der Saiten vom Piano abgehauen«. Ebenfalls im Jahre 1812 wurde die bekannte Gesichtsmaske von F. Klein angefertigt; der erste Versuch des Bildhauers mißlang, da Beethoven fürchtete, unter der drückenden Hülle zu ersticken, aber dann glückte der Abguß schließlich doch.

»Gott, Gott! mein Hort, mein Fels, o mein Alles! du siehst mein Inneres ... O höre, stets Unaussprechlicher, höre mich deinen unglücklichen, unglücklichsten aller Sterblichen. Der mit einem Übel behaftet wird, welches er nicht ändern kann, sondern welches nach und nach ihn dem Tode näher bringt«, heißt es im »Fischhoffschen Manuskript«.

1811/12 komponierte Beethoven, stets unermüdlich fleißig, die 7. und die 8. Sinfonie. Er ist nun schon viele Jahre lang Patient gewesen, und mit schier übermenschlichen Kräften trotzte er der Krankheit, verhielt er sich seiner Umgebung gegenüber wie ein scheinbar Gesunder. Aber langsam schwindet jetzt das Licht des Lebens und der inneren Erleuchtung, die »Wende« zeichnet sich etwa ums Jahr 1814 herum ab, als die Klaviersonate e-moll, op. 90, entsteht. Von nun an sinkt die Produktivität, gemessen an der früheren Werkfülle, um etwa 40 % ab. Im gleichen Jahr baute der Erfinder des Metronoms, N. Mälzel, vier Hörmaschinen für Beethoven, von denen die kleinste vorübergehend Verwendung fand. Wenn er am Klavier saß, benützte der Meister einen großen Schalltrichter, der ihm die Töne vom In-

strument zum Ohr leitete. Und bei einer Musikakademie dirigierte bereits heimlich ein zweiter Kapellmeister hinter Beethoven. Der Pianist I. Moscheles notierte:
»Sein Spiel, den Geist abgerechnet, befriedigte mich weniger, weil es keine Reinheit und Präzision hat; doch bemerkte ich viele Spuren eines großen Spieles, welches ich in seinen Kompositionen schon längst erkannt hatte.«

Diesen Gegebenheiten Rechnung tragend, ist Beethoven letztmals 1815 als Pianist in Erscheinung getreten; aber »er greift jetzt erstaunlich falsch.« Die letzten Sonaten von op. 106 aufwärts hat der Tonmeister nicht mehr selbst auszuführen vermocht (v. Frimmel). Der Musiker L. Spohr berichtet aus derselben Zeit über Beethovens Klavierspiel:

»Ein Genuß war's nicht, denn erstlich stimmte das Pianoforte sehr schlecht, was Beethoven wenig kümmerte, da er ohnehin nichts davon hörte, und zweitens war von der früher so bewunderten Virtuosität des Künstlers infolge seiner Taubheit fast gar nichts übriggeblieben! Im Forte schlug der arme Taube so darauf, daß die Saiten klirrten, und im Piano spielte er wieder so zart, daß ganze Tongruppen ausblieben.«

1815 starb Beethovens Bruder Karl, und Beethoven übernahm die Vormundschaft über dessen Sohn, seinen Neffen Karl, der zum Entsetzen seines Onkels 1826 demonstrativ einen Suizidversuch unternahm. »Ein großes Unglück ist geschehen ... Karl hat eine Kugel im Kopfe ... nur schnell, um Gottes willen schnell ...«, schrieb damals der Meister an Dr. Smetana. Beethovens Bruder Johann versuchte ebenfalls auf ihn einzuwirken und mahnte 1825:
»Wenn Du aber bedenkst, was Dein Oncle schon für dich gethan hat, gewis mehr als 10000 fl. (Gulden) hat er für dich schon verwendet, und welche Mühe und Plage hast du ihm schon gemacht; in der Jugend sieht man das nicht ein, aber wenn du einmal älter wirst, dann wirst du dieses

besser einsehn...« Eifersüchtig wachte Beethoven darüber, daß der Neffe keine Zuneigung zu Gleichaltrigen fand. Eine Notiz von Karl aus dem September 1823 in die Konversationshefte spricht Bände: »Du hast mich noch beym Fenster geküßt... Du hast mich noch selbst ins Bett gejagt, als ich noch bey dir am Fenster im Hemd saß.« Wahrscheinlich geriet der junge Mann, der von den Beethovenbiographen so gern als »liederlich« verschrieen wurde, mit der Zeit in eine erhebliche Konfliktsituation, über die man besser den Mantel des Schweigens breitet und aus welcher er erst durch den Tod seines Onkels befreit worden ist.

Nach 1815 verstand Beethoven »bei Gesellschaften überhaupt nicht, was gesprochen wurde«. Man »mußte ihm ins Ohr schreien«, das Haar erschien »meliert«. Sein Äußeres hat er zu dieser Zeit schon oft vernachlässigt. Er nahm selten etwas in die Hand, das nicht fiel oder zerbrach, das Tintenfaß warf er öfter ins Klavier, kein Möbel war bei ihm sicher, am wenigsten ein kostbares. Die Unterkünfte wechselte er in beängstigender Häufigkeit – ebenso oft die Ärzte.

»Seine Wohnung ist ganz merkwürdig: im ersten Zimmer zwei bis drei Flügel, alle ohne Beine auf der Erde liegend, Koffer, worin seine Sachen, ein Stuhl mit drei Beinen, im zweiten Zimmer sein Bett, welches winters wie sommers aus einem Strohsack und dünner Decke besteht, ein Waschbecken auf einem Tannentisch, die Nachtkleider liegen auf dem Boden; hier warteten wir eine gute halbe Stunde, denn er rasierte sich gerade« (Bettina von Arnim über Beethovens Wiener Wohnung).

Wahrlich, eine fast klösterliche Umgebung, in die von außen her kein Laut mehr zu dringen scheint. Und doch hat sich nicht nur die gebildete Welt, sondern alles, was im Reiche der Musik Rang und Namen hatte, dort um ihn geschart, obwohl er unerwünschte Gäste auf mancherlei Weise zu erschrecken verstand. »Beethoven spuckte auch in die Hand, mitunter zog er sein buntes Schnupftuch heraus, räusperte sich und spuckte einen Fladen darauf, den er einige Zeit betrachtete, bevor er das Schnupftuch wieder zusammenlegte und in die Tasche schob« (Th. v. Frimmel).

Mitte Oktober 1816 traten katarrhalische Fieber auf und fesselten Beethoven wochenlang ans Bett. Dies währte bis in den Juni 1817. Im gleichen Jahr begann er mit der Komposition der »Hammerklaviersonate«, op. 106: »Jetzt schreibe ich eine Sonate, welche meine größte sein soll.« Die beiden ersten Sätze entstanden lange vor dem Adagio, wohl dem innigsten und ergreifendsten Satz der ganzen Klavierliteratur. »Die Sonate ist in drangvollen Umständen geschrieben, denn es ist hart bejnahe um des Brodeswillen zu schreiben, u. so weit hab ich es nur gebracht.«

Aber die Arbeit ging nur mühsam vorwärts, weshalb Beethoven im Jahre 1818 von der »vorausgegangenen unfruchtbaren Zeit« spricht. Immer länger werden nun die schöpferischen Pausen, mühsam nimmt das Form an, was sonst verhältnismäßig rasch Gestalt gewann. Aus früheren Entwürfen zu zwei Sinfonien wurde später die »Neunte«. Wie Beethoven Czerny gegenüber zugab, zwang ihn die Taubheit zum »Verlassen der älteren Form«, zu Rochlitz sagte Beethoven, er bringe sich nicht so leicht zum Schreiben, ihm graue vor dem Anfang großer Werke.

Im Jahre 1818 nützten Mälzels Hörrohre nichts mehr, Beethoven kam der Welt mehr und mehr abhanden. Bei Gesprächen führte er die »Konversationshefte« mit sich, von denen nur rund 1/3 erhalten blieb (136 Exemplare). Beethoven ging haushälterisch mit Kräften und Geld um. Zwar hinterließ er 9885 Gulden, aber allein die »Krankheitskosten« hatten zuletzt 432 Gulden und die »Leichenkosten« 404 Gulden verschlungen. »Geizig«, wie mitunter behauptet wird, war Beethoven zwangsläufig, er stand vor einer absolut unsicheren und zudem ungesicherten Zukunft. Wie ein Stoßseufzer klingt darum folgender Vermerk in den Konversationsheften: »Erbsteuer auf Bank

A.(ktien) u. Oblig.(ationen) von den Zeiten des Erblassers – o Elend!« –

Beethoven arbeitete jetzt an der »Missa solemnis«, deren Fertigstellung fünf Jahre dauerte. Im September 1820 zog er sich eine Erkältung zu, am 10. Januar 1821 meldete die »Allgemeine musikalische Zeitung«, daß »Herr von Beethoven an einem rheumatischen Fieber krank darnieder lag«, welches etwa sechs Wochen währte. Als er sich im Juli und August dieses Jahres in Unterdöbling aufhielt, »entwickelte sich endlich die Gelbsucht vollständig, eine mir höchst ekelhafte Krankheit«, und Beethoven berichtete selbst davon am 18. Juli an den Erzherzog Rudolph. Jedoch dürften solche »Schübe« später noch öfter aufgetreten sein, denn sie gehörten in den Formenkreis jener Leberzellschädigung, welche schließlich, in Verbindung mit dem Aszites, zum Coma hepaticum führte. Auch das Porträt von Prof. G. F. Waldmüller aus dem Jahre 1823 läßt den permanenten Subikterus, welcher seltsam zu den grauen Haaren kontrastiert, deutlich erkennen. Wie sehr Beethovens Schaffenskraft durch diese Krankheitsprozesse beeinträchtigt war, wird durch die Tatsache erhellt, daß in den Jahren 1820–1822 lediglich die drei Klaviersonaten op. 109 bis 111 beendet wurden.

Sein Grad der Taubheit wechselte indessen. Zu jener Zeit spielte er noch voller Begeisterung mit dem französischen Geiger J. A. Boucher; doch waren die oberen Saiten auf seinem Instrument durchweg abgesprengt. In Gesellschaften vernahm man ihn auch hin und wieder. Wenn Beethoven zuhörte, hielt er dabei in der Hand ein Hörrohr. Aber beim Komponieren »bringt er oft auch nicht eine einzige Note heraus. Er hört sie nur mit den Ohren des Geistes. Während sein Auge die fast unmerkliche Bewegung seiner Finger andeutet, daß er den Satz durch alle ... Abstufungen verfolgt, ist das Instrument in der Tat fast ebenso stumm als der Spieler taub ist.«

Im November 1822 versuchte Beethoven ein Orchester zu dirigieren. A. Schindler schreibt über diese Generalprobe zum »Fidelio«: »Die Ouvertüre ging noch reibungslos; aber bei dem ersten Duett stellte es sich heraus, daß Beethoven nichts von dem hörte, was auf der Bühne erklang. Es wurde wiederholt. Wiederum fiel alles durcheinander.« Der Taube wandte sich fragend an Schindler. Der bat ihn schriftlich, nicht weiter fortzufahren und mit ihm nach Hause zu kommen. »Im Nu sprang er in das Parterre hinüber und sagte bloß: ›Geschwinde hinaus!‹ Unaufhaltsam lief er seiner Wohnung zu. Eingetreten, warf er sich auf das Sofa, bedeckte mit beiden Händen das Gesicht und verblieb in dieser Lage, bis wir uns an den Tisch setzten. Aber auch während des Mahles war kein Laut aus seinem Munde zu vernehmen; die ganze Gestalt bot das Bild der tiefsten Schwermut und Niedergeschlagenheit.«

Beethovens Bruder Johann übernahm nun die Finanzangelegenheiten. Da dieser aus allen Werken Kapital zu schlagen versuchte, unterliefen peinliche Zwischenfälle mit verschiedenen Verlegern. Immer schwerer rang Beethoven mit seinen Einfällen und äußerte hierzu: »Denn sehen Sie, seit einiger Zeit bringe ich mich nicht mehr so leicht zum Schreiben. Ich sitze und sinne und sinne.« Oder: »Ja, ja so ists. Rossini und Konsorten, die sind eure Helden. Von mir wollen sie nichts mehr!« Instinktiv merkte er, daß seine Popularität im Sinken war, besonders beim Lesen mancher Konversationsheft-Eintragungen – so vermerkt A. Schindler Ende 1823: ». . . allein es haben sich Kerls gefunden, die mit Gewißheit behaupten wollten, es sey von Ihnen gar nichts mehr zu erwarten, indem Sie nichts mehr Großes schrieben (Infamia).« Die »Bagatellen« für Klavier op. 119 bekam Beethoven mehrfach ungedruckt zurück. Der Verlag Peters, dem er das Werk zuerst anbot, teilte dem Komponisten mit: »Ihre Stücke sind des Preises unwert, und Sie sollten es unter Ihrer Würde halten, die Zeit mit solchen

Kleinigkeiten, wie sie jeder machen könnte, zu verbringen.«

Im Jahre 1823 wirkte Beethoven schon sehr gealtert. Am 13. April wohnte er dem Konzert des Wunderkindes F. Liszt bei. Vom Frühjahr an trat bei dem kurzsichtigen Patienten (−4 und −1,75 D) ein »schmerzhaftes Augenleiden« auf, welches im akuten Stadium etwa zwei Monate andauerte und wovon er noch im Januar 1824 berichtete. Hierbei handelte es sich wahrscheinlich um eine Bindehautentzündung oder gar eine (spezifisch bedingte) Iritis. Während des ganzen Jahres 1823 begleiteten Beethoven außerdem Diarrhoen, wie aus den Konversationsheften hervorgeht. So hält beispielsweise sein Bruder Johann im Januar 1823 fest: »Hast du dein Abweichen (Durchfall) noch nicht verloren? Du solltest etwas Rhabarberpulver nehmen und dabei gute Diät halten, durchaus keine Fische essen. Es ist nichts als vom Essen und vielen Wassertrinken.« Oder sein damaliger Hausarzt, Dr. Smetana, fährt fort: »Für den Katarrh dürfen Sie nichts anderes als unter Tage ein paar mal Gerstenschleim nehmen; das Abweichen wird sich stillen, wenn Sie nichts Fettes-Unverdauliches einige Tage essen und zur Tafel gewässerten roten Wein trinken wollen.« Sogar der Neffe versucht ihn zu trösten: »Ich hab' heut auch das Abweichen gehabt nach Tisch. Du sollst jetzt ja kein Selterwasser mehr trinken. Es ist schon zu kalt ... Auf den Bergen sollst du herumgehen. Der Nadelhölzer wegen.« Ein Unbekannter notiert: »Reiben Sie sich beym Durchfall mit den Händen den Unterleib.« Der Bruder meint: »Abends sagt Hufeland soll man nicht viel essen, und besonders wenig Fleisch, öfters eine Eyer Speiß.« Ein Fremder, der sich offenbar mit Beethovens Taubheit beschäftigt, trägt ein: »Wenn man stark spricht, verstehen Sie mich doch!«

Beethoven nahm lebhaften Anteil an allen musikalischen Ereignissen. Die Aufführung von Webers »Euryanthe« in Wien interessierte ihn sehr, bedeutende Virtuosen suchten ihn in seinen jeweiligen Behausungen auf — 1823 waren es allein deren vier! — und als im Spätherbst der greise Tonmeister A. Salieri einen Selbstmordversuch unternahm und verkündete, er habe einst Mozart vergiftet und müsse das beichten, machte der Kapellmeister Schindler Anfang 1824 folgenden Vermerk: »Sie sind wieder so düster, erhabener Meister — wo fehlt es denn — wo ist denn die heitere Laune seit einiger Zeit? — lassen Sie sichs nicht so zu Herzen gehen, es ist größtenteils das Schicksal großer Männer! es leben ja Viele, die bezeugen können, wie er gestorben, ob Symptome sich zeigten. Er wird aber Mozart mehr geschadet haben durch seinen Tadel als Mozart ihm.« Und schließlich vertraut Beethoven seinen Konversationsheften auch geheime Gedanken an: »Ich schreibe nur das nicht, was ich am liebsten möchte, sondern des Geldes wegen, was ich brauche. Es ist deswegen nicht gesagt, daß ich doch bloß ums Geld schreibe — ist diese Periode vorbei, so hoffe ich endlich zu schreiben, was mir und der Kunst das Höchste ist — Faust!«

Endlich wurde 1823, nach mehrjähriger Arbeit, die »Missa solemnis« fertig. Auch arbeitete er jetzt an der Neunten Sinfonie. Immer mehr dürfte Beethoven die Aussichtslosigkeit seiner Lage, was die Taubheit anbetrifft, klar geworden sein. Das Erlebnis des Todes wird zum ständigen Begleiter, der ihm unmerklich wie ein Schatten folgt. In kaum einem Lebensabschnitt sind seine Klagen über subjektive Beschwerden größer als jetzt. So schreibt Beethoven an den Geiger L. Spohr am 17. September 1823 aus Baden:

»Meine Gesundheit war noch nicht in bestem Stande, als H. mich besuchte. Ich kam sehr übel hierher, doch geht es nun schon besser als früher; auch mein Augenübel ist auf dem Wege der Besserung. Meiner Kränklichkeit wegen blieben mehrere andere Werke liegen, welche ich jetzt fortsetzen muß.«

Die stets wiederkehrenden »Gedärmentzündungen« zwangen Beethoven – wenigstens zeitweilig – zur Einhaltung von Magenschonkost. Aber daß Goethe, den er bezüglich der »Missa solemnis« um Subskription ersucht hatte, nichts von sich hören ließ, kränkte ihn tief. Auch dürften echte Differenzen, die immer noch totgeschwiegen oder bagatellisiert werden, zwischen ihm und dem Wiener Kaiserhaus bestanden haben, denn Beethoven geriet mit der Zeit in eine kaum zu beschreibende Isolierung. Sein Liebäugeln mit England, besonders während der letzten Lebensphase, war gewiß keine Laune des Augenblicks, sondern aus der Notlage erwachsen – in der Donaustadt ließ man den »letzten Beethoven« fast genauso fallen wie einst den »letzten Mozart«. Nur die Uraufführung der 9. Sinfonie am 7. Mai 1824 bescherte Beethoven den wohl gewaltigsten Triumph seines Lebens. Es erklangen auch Sätze aus der »Missa solemnis«. Von den Beifallsstürmen vernahm er allerdings nichts mehr. Sie galten einem Manne, der den Sieg des Geistes über die Leiden des Leibes, den Triumph des inneren Hörens über die Zone des Schweigens von außen errungen hatte, und in seinem Werk ehrte man ihn selbst. Trotz der Einmaligkeit des Ereignisses blieb aber die Kaiserloge jetzt leer. Endlich wurde die 9. Sinfonie nach vorheriger Absprache dem König von Preußen gewidmet, welcher dankend, aber kühl, am 25. November zurückschrieb: ». . . und übersende Ihnen den beigehenden Brillant Ring zum Zeichen meiner aufrichtigen Wertschätzung.« Beethoven hatte jedoch einen Orden erwartet und war sehr enttäuscht. Zudem fand er beim Öffnen des Etuis zu seiner nicht geringen Verwunderung »statt des verheißenen Brillanten einen röthlichen Stein«, den er – tief verärgert – für 300 Papiergulden an einen Hofjuwelier verkaufte. Einen echten Ring hat Beethoven nie erhalten.

Er hörte jetzt mitunter so schlecht, daß der Geiger I. Schuppanzigh Beethoven dabei überraschte, wie dieser mit einem Stiefelknecht heftige Schläge gegen die Wand führte, um dadurch noch akustische Eindrücke zu erzielen – oder galt es gar seinen Nachbarn, mit denen er meist in Fehde lebte ...? Ein winziger Rest von Hörfähigkeit – vor allem für Streichmusik, weshalb er zuletzt meist Quartette komponierte – ist aber aus seinen letzten Jahren beglaubigt. Und wenn auch die linke Hand nun gänzlich untauglich fürs Klavier geworden war, spielte er im Herbst 1825 ein 13 Takte langes Klavierstück – übrigens ein Kabinettstück der Musikliteratur! – vor Sarah Burney Payne, der es auch dediziert worden ist. Denn *die Vorstellung vom »stocktauben Beethoven« kann heute nicht mehr aufrechterhalten werden!* Das war er, in des Wortes ursprünglicher Bedeutung, *nie* und hat bis zuletzt auch laute Anrufe wahrgenommen. Noch im September 1823 konnte sich ein Besucher sehr gut mit ihm ohne Hörrohr verständigen.

Als der Geiger J. Böhm im Jahre 1825 bei Beethoven war, ist das Essen ganz minderwertig gewesen, das Fleisch zäh, das Fett ranzig, die Eier ungenießbar. »Das Tagtägliche erschöpft mich«, sagte Beethoven. Jetzt rächte sich bitter, daß er ledig geblieben war. In seinem Schreiben an den Neffen vom 29. August 1824 steht: »Mein Magen ist schrecklich verdorben und kein Arzt! – ich nehme seit gestern nichts als Suppe und ein paar Eier und bloß Wasser, meine Zunge ist ganz gelb.« Seitdem er in diesem Jahr die Bekanntschaft mit dem Geiger K. Holz gemacht hatte, trank er mehr als zuvor; es gelang den Ärzten nicht, ihn zur Enthaltsamkeit zu bewegen, obwohl es bei ihm nie an guten Vorsätzen fehlte und er den Neffen öfter bat, ihm echtes und ja nicht künstlich hergestelltes Mineralwasser zu besorgen oder Schokolade, die er jetzt anscheinend besser vertrug als Bohnenkaffee. Den Kanon

»Doktor sperrt das Thor dem Todt,
Note hilft auch aus der Noth«

komponierte er eigens für seinen damaligen Arzt Dr. A. Braunhofer und schrieb ihm am 13. Mai 1825 aus Baden:

»Mein katarrhalischer Zustand äußert sich hier folgendermaßen: nämlich ich speie ziemlich viel Blut aus, wahrscheinlich nur aus der Luftröhre; aus der Nase strömt es aber öfter, welches auch der Fall diesen Winter öfter war. Daß aber der Magen schrecklich geschwächt ist u. überhaupt meine ganze Natur dies leidet keinen Zweifel, bloß durch sich selbst, so viel ich meine Natur kenne, dörften meine Kräfte schwerlich ersetzt werden.«

Also schon jetzt Blutungen aus Ösophagusvarizen, tiefe Depressionen, sie klingen im Brief vom 9. Juni 1825 an den Neffen mit:

»Wie ich hier lebe (in Baden), weißt Du, dazu noch bei der kalten Witterung. Das beständige Alleinsein schwächt mich nur noch mehr, denn wirklich grenzt meine Schwäche oft an Ohnmacht. O kränke nicht mehr, der Sensenmann wird ohnehin keine lange Frist mehr geben.« Und später schreibt er ihm: »Es wird bald ein Ende haben mit Deinem treuen Vater.«

Aus der ersten Hälfte dieses Jahres stammt auch das Streichquartett a-moll, op. 132, dessen dritter Satz folgende Eintragungen aufweist: Molto adagio (Heiliger Dankgesang eines Genesenen an die Gottheit, in der lydischen Tonart) – Andante (Neue Kraft fühlend) – Molto adagio (Mit innigster Empfindung). Der Dichter L. Rellstab besuchte ihn und stellte fest:

»Das Gesicht war viel kleiner, als ich es mir nach den in eine gewaltsam geniale Wildheit gezwängten Bildnissen vorgestellt hatte. Nichts drückte jene Schroffheit aus ... Seine Farbe war bräunlich, doch nicht jenes gesunde, kräftige Braun, das sich der Jäger erwirbt, sondern mit einem gelblich kränkelnden Ton versetzt. Nicht ein Zug der Härte, nicht einer der mächtigen Kühnheit, die den Schwung seines Geistes bezeichnet, war auch nur vorübergehend zu bemerken.«

Mitte Oktober 1825 zog Beethoven ins Schwarzspanierhaus, seine letzte Wohnung, wo er anderthalb Jahre später auch starb. In den ersten Monaten von 1826 traten neue Unterleibsbeschwerden und »gichtische Affektionen« auf. Dr. Braunhofer verordnete blande Kost, Mandelmilch, Chinatropfen und verbot alle reizenden, würzenden Nahrungsbestandteile (Schweisheimer). Rückenschmerzen machten dem Meister das Leben zur Qual. Dennoch war das Jahr, was sein Gesamtwerk anbetrifft, erfolgreich: Es entstanden das Streichquartett cis-moll, op. 131, ferner das Finale zum Streichquartett op. 130 und das Streichquartett F-Dur, op. 135.

Der letzte Satz trägt die Überschrift: »Der schwer gefaßte Entschluß. Muß es sejn? Es muß sejn, es muß sejn«, und darin wetterleuchten beim »Grave« noch einmal Akkordfolgen, wie sie uns aus der Schicksalssinfonie vertraut sind.

Beethoven hat dieses Quartett im Herbst 1826 auf dem Gut Wasserhof seines Bruders Johann in Gneixendorf vollendet. Er soll damals sehr schwach gewesen sein und wurde durch ein kürzeres Gespräch bereits völlig ermüdet, außerdem nahm der Leibesumfang infolge des Aszites erheblich zu. Oft beobachtete man ihn draußen auf dem Lande am Abhang eines Waldhügels sitzend und arbeitend, oder die Dorfkinder sahen Beethoven auf den Stoppelfeldern herrumgehen, gestikulierend und schreiend. Man hörte ihn auch Klavier spielen. Er versuchte sich noch an einem neuen Quintett, gelangte aber nicht über 24 Takte hinaus. Als Beethoven auf offenem Gefährt Anfang Dezember nach Wien zurück reiste – zwischendurch mußte er in einem kleinen Dorfwirtshaus übernachten, in einem ungeheizten, zugigen Zimmer – trat eine Lungenentzündung mit

Schüttelfrost, trockenem Husten und Seitenstechen sowie starkem Durst auf, allein es glückte noch einmal, den Kranken am Leben zu erhalten. Am achten Tag der Behandlung durch Prof. Dr. A. Wawruch trat nach einem nächtlichen Brechdurchfall eine intensive Gelbsucht auf, Symptom jener schweren Leberzellschädigung, welcher der Meister bald darauf erlag.

Über diese letzte Krankheit Beethovens sind wir recht gut informiert, weil Prof. Dr. A. Wawruch – was nur wenigen bekannt ist – handschriftliche Aufzeichnungen, datiert vom 20. Mai 1827, hinterließ. Diese wurden knapp zwei Monate nach dem Verscheiden Beethovens zu Papier gebracht, aber erst in Wawruchs Nachlaß aufgefunden. Alois Fuchs veröffentlichte sie in der »Wiener Zeitschrift« vom 30. April 1842 unter dem Titel »Ärztlicher Rückblick auf Ludwig van Beethovens letzte Lebensepoche.«

Wawruch, der am Wiener Allgemeinen Krankenhaus wirkte und Beethoven als Amateurcellospieler sympathisch war, hat seinen berühmten Schutzbefohlenen etwa vom 5. Dezember an bis zum Tode betreut. Weil aber Beethoven infolge seines Leberleidens hochgradig wassersüchtig gewesen ist, mußte die erste Bauchpunktion, ausgeführt von Dr. J. Seibert (im Auftrag von Prof. A. Wawruch), am 20. Dezember vorgenommen werden. Die vierte und letzte Punktion erfolgte am 27. Februar 1827, das Wasser floß später aus der Punktionsstelle bis in die Mitte des Krankenzimmers. Es dürfte zu erheblichen Kompetenzschwierigkeiten am Krankenbett gekommen sein, denn Beethoven wurde mit der Zeit in seinem Vertrauen zu Wawruch schwankend und bestand auf der Hinzuziehung weiterer Kollegen. Der Knabe Gerhard von Breuning war in dieser Zeit viel um den Vereinsamten. »Ich habe heute sagen hören«, schrieb dieser in die Konversationshefte, »daß Du so unter den Wanzen zu leiden hast, daß Du, wenn Du ruhst, alle Augenblicke aus dem Schlaf aufwachst. Da Dir der Schlaf gutthut, werde ich Dir etwas bringen, um die Wanzen zu verjagen.«

An seinen Freund, den Harfenfabrikanten J. A. Stumpff in London, schreibt Beethoven Anfang 1827:

»Leider liege ich schon seit dem 3ten December bis jetzt an der Wassersucht darnieder. Sie können denken, in welche Lage mich dieses bringt! Ich lebe gewöhnlich nur von dem Ertrage meiner Geisteswerke, alles für mich und meinen Carl, davon zu schaffen. Leider seit dritthalb Monaten war ich nicht im Stande eine Note zu schreiben ... Bedenken Sie noch daß sich das Ende meiner Krankheit noch gar nicht bestimmen läßt und es endlich wird möglich gleich in vollen Segeln auf dem Pegasus durch die Lüfte zu segeln! Arzt, Chirurgus, alles muß bezahlt werden. – Ich erinnere mich recht wohl, daß die Philharmonische Gesellschaft vor mehreren Jahren ein Concert zu meinem Besten geben wollte. Es wäre für mich ein Glück, wenn Sie diesen Vorsatz fassen wollte, ich würde vielleicht aus aller meiner bevorstehenden Not doch gerettet werden können. Ich schreibe deswegen an Herrn Smart. Und können Sie, werther Freund! etwas zu diesem Zwecke beitragen, so bitte ich Sie nur sich mit Herrn S. zu vereinigen. Auch an Moscheles wird deßhalb geschrieben, und in Vereinigung aller meiner Freunde glaube ich doch daß sich ... etwas für mich wird thun lassen.«

Da diese Freunde offenbar weniger in Wien lebten, schreibt Beethoven an G. Smart kurz darauf:

»Leider sehe ich bis zu dem heutigen Tage noch dem Ende meiner schrecklichen Krankheit noch nicht entgegen, im Gegentheil haben sich nur meine Leiden, und damit auch meine Sorgen noch vermehrt ... Von was soll ich denn leben bis ich meine ganz gesunkenen Kräfte zusammenraffe, um mir wieder mit der Feder meinen Unterhalt zu verdienen. Kurz ich will Ihnen nicht mit neuen Klagen lästig werden und mich nur hier auf mein Schreiben vom

22. Febr. beziehen und Sie bitten, allen Ihren Einfluß anzuwenden, die philharm. Gesellschaft dahin zu vermögen, ihren früheren Entschluß rücksichtlich der Academie zu meinem Besten jetzt in Vollführung zu bringen.«

Am 14. März wendet er sich an I. Moscheles:

»Wahrlich ein hartes Los hat mich getroffen! Doch ergebe ich mich in den Willen des Schicksals und bitte nur Gott stets, er möge es in seinem göttlichen Willen so fügen, daß ich so lange ich noch hier den Tod im Leben erleiden muß, vor Mangel geschützt werde. Dies wird mir so viel Kraft geben mein Loos, so hart und schrecklich es immer sein möge, mit Ergebenheit in den Willen des Allerhöchsten zu ertragen.«

Jedenfalls erhielt Beethoven eine Ehrengabe von 100 Pfund seitens der Londoner Philharmonischen Gesellschaft und Händels Werke – er schätzte diesen unter allen Komponisten am meisten – von seinem Freund J. A. Stumpff. Und Moscheles antwortete: »Dein Brief hat uns in höchstem Maße erstaunt. Wie! Der große Mann, den ganz Europa ehrt und feiert, das größte, edelste Herz liegt in Wien im Elend zwischen Leben und Tod. Und das müssen wir aus London erfahren. Und von London aus beeilt man sich, seine Pein zu lindern und ihn großmütig der Verzweiflung zu entziehen ...«

Am 18. März diktierte Beethoven Schindler einen bewegten Dankesbrief an Moscheles:

»Mit welchem Gefühle ich Ihren Brief vom 1. März durchlesen, kann ich gar nicht mit Worten schildern. Der Edelmuth der Philharmonischen Gesellschaft, mit welchem man meiner Bitte beinahe zuvorkam, hat mich in das Innerste meiner Seele gerührt ... ich verpflichte mich der Gesellschaft dadurch meinen wärmsten Dank abzustatten, indem ich ihr entweder eine neue Symphonie, die schon skizziert in meinem Pulte liegt (die Zehnte), eine neue Ouverture oder etwas anderes zu schreiben verbinde, was die Gesellschaft wünscht. Möge der Himmel mir nur recht bald wieder meine Gesundheit schenken, und ich werde den edelmüthigen Engländern beweisen, wie sehr ich ihre Theilnahme an meinem traurigen Schicksale zu würdigen wissen werde.«

An den Verlag B. Schott's Söhne in Mainz hatte Beethoven am 22. Februar folgende schriftliche Bitte gerichtet:

»Je geschwinder ich also diesen Rheinwein oder Moselwein erhalte, desto wohltätiger kann er mir in diesem jetzigen Zustande dienen.« In der Hoffnung auf Genesung sandte der Verlag, mit welchem Beethoven gerade wegen seines Streichquartettes cis-moll verhandelte, am 8. März zwölf Flaschen Rüdesheimer Berg, Jahrgang 1806, ferner einen heilenden Kräuterwein sowie »$^3/_4$ Pfund Wurzel« (Männertreu), denn man gestattete jetzt dem Kranken auch Punscheis, was Beethoven zunächst euphorisch stimmte und zu den Arbeiten an der 10. Sinfonie animierte. Denn sein Geist blieb rege, er las »Kenilworth« von W. Scott und seine »alten Freunde« Homer, Plutarch, Aristoteles (B. Paumgartner), soweit es die Kräfte noch erlaubten.

Aber der Kranke war bereits hochgradig hinfällig und bis zum Skelett abgemagert. »Ich werde wohl bald nach oben machen«, sagte er zu J. N. Hummel, der ihn zusammen mit F. Hiller einige Male besuchte. Er lag im Bett, schien starke Schmerzen zu verspüren und stöhnte zuweilen; Schweiß stand auf seiner Stirne.

Am 23. März stellte Ludwig van Beethoven sein Testament fertig, die letzten mit zitternder Hand geschriebenen Worte lauten:

»Mein Nefffe Karle Soll alleini Erbe sejn, das Kapital meines Nachlalaßes soll jedoch Seinen natürlichen oder testamentarischen Erben zufallen.

Wien am 23. März 1827
Luwig van Beethoven.«

Anton Schindler schrieb am 24. März 1827 an Ignaz Mocheles:

»... allein mein guter Moscheles, wenn Sie diese Zeilen lesen, wandelt unser Freund nicht mehr unter den Lebenden. Seine Auflösung geht mit Riesenschritten, und es ist nur ein Wunsch unser aller, ihn bald von diesem schrecklichen Leiden erlöst zu sehen. Nichts anderes bleibt mehr übrig. Seit acht Tagen liegt er schon beinahe wie todt, nur manchen Augenblick rafft er seine letzten Kräfte zusammen und fragt auch etwas oder verlangt etwas. Er befindet sich fortwährend in einem dumpfen Dahinbrüten, hängt den Kopf auf die Brust und sieht starr Stundenlang auf einen Fleck, kennt die besten Bekannten selten, ausgenommen, man sagt ihm, wer vor ihm steht. Kurz, es ist schauderhaft, wenn man dieses sieht; und nur noch wenige Tage kann dieser Zustand dauern; denn alle Functionen des Körpers hörten seit gestern auf. Scharenweise kommen jetzt die Menschen, um ihn noch zu sehen, obgleich durchaus Niemand vorgelassen wird, bis auf jene, welche keck genug sind, den sterbenden Mann noch in seinen letzten Stunden zu belästigen ...«

Professor Wawruch hielt fest: »... bei einer rasch zunehmenden Abmagerung und einem bedeutenden Sinken der Lebenskraft verfloß der Januar, Februar und März. Beethoven prognosticirte in trüben Stunden des Selbstgefühls nach der vierten Paracentese seine herannahende Auflösung, und er irrte nicht. Kein Trost vermochte ihn mehr aufzurichten, und als ich ihm mit der herannahenden Frühlingswitterung Linderung seiner Leiden tröstend verhieß, entgegnete er mir lächelnd: ›Mein Tagewerk ist vollbracht; wenn hier noch ein Arzt helfen könnte, his name shall be called wonderful!‹«

»Nachdem ich am Morgen des 24. März zu ihm kam«, schrieb später A. Schindler an den Verlag B. Schott's Söhne in Mainz, »fand ich sein ganzes Gesicht zerstört und ihn so schwach, daß er sich mit größter Anstrengung nur mit höchstens zwei bis drei Worten verständlich machen konnte. Gleich darauf kam der Ordinarius (Dr. Wawruch), der, nachdem er ihn einige Augenblicke beobachtete, zu mir sagte: Beethoven gehe mit schnellen Schritten der Auflösung nahe! Da wir die Sache mit seinem Testament schon tags vorher, so gut es immer ging, beendet hatten, so blieb uns nur noch Ein sehnlicher Wunsch übrig, ihn mit dem Himmel auszusöhnen (um auch der Welt zugleich zu zeigen, daß er als wahrer Christ sein Leben endigte). Der Prof. Ordinarius schrieb ihm also auf und bat ihn im Namen aller seiner Freunde, sich mit den heil. Sterbesakramenten versehen zu lassen, worauf er ganz ruhig und gefaßt antwortete: Ich wills. – Der Arzt ging fort und überließ mir dies zu besorgen. Beethoven sagte mir dann: ich bitte Sie nur noch um das, an Schott zu schreiben und ihm das Dokument zu schicken. Er wirds brauchen. Und schreiben Sie ihm in meinem Namen, denn ich bin zu schwach: ich ließ ihn recht sehr bitten um den versprochenen Wein ... Der Pfarrer kam gegen 12 Uhr, und die Funktion ging mit der größten Auferbauung vorüber, – und nun erst schien er an sein letztes Ende selbst zu glauben, denn kaum war der Geistliche draußen, als er mir und dem jungen Herrn v. Breuning sagte: Habe ichs nicht immer gesagt, daß es so kommen wird? – Darauf bat er mich nochmals, an Schott nicht zu vergessen und auch der philharmonischen Gesellschaft (in London) nochmals in seinem Namen für das große Geschenk (100 Pfund Sterling) zu danken ... In diesem Augenblick trat der Kanzley-Diener des H. Hofrath v. Breuning mit dem Kistchen Wein und dem Tranke von Ihnen geschickt, ins Zimmer. Das war gegen 3/4 auf 1 Uhr. Ich stellte ihm die zwei Bouteillen Rüdesheimer und die anderen zwei Bouteillen mit dem Tranke auf den Tisch zu seinem Bette. Er sah sie an und sagte: schade! schade! – zu spät! Dies waren seine allerletzten Worte. Gleich darauf verfiel er in solche Agonie, daß er keinen Laut mehr hervorbringen konnte.

Gegen Abend verlor er das Bewußtsein und fing an zu phantasieren. Dies dauerte fort bis den 25ten abends, wo schon sichtbare Spuren des Todes sich zeigten. Dennoch endete er erst den 26ten, um $^3/_4$ auf 6 Uhr abends.

Dieser Todeskampf war furchtbar anzusehen; denn seine Natur überhaupt, vorzüglich seine Brust, war riesenhaft. Von Ihrem Rüdesheimer Weine genoß er Löffelweise bis zu seinem Verscheiden ...«

Am Nachmittag des 26. März zog ein gewaltiger Schneesturm mit Gewitter über die Stadt Wien. »Nachdem Beethoven von 3 Uhr nachmittags an, da ich zu ihm kam, bis nach 5 Uhr röchelnd im Todeskampfe bewußtlos dagelegen hatte«, erinnert sich A. Hüttenbrenner, »fuhr ein von einem heftigen Donnerschlag begleiteter Blitz hernieder und erleuchtete grell das Sterbezimmer (vor Beethovens Wohnhause lag Schnee). Nach diesem unerwarteten Naturereignisse öffnete Beethoven die Augen, erhob die rechte Hand und blickte starr mit geballter Faust mehrere Sekunden lang in die Höhe mit sehr ernster, drohender Miene, als wollte er sagen: ›Ich trotze euch, ihr feindlichen Mächte! Weichet von mir! Gott ist mit mir.‹ Auch hatte es den Anschein, als wollte er wie ein kühner Feldherr seinen zagenden Truppen zurufen: ›Mut, Soldaten! Vorwärts! Vertrauet auf mich! Der Sieg ist uns gewiß!‹ Als er die erhobene Hand wieder aufs Bett niedersinken ließ, schlossen sich seine Augen zur Hälfte. Kein Atemzug, kein Herzschlag mehr! ...«

Nur die Schwägerin aus Gneixendorf und Hüttenbrenner weilten an seinem Lager. Der Letztere drückte ihm die Augen zu, nachdem er ausgelitten hatte.

So starb Ludwig van Beethoven, und er schritt durch eben jenes Tor, welches wenige Jahre zuvor in seinem Kanon noch ärztliche Kunst dem Tod versperren sollte, in eine neue, grenzenlose Freiheit! –

Die Sektion erfolgte am 27. März, einen Tag nach dem Tode, und wurde in Wawruchs Beisein von J. Wagner, einem Assistenten des pathologischen Institutes, in Beethovens Wohnung ausgeführt. Die Totenmaske hingegen nahm man – entgegen anderen Vermutungen – erst am 28. März ab, als sich durch die Zersägung des Schädels und die Herausnahme beider Felsenbeine bereits erhebliche Strukturveränderungen im Gewebe vollzogen hatten. Zweimal sind die Gebeine Beethovens exhumiert worden; das erste Mal am 13. Oktober 1863, wobei der Schädel in neun Einzelteile zerfallen war, welche durch Dr. v. Breuning mittels Lehmausfüllung zusammengesetzt wurden. Später fertigte I. B. Rottmayer von diesem restaurierten Schädel ein Foto an. Am 21. Juni 1888 erfolgte die zweite Exhumierung, man brachte die Gebeine nach dem Neuen Wiener Zentralfriedhof. Oft wurde später und heute noch darüber diskutiert, ob Beethovens zahlreiche Ärzte (Schmidt, Bertolini, Malfatti, Smetana, Wawruch u. a.) ihren berühmten Patienten richtig behandelten. Hierzu ist zu sagen, daß sie durchweg alle versuchten, sein Leben, entsprechend dem damaligen Stand des Wissens, so erträglich wie nur möglich zu gestalten. Auf Grund des Sektionsberichtes ist es sogar erstaunlich, daß der Kranke das für seine Verhältnisse hohe Alter von 56 Jahren erreichte. –

Es heißt, daß bei Beethovens Beerdigung etwa 30000 Menschen zugegen waren, und eine Marktfrau soll einem Fremden, der sich nach der Ursache des Auflaufs erkundigte, verwundert zur Antwort gegeben haben, daß man heute den General der Musikanten begrabe. Als rege sich das schlechte Gewissen, erschien auch gleich eine »Einladung zu Ludwig van Beethovens Leichenbegängnis, welches am 29. März um 3 Uhr Nachmittags Statt finden wird. Man versammelt sich in der Wohnung des Verstorbenen im Schwarzspanier-Hause Nr. 200 am Glacis vor dem Schottenthore. Der Zug begibt sich von da nach der Dreyfaltigkeits-Kirche bey den P. P. Minoriten in der Alsergasse. Die musikalische Welt erlitt den unersetzlichen Verlust des berühmten Tondichters am 26. März 1827 Abends gegen 6 Uhr. Beethoven starb an den Folgen der Wassersucht, im 56. Jahre seines Alters, nach empfangenen heil. Sacramenten. Der Tag der Exequien wird nachträglich bekannt gemacht von L. van Beethovens Verehrern und Freunden. — (Diese Karte wird in Tob. Haslingers Musikhandlung vertheilt.)« Franz Grillparzer schrieb die Leichenrede, die der Schauspieler H. Anschütz vor dem Friedhof am späten Nachmittag des 29. März 1827 sprach.

Dies war der Abschied von L. van Beethoven, der zu Bettina Brentano 1810 sagte: »Musik ist höhere Offenbarung als alle Weisheit und Philosophie. Wem meine Musik sich verständlich macht, der muß frei werden von alle dem Elend, womit sich die anderen schleppen.« Und wenn gerade Laien in ihm den »General der Musikanten« sahen, dann deswegen, weil seine Musik, wie sein Wesen, heroisch und dramatisch ist — urmännlich, da ihr Schöpfer das Gesetz des Lebens bejahte, daß Dasein gleichbedeutend ist mit Ringen. Beethoven lebte sogar gerne auf der Erde, obwohl ihn die Krankheit über drei Jahrzehnte in Fesseln schlug. Aber er streckte vor dem Fatum, das ihn zwar besiegen, aber nicht zur Kapitulation bringen konnte, nie die Waffen und hat sich, wenn auch mitunter resignierend, in das Unvermeidliche mit Würde gefügt. Trotz sämtlicher Miseren verstand er es wie kaum ein anderer Meister, seine Energien umsichtig anzulegen und aus jeder Situation das Beste zu machen. »Das Moralische Gesetz in uns und der gestirnte Himmel über uns — Kant —«, schrieb er einmal in die Konversationshefte, damit setzte er jenen Meilenstein, der zu seinem eigentlichen Wesen hinführt. Durch die schreckliche Passion der Taubheit — sein Kreuz im wahrsten Sinne des Wortes —, die ihm nichts an Leid ersparte, das einem Musiker widerfahren kann, wuchs er in jene Region der Vereinsamung, aber auch der inneren Vollendung, aus der er den Hörer stets aufs Neue zu beschenken und zu trösten vermag. Denn jenseits von Raum und Zeit besteht eine Kraft, die, wie der Schlußchor der »Neunten« verkündet, alle Gegensätze aufhebt und im Ewigen versöhnt. Gerade der »letzte Beethoven« hat in Reiche geschaut, wie sie andere Sterbliche vor der Schwelle des Todes nicht zu erblicken vermögen. Für ihn gilt das Wort des Dirigenten Bruno Walter vom 26. Dezember 1939:

»Ich glaube eben, daß *Beethoven*, Bach, Schubert usw., wie Jesaias, Johannes und ihresgleichen, Propheten-Naturen sind, inspiriert, d. h. vom heiligen Geist erfüllt; und da ich organisiert bin, ihre Sprache zu verstehen, ja zu sprechen, so habe ich in bescheidener Weise Teil an Äußerungen des heiligen Geistes.«

Allein der Preis war hoch, teuer genug mußte er sich das Erreichte erkaufen. »Die Nachricht von Beethovens Tode hat uns sehr betrübt. Die Wiener mögten nun gern die Schande von sich wälzen, daß sie ihn haben darben lassen; das Faktum läßt sich aber nicht läugnen, und alle Declamationen dagegen werden nichts helfen. Ich weiß es aus einem eignen Briefe von ihm, daß er Noth gelitten hat. Sein Begräbnis war sehr glänzend! So sind die Deutschen!«, schrieb L. Spohr am 11. April 1827 an W. Speyer. Gewiß, Beethoven konnte auf gute Einkünfte blicken, aber er verlor Unsummen durch die ständige, damals völlig erfolglose Art der Behandlung seiner Leiden, durch die Unredlichkeiten des Personals und eine geldgierige Umgebung. Vom Vermögen allein hätte er unter solchen Umständen niemals mehrere Jahre, vor allem nicht als Dauerpatient, leben können. Beim Betrachten der Konversationshefte wird quälend deutlich, wie sehr dieses Genie schon lange vor seinem Tode in den Sog einer tyrannischen Umwelt geriet, die ihn zu beherrschen und auf ihr mittelmäßiges Niveau herunterzuziehen bestrebt war – wohl wissend um seine Hilflosigkeit und Abhängigkeit. Wenn Beethoven zu solchen Querelen schließlich Ja und Amen sagte, dann nur darum, weil er sich diesen Kreaturen ausgeliefert wußte. Was hätte er getan, wenn sie morgen alle nicht mehr erschienen wären, die Stundenfrauen, die Zubringer, der Neffe Karl, der Bruder Johann, die zahllosen Manager und jene vielen Namenlosen, die kleine Dienstleistungen vollbrachten, um sich in seinem Ruhme zu sonnen? Beethoven nahm sie halt in Kauf, um das Gespenst der absoluten Isolierung nicht in seine vier Wände einzulassen.

Doch er, der innerlich Stolze, hat jene Hörigkeit nie verwunden und gewiß als Schmach empfunden. Er sah nach England als dem Land der Freiheit (L. Magnani). Wie jeder Mensch, spielte auch er mit dem Gedanken, daß woanders alles besser sein müsse und bedachte nicht, daß er »drüben« wahrscheinlich mit denselben Problemen zu ringen gehabt hätte, die sich vor ihm auch in Wien auftürmten. Bereits 1817 wollte er zwei große Sinfonien für England komponieren, und seine »Neunte« ist ursprünglich »für die Philharmonische Gesellschaft in London« geschrieben worden. Die Ungeduld, mit der man in England auf dieses Werk wartete, dessen Zusendung, gleich Beethovens geplanter Fahrt, sich immer wieder verzögerte, wurde noch durch die Beliebtheit verstärkt, welche Beethoven dort genoß. Schon zehn Jahre vor seinem Ende war Beethoven im Begriff, einer Einladung zu folgen, jedoch verging ein Frühjahr nach dem anderen, ohne daß er sich zur Reise entschließen konnte. Wahrscheinlich war er sich dessen bewußt, daß die zunehmende Schwerhörigkeit entscheidende zwischenmenschliche Kontakte ausschloß und so alles von vornherein eine halbe Sache – also ein uneingestandener Mißerfolg – gewesen wäre. Die hochherzige Spende, welche ihn auf dem Totenbett erreichte, sein Plan, eine »Zehnte« für die Engländer zu komponieren, bezeugen, wie sehr Beethovens Gedanken und Gefühle dort weilten, und F.

Hiller gegenüber, der ihn wenige Tage vor der Agonie besuchte, wiederholte er, daß er im Anschluß an seine Genesung sofort nach London abreisen werde – Britannia erschien ihm als Fata Morgana, am liebsten wäre er, um seine eigenen Worte zu wählen, »hin geflogen.«

»Dich zu retten ist kein andres Mittel als *von hier:* nur dadurch kannst du wieder so zu den Höhen deiner Kunst entschweben, wo du hier in Gemeinheit versinkst. Nur eine Sinfonie und dann fort, fort, fort!«, hatte er in sein Tagebuch geschrieben.

Und wirklich zog er am 26. März 1827, als der Tod wie ein Befreier zu ihm kam und seine Ketten löste, aus in eine andere Welt jenseits aller Länder und Meere, wo die Schrecken der Taubheit keine Macht mehr über ihn zu gewinnen vermochten!

Anhang

Wortlaut des Sektionsprotokolles, soweit es in der unbeglaubigten Abschrift durch *Ignatz von Seyfried* (»Beethovens Studien im Generalbaß«, Wien 1853, Anhang S. 45) und ohne Schlußdiagnose auf uns gekommen ist:

»Der Leichnam war, insbesondere an den Gliedmaßen, sehr abgezehrt und mit schwarzen Petechien übersät, der Unterleib ungemein wassersüchtig aufgetrieben und gespannt.

Der Ohrknorpel zeigte sich groß und unregelmäßig geformt, die kahnförmige Vertiefung, besonders aber die Muschel derselben war sehr geräumig und um die Hälfte tiefer als gewöhnlich; die verschiedenen Ecken und Windungen waren bedeutend erhaben. Der äußere Gehörgang erschien, besonders gegen das verdeckte Trommelfell, mit glänzenden Hautschuppen belegt. Die Eustachische Ohrtrompete war sehr verdickt, ihre Schleimhaut ausgewulstet und gegen den knöchernen Teil etwas verengert. Die ansehnlichen Zellen des großen und mit keinem Einschnitte bezeichneten Warzenfortsatzes waren von einer blutreichen Schleimhaut ausgekleidet. Einen ähnlichen Blutreichtum zeigte auch die sämtliche, von ansehnlichen Gefäßzweigen durchzogene Substanz des Felsenbeins, insbesondere in der Gegend der Schnecke, deren häutiges Spiral leicht gerötet erschien.

Die Antlitznerven waren von bedeutender Dicke; die Hörnerven dagegen zusammengeschrumpft und marklos; die längs denselben verlaufenden Gehörschlagadern waren über eine Rabenfederspule ausgedehnt und knorplicht. Der linke, viel dünnere Hörnerv entsprang mit drei sehr dünnen, graulichen, der rechte mit einem stärkeren, hellweißen Streifen aus der in diesem Umfange viel konsistenteren und blutreicheren Substanz der vierten Gehirnkammer. Die Windungen des sonst viel weicheren und wasserhältigen Gehirns erschienen nochmal so tief und (geräumiger) zahlreicher als gewöhnlich. Das Schädelgewölbe zeigte durchgehends große Dichtheit und gegen einen halben Zoll betragende Dicke.

Die Brusthöhle zeigte, so wie ihre Eingeweide, die normgemäße Beschaffenheit.

In der Bauchhöhle waren vier Maß graulich-brauner trüber Flüssigkeit verbreitet. Die Leber erschien auf die Hälfte ihres Volumens zusammengeschrumpft, lederartig fest, grünlichblau gefärbt und an ihrer höckerigen Oberfläche, sowie an ihrer Substanz mit bohnengroßen Knoten durchwebt; deren sämtliche Gefäße waren sehr enge, verdickt und blutleer.

Die Gallenblase enhielt eine dunkelbraune Flüssigkeit nebst häufigem, griesähnlichem Bodensatz. Die Milz traf man mehr als nochmal so groß, schwarz gefärbt, derb; auf gleiche Weise erschien auch die Bauchspeicheldrüse größer und fester; deren Ausführungsgang war von einer Gansfederspule weit. Der Magen war samt den Gedärmen sehr stark von Luft aufgetrieben.

Beide Nieren waren in eine zolldicke, von trüber brauner Flüssigkeit vollgesickerte Zellschicht eingehüllt, ihr Gewebe blaßrot und aufgelockert; jeder einzelne Nierenkelch war mit einem warzenförmigen, einer mitten durchgeschnittenen Erbse gleichen Kalkkonkremente besetzt.«

Doctor Joh. Wagner ,
Assistent beim pathologischen Museum.

LUDWIG VAN BEETHOVEN

1. *Alexander, G.:* Erkrankungen des Ohrlabyrinths. Neue Freie Presse, Wien, 7. August 1913.
2. *Alexander, G.:* Wiener Klinische Wochenschrift 1911: 13.
3. *Alexander, G.:* Die Syphilis des Gehörorgans, Wien 1915.
4. *Alexander, G.:* in: Handbuch HNO-Erkrankungen, »Lues congenita der Gehörorgane«, Springer 1926.
5. *Altmann, W.:* Einführung zum Streichquartett F-Dur, op. 135 von L. van Beethoven in der Edition Eulenburg Nr. 4.
6. *Antonini, I.:* Sordità e personalità di Beethoven. Minerva med. 1965 (16): 435–443.
7. *Archimbaud, J.:* Beethoven: Souffrances et surdité, Lyon, Méditerranée Médical, Tom. 6, Nr. 71 (1970): 59–61 + Tom. 7, Nr. 1 (1971): 65–71.
8. *v. Asow, M. H.:* Ludwig van Beethoven, Heiligenstädter Testament. Wien, Wiesbaden 1957.
9. *Baratoux, G., M. Natier:* A propos de la surdité de Beethoven. Chron. médicale XII (1905): 492.
10. *Becker, W. H.:* Wie sie endeten. Die Thorraduran-Therapie XXI (1950): 49.
11. *Beethoven, L. van:* 9 ausgewählte Briefe an A. Schindler (Faksimile-Ausgabe), VEB Deutscher Verlag für Musik, Leipzig 1970, Edition von K. H. Köhler.
12. *Beethoven, L. van:* Konversationshefte. Band I–III, Berlin 1941–1943, Band IV–V- Leipzig (VEB Deutscher Verlag für Musik) 1968–1970.
13. Beethoven's diseases. Lancet I (1921): 41.
14. Bericht über die am 21. Juni 1888 vorgenommene Untersuchung an den Gebeinen Ludwig van Beethovens, Wien 1888.
15. *Bertein, P., R. Apperce:* Le cas Beethoven. Oto-rhinolaryng. internat. XIV (1930): 113.
16. *Biechteler, W.:* Krankheiten und Todesursachen berühmter Männer. Inaug.-Diss. München 1938.
17. *Bilancioni, G.:* La sordità di Beethoven. Giorn. med. milit. X (1921): 531.
18. *Bing, M., J. Jenny:* Über Medizinisches und Psychologisches im Yoga. Ciba-Zschr. 1950: 1451.

19. *Bittorf:* Klinik der Lebersyphilis. Handbuch Haut- und Geschlechtskrankheiten, Springer 1931, Bd. 16/2.

20. *Blondel, R.:* La surdité de Beethoven. Le Menestrel XC (1928): 173 und 181.

21. *Bodros, P.:* La surdité de Beethoven. Presse médicale 1938: 949.

22. *Böhme, G.:* Die Krankheiten Ludwig van Beethovens. Materia Medica Nordmark, 5. Sonderheft 1962.

23. *Bonnier, P., P. Garnault:* La surdité de Beethoven. Chronique médicale 1905: 521.

24. *Bory, R.:* Ludwig van Beethoven. Sein Leben und sein Werk in Bildern. Zürich (Atlantis) 1960.

25. *v. Breuning, G.:* Aus dem Schwarzspanierhaus, Wien 1874, in: Stefan Ley: Beethoven als Freund der Familie Wegeler – v. Breuning, Bonn 1927.

26. *Brünger, E.:* Betrachtungen über van Beethovens Krankheit, insbesondere seine Schwerhörigkeit, Inaug.-Diss. Köln 1942.

27. *McCabe, B. F.:* Beethoven's Deafness. Annals of Otology, Rhinology and Laryngology 67: 192 (1958).

28. *Callomon, F. T.:* Zeitgeschichtliche ärztliche Krankheitsberichte und Selbstschilderungen des eigenen Krankheitszustandes aus den letzten Lebensepochen hervorragender Gestalten der Vergangenheit. Münchener Medizinische Wochenschrift 1960: 1901 ff.

29. *Carlii:* Stéatorrhée syphilitique et tétanie. Bull. Soc. méd. Hôp. Paris III (1939): 785.

30. *Carpenter, Ch. K.:* Disease or defamation? Ann.-otol. rhin. and laryng. XLV (1936): 1069.

31. *Cecchetelli, E.:* La sordità di Beethoven. Policlinico XXIX (1922): 70.

32. *Chrelitzer:* Ein Fall von Pancreatitis luetica. Beitr. Dermat. 1900: 77.

33. *Coon, E. H.:* The Deafness of Beethoven – Tragedy and Triumph. Nassau Medical News XXIV (1951), Nr. 11: 1.

34. Darstellung (nach Aktenlage) der Ausgrabung und Wiederbeisetzung der irdischen Reste von Beethoven und Schubert, Wien 1863.

35. *Ermoloff, I.:* The influence of Beethoven's malady upon

his spiritual nature. The Musician (Boston) XII (1907), Nr. 8.

36. *Ernest, G.:* Beethoven, Berlin 1920.

37. *Ernest, G.:* Der kranke Beethoven. Med. Welt XIII (1927): 491.

38. *Fontain, R.:* Peut-on parler de folie chez Beethoven? Progrès médicale 1911: 486.

39. *Frangenheim:* Syphilis der Knochen, in: Handbuch der Haut- und Geschlechtskrankheiten, Springer 1928, Bd. XVII/3.

40. v. *Frimmel, Th.:* L. v. Beethoven, Berlin 1903, Harmonia-Verlag.

41. v. *Frimmel, Th.:* Beethoven-Studien, 2 Bde, München und Leipzig 1905/06.

42. v. *Frimmel, Th.:* Beethoven-Forschung (Lose Blätter), Heft 1–10, Wien und Mödling 1911–1925.

43. v. *Frimmel, Th.:* in: Beethoven-Forschung 1912, Heft 3.

44. v. *Frimmel, Th.:* Beethoven-Handbuch, Breitkopf & Härtel (Leipzig) 1926, Bd. 1.

45. *Forster, W.:* Beethovens Krankheiten und ihre Beurteilung, Breitkopf & Härtel (Wiesbaden) 1955.

46. *Glaser, H.:* Zur Schicksalsanalyse großer Musiker, Österreichische Musikzeitschrift (ÖMZ) 1961: 24.

47. *Gangolphe:* Contribution à l'étude des localisations osseuses de la syphilis de l'ostéomyélite des os longs. Lyon méd. Tome 47, 1884.

48. *Gangolphe:* Maladie des os. Paris (Masson), 1894.

49. *Gradenigo, G.:* La sordità di Beethoven. Arch. ital. otol. XXXII (1921): 221.

50. Handbuch der Inneren Medizin, Berlin 1953 3/II: S. 384, 830, 881 ff.

51. Handbuch Haut- und Geschlechtskrankheiten XVI/2, Berlin 1931: Lebersyphilis. XVII/3: Die Syphilis der Knochen (Ausgabe 1928).
XIX: Kongenitale Lues und Gehörorgan (Ausgabe 1927).

52. *Heilmeyer, L.:* Lehrb. Inn. Med. Berlin 1955: 761 ff.

53. *Hoffmann, E.:* Die Bedeutung der Syphilis für unser Fach und darüber hinaus. Arch. Dermat. u. Syph. Bd. 189, Unna-Bericht: 285 (1949).

54. v. *Irmer, O.:* Vorwort zu »Beethoven, Klavierstücke« (Henle), Urtext, München-Duisburg 1963.

55. *Jacobsohn, L.:* DMW 1910: 1282.

56. *Jacobsohn, L.:* DMW 1927: 1610.

57. *Jacobsohn, L.:* DMW 1928: 284.

58. *Jap, E.:* Schwerhörigkeit und musikalisches Schaffen bei Smetana und Beethoven. Inaug.-Diss. Düsseldorf 1967.

59. *Kalischer, A.:* Beethovens Augen und Augenleiden, in: Die Musik I, 1902: 1062 und 1156.

60. *Kastner, E.:* L. van Beethovens sämtliche Briefe, Band I bis IV, Berlin 1908.

61. *Kastens:* Beiträge zur pathol. Anatomie und Statistik zur Syphilis congenita. Inaug.-Diss. Kiel 1898.

62. *Kaufmann, E.:* Lehrbuch der speziellen pathol. Anatomie, 1931, Bd. II.

63. *Kerner, D.: Beethovens* Krankheiten und sein Tod. Münchener Medizinische Wochenschrift 1957: 740 ff. und 1958: 1442 ff.

64. *Kerner, D.:* Beethovens Taubheit. Abbottempo 1970, Buch IV: 2 ff. (8 Sprachen).

65. *Kerst, F.:* Die Erinnerungen an Beethoven, Stuttgart 1913.

66. *Klewitz:* Über Syphilis hereditaria tarda hepatitis, DMW 1920: 172.

67. *Klotz-Forest:* La dernière maladie de Beethoven. Chron. médicale XIII (1906): 209.

68. *Klotz-Forest:* La surdité de Beethoven. Chron. médicale XII (1905): 321.

69. *Landon, H. C. R.:* Beethoven. Sein Leben und seine Welt in zeitgenössischen Bildern und Texten. Zürich (Universal-Edition A. G.) 1970.

70. *Ley, St.:* Beethoven. Sein Leben in Selbstzeugnissen, Briefen und Berichten. Berlin (Propyläen) 1939.

71. *Ley, St.:* Wahrheit, Zweifel und Irrtum in der Kunde von Beethovens Leben, Wiesbaden (Breitkopf & Härtel) 1955.

72. *Loewe-Cannstadt, R.:* Beethovens Krankheit und Ende. Die Musik XIX (1927): 418.

73. *Madden:* Early acute benign syphilitic hepatitis with jaundice. Min. Med. J. 1948: 1221.

74. *Magnani, L.:* Beethovens Konversationshefte, München (Piper) 1967.
75. *Mahr, J.:* Carl Czerny – das Genie des Fleißes, NZ/Musik 1969 (Heft 11): 520.
76. *Marage, G.:* Causes et conséquences de la surdité de Beethoven. Compt. rend. Acad. sciences Nr. 189 (1929): 1036.
77. *Massin, J. B.:* Beethoven, Materialbiographie. Daten zum Werk und Essay, München (Kindler) 1970.
78. *Menier, M.:* La surdité de Beethoven. Arch. de laryngol. XXXI (1911): 179.
79. *Nassau:* Die angeborene Syphilis. Erg. Inn. Med. 44 (1932).
80. *Nettl, P.:* Beethovens Großneffe in Amerika, NZ/Musik 1959 (Heft 10): 506.
81. *Neumann, H.:* Beethovens Gehörleiden, Wiener med. Wschr. LXXVII (1927): 1015.
82. *de Paula Pinto Hartmann, F.:* A surdez Beethoven; aspectos clinico e historico. Rev. brasil. otorinolaring. 14 (1946): 11.
83. *Paumgartner, B.:* Das kleine Beethovenbuch, Salzburg (Residenz) 1968.
84. *Politzer, A.:* Geschichte der Ohrenheilkunde, Bd. I, Stuttgart 1907.
85. *Posticescu, V.:* Disease of Beethoven, Rev. sc. otorhinolaryng. 11 (1947): 92.
86. *Quenouille, R.:* Le déséquilibre mental de Beethoven, Paris 1925.
87. *Richter, H.:* Über die Labyrinthitis, MMW 1952: 97.
88. *Riezler, W.:* Beethoven, Berlin und Zürich 1936.
89. *Rogers, J. F.:* The physical Beethoven, Pop. Sc. Month. LXXXIV (1914): 265.
90. *Schiedermair, L.:* Beethovens Krankheiten. Köln. Ztg. 29. IX. 1927, Nr. 638 B.
91. *Schindler, A. F.:* Biographie von L. v. Beethoven, herausgegeben von A. Kalischer, Münster, 1840/1909.
92. *Schlesinger:* Die Erkrankung des Pankreas bei hereditärer Lues. Virchows Archiv 154 (1898): 501.
93. *Schlesinger:* Die Lehre von der Erbsyphilis der Erwachsenen. Dermat. Wschr. 1926 (I): 674.

94. *Schmidt-Görg, J., H. Schmidt:* Ludwig van Beethoven, Braunschweig (Westermann) 1969.

95. *Schultze, F.:* Die Krankheiten Beethovens, MMW 1928: 1040 ff.

96. *Schweisheimer, W.:* Beethovens Leiden, München 1922.

97. *Schweisheimer, W.:* Beethovens Ärzte, in: »Die Medizinische« 1959: 258.

98. *Schweisheimer, W.:* Ist Beethoven durch ärztliche Fehlbehandlung zu früh gestorben? Mat. Medica Nordmark 1970: 552 ff.

99. *Spohr, L.:* Lebenserinnerungen, 2 Bde, Tutzing (H. Schneider) 1968.

100. *Springer, B.:* Die genialen Syphilitiker, Berlin 1926.

101. *Squires, P.:* The problem of Beethoven's deafness. Journ. abnorm. and social psychol. XXXII (1937): 11.

102. *Stevens, K. M., W. G. Hemenway:* Beethoven's deafness. JAMA 1970 (Vol. 213): 434 ff.

103. *Thayer, A. W.:* Ludwig van Beethovens Leben. Deutsche Übersetzung und Bearbeitung von H. Deiters, Bd. 1–5, Leipzig 1901–1922.

104. *Unger, M.:* Beethovens letzte Briefe und Unterschriften, in: »Die Musik«, 1942: 153.

105. *Vieille, F.:* Etat mental de Beethoven, Thèse de Lyon 1905.

106. *Walko:* Über chronische Pancreatitis luetica. Arch. Verdgskrkh. 13 (1907): 497.

107. *Wegeler, F.:* Biographische Notizen über Ludwig van Beethoven, Coblenz 1838, in: Stefan Ley: Beethoven als Freund der Familie Wegeler – v. Breuning, Bonn 1927: 13.

108. *Zekert, O.:* Apotheker Johann v. Beethoven. Pharm. Mon.-Hefte 1928.

FRANZ SCHUBERT
(1797—1828)

»Wir sind nichts; was wir suchen ist alles.«

Hölderlin

Der irdische Nachlaß von Franz Schubert aus »alten Musikalien, Kleidern und Bettwäsche« wurde auf etwa 63 Gulden geschätzt – sein unsterbliches Werksverzeichnis aber umfaßt u.a. 10 Sinfonien, 7 Ouvertüren, mehrere Opern, 15 Streichquartette, 7 Messen, 22 Klaviersonaten und ungefähr 700 Lieder!

Franz Schubert wurde am 31. Januar 1797 in dem Wiener Vorort Lichtenthal geboren. Von den 14 Kindern aus der ersten Ehe seines Vaters, der von Beruf Schullehrer war, blieben fünf am Leben. Schuberts Mutter starb 1812 im 55. Lebensjahr an Typhus. Sein Vater heiratete knapp zwölf Monate später noch einmal eine um zwanzig Jahre jüngere Frau. Diese schenkte ihm weitere fünf Kinder und stand zu ihren Stiefkindern in einem mustergültigen Verhältnis. Als Franz Schubert starb, waren sein Vater und seine Stiefmutter noch am Leben.

Kaum zehn Jahre alt, spielte Schubert bereits Klavier und Violine; mit elf Jahren komponierte er heimlich, sang im Kirchenchor die Sopransoli und erhielt mit fünfzehn Jahren geregelten musikalischen Unterricht bei Antonio Salieri. Doch Schubert, der im Grunde seines romantischen Wesens stets Autodidakt blieb, trennte sich nach dreijähriger Ausbildung im Jahre 1816 wieder von seinem Lehrer. Im Herbst 1814 trat er als Gehilfe in die Schule seines Vaters ein. »Wenn in ihm die Goethesche Lyrik wogte und sich in Musik zu kristallisieren suchte, mußte er äußerliche Ruhe bewahren, um den Fünfjährigen die ersten Tropfen menschlicher Weisheit zu verabreichen.« So dauerte diese Zeit geregelter Tätigkeit nur drei Jahre, dann kehrte er seiner Schule den Rücken. Da Schubert keine andere Anstellung fand und sich selbst nur mühsam durch Erteilen von Musikunterricht durchschlug, konnte er auch seine Jugendliebe Therese Grob nicht ehelichen.

Im Jahre 1815 komponierte er insgesamt 144 Lieder, darunter »Wanderers Nachtlied«, »Der Fischer«, »Erster Verlust« und »Erlkönig«. Als der »Erlkönig« an den Verlag Breitkopf & Härtel in Leipzig gesandt wurde, witterte der Unternehmer dahinter einen Betrug und vermutete einen Mißbrauch mit dem Namen des 1768 geborenen königlichen Konzertmeisters Franz Schubert in Dresden. An ihn schickte man zur Aufklärung den »Erlkönig«, und dieser antwortete: »Ich habe die Cantate Erlkönig niemals komponiert, werde aber zu erfahren suchen, wer dergleichen Machwerk übersandt hat, um auch den Patron zu entdekken, der meinen Namen so mißbraucht.«

Franz Schubert beherrschte glänzend Partituren und war ein hervorragender Partner im Vierhändigspiel. Obwohl kein blendender Pianist, bewältigte er doch mit seinen kurzen, dicken Fingern die schwierigsten Sonaten, wobei die Hände »mit mäusehafter Art« auf den Tasten herumliefen. Schubert arbeitete meist nur vormittags. Nach dem Mittagessen machte er Besuche oder traf sich mit seinen Freunden im Kaffeehaus, in dem er oft ein paar Stunden verweilte, eine kleine Schale schwarzen Kaffe oder Tee trank, Pfeife rauchte und nebenher Zeitungen las. Da er die Runde seiner Anhänger ungemein zu beleben wußte, hatte er einen großen Freundeskreis. »Die Unschuld und Harmlosigkeit seines Gemütes waren ganz unbeschreiblich.« Neid und Mißgunst blieben ihm stets fremd. Immer freute er sich, wenn eine musikalische Aufführung voller Schönheit dargeboten wurde; dann »legte Schubert die Hände ineinander und gegen den Mund und saß ganz verzückt da«. Laute Fröhlichkeit liebte er nicht, selbst sein Lachen war nur ein unterdrücktes Kichern. Er, der so oft zum Tanze aufspielte, hat selber nie getanzt. Schuberts Gestalt war unter Mittelgröße, sein Haar gekräuselt. Von unscheinbarem Wesen, adipös und jeder Äußerlichkeit abhold, machte er auf Frauen nur wenig Eindruck. Wegen seiner hochgradigen Kurzsichtigkeit vergaß Schubert oft, die Brille beim Schlafen abzusetzen, jedoch hatte er dergestalt »glitzernde Augen, daß sich das Feuer auf den ersten Blick verriet«. »Beim Komponieren kam mir Schubert wie ein Somnambulus vor. Die Augen leuchteten dabei hervorstechend wie ein Glas« (Hüttenbrenner). Mühelos ging ihm die Arbeit von der Hand: »Ich lebe und componiere wie ein Gott, als wenn es so seyn müßte«, schrieb er 1818 an die Freunde. »Da es seiner Natur nicht gegeben war, durch Hervorrufen und Ausarbeiten starker Spannungen in die Tiefe zu wirken, drängte es ihn, um sich restlos aussprechen zu können, in die Breite. Die Schubertschen ›himmlischen Längen‹ sind der Ausdruck eines Gefühls der Zeitlosigkeit, des Schwebens über Zeit und Wirklichkeit« (Dahms). – Am meisten schätzte Schubert Mozart und Beethoven. Letzteren sah er öfters in der Verlagsbuchhandlung von Steiner & Co., hatte aber wohl niemals den Mut, ihn anzusprechen. Die 8 Variationen (op. 10), die »Beethoven von seinem Verehrer und Bewunderer Franz Schubert gewidmet« waren, spielte derselbe mehrere Monate mit dem Neffen Karl fast täglich. Aber erst auf dem Sterbelager dürfte der Meister beim Lesen von Schubertliedern dessen wahre Größe erkannt haben.

Mit zunehmenden Jahren wurde Schubert immer korpulenter und neigte zu alkoholischen Exzessen. Sein Biograph Dr. Heinrich Kreißle von Hellborn schreibt hierüber: »Es ist eine bekannte Tatsache, daß Schubert ein aufrichtiger Verehrer des Weines war; ja, es gibt Leute, welche ihn zum Trunkenbold zu stempeln versuchen, wahrscheinlich einiger harmloser Exzesse wegen, deren er sich allerdings schuldig gemacht hat. Wenn viel und guter Wein auf dem Tische stand, mußte man auf Franzen ein wachsames Auge haben.«

Die erste Krankheit, welche authentisch überliefert ist, fiel in den Dezember des Jahres 1822, in welchem die berühmte »Unvollendete« entstand. Schon 1907 stellte O. E. Deutsch fest, daß damals »Schubert im Spital, an einer schweren venerischen Krankheit darniederliegend, die ersten ›Müllerlieder‹ komponierte.« Wie aus einem Brief an M. v. Schwind hervorgeht, mußten ihm wegen eines Exanthems im Kopfbereich die Haare geschoren werden. Deshalb trug Schubert bis zum Abklingen der Hauterscheinungen eine Perücke. Schober bekam von Schwind am 22. Februar 1824 die Mitteilung: »Schubert ist sehr wohl, er hat seine Perücke abgelegt.« Und einige Tage später, am 6. März: »Schubert ist schon recht wohl. Er sagt, in einigen Tagen der neuen Behandlung hätte er gefühlt, wie sich die Krankheit gebrochen habe und alles anders sei.« — Trotzdem folgten tiefe Depressionen. Am 14. August 1823 schrieb Schubert an Schober: »Ob ich je wieder ganz gesund werde, bezweifle ich fast.« Schon im November des gleichen Jahres erfolgte ein Rückfall. Am 31. März 1824 schrieb er an Kupelwieser in Rom:

»Mit einem Wort, ich fühle mich als den unglücklichsten, elendsten Menschen der Welt. Denke Dir einen Menschen, dessen Gesundheit nie mehr richtig werden will, und der aus Verzweiflung darüber die Sache immer schlechter statt besser macht, dessen glänzendste Hoffnungen zu Nichte geworden sind, dem das Glück der Liebe und Freundschaft nichts bieten als höchstens Schmerz.«

Nachdem Schubert der Schule den Rücken gekehrt hatte, war er so arm dran, daß er nicht einmal die Miete für ein Klavier erschwingen konnte. Meist wohnte er bei Freunden und ließ sich von diesen das Essen im Gasthaus bezahlen. Als Anselm Hüttenbrenner den Tondichter zum ersten Male im Winter 1818 besuchte, fand er ihn in einem »halbdunklen, feuchten und ungeheizten Kämmerlein, in einen alten, fadenscheinigen Schlafrock gehüllt, frierend und – komponierend«. Um 1820 trat ein großes Absinken der schöpferischen Leistung ein, erst 1823 folgte wieder ein starker künstlerischer Auftrieb. Im Jahre 1821 war es Schubert nicht möglich, Verleger für seine Lieder zu finden. Man sandte ihm die Noten, selbst ohne Honorarforderung, ungedruckt zurück, weil die Begleitung zu schwierig und der Komponist zu unbekannt sei. Endlich erschien der »Erlkönig« als erstes Werk, nachdem seine Freunde die Druck-Kosten freiwillig übernommen hatten. Im November des Jahres 1825 wurde ihm zum ersten und letzten Male in seinem Leben ein Amt angeboten; hierbei handelte es sich um die Stelle eines 2. Hoforganisten mit einer Jahreseinnahme von 500 Gulden. Aber zum Kummer aller lehnte Schubert ab.

Bis zum Ende des Jahres 1825 war er weitgehend beschwerdefrei. Dann suchte ihn die Krankheit wieder heim. Im Sommer des Jahres 1826 traten starke Kopfschmerzen auf, und Anfang 1827 schrieb Schubert: »Meine gewöhnlichen Kopfschmerzen setzen mir schon wieder zu.« In diese Zeit fällt auch das einzige Konzert seines Lebens. Stets überkam ihn mit jedem neuen Schub der Krankheit die alte ahnungsvolle Schaffensunrast. Das Hauptwerk des Jahres 1828 ist – neben den gewaltigen drei letzten Klaviersonaten und der C-Dur-Sinfonie – die »Winterreise«. Nach der Vollendung dieses Liederzyklus fühlte sich Schubert ständig angegriffen, ohne daß jedoch sein Zustand besorgniserregend war. J. von Spaun berichtet: »Schubert war durch einige Zeit düster gestimmt und schien angegriffen. Auf meine Frage, was in ihm vorgehe, erwiderte er: ›Nun, ihr werdet bald hören und begreifen.‹ Eines Tages sagte er zu mir: ›Komme heute zu Schober, ich werde euch einen Kranz schauerlicher Lieder vorsingen. Sie haben mich mehr angegriffen, als dieses je bei anderen Liedern der Fall war.‹ Er sang uns nun mit bewegter Stimme die ganze Winterreise durch. Wir waren durch die düstere Stimmung dieser Lieder ganz verblüfft, und Schober sagte, es habe ihm nur ein Lied, ›Der Lindenbaum‹, gefallen. Schubert sprach hierauf nur: ›Mir gefallen diese Lieder mehr als alle, und sie werden euch auch noch gefallen . . .‹ «.

Im September 1828 begann Schubert ernstlich zu kränkeln. Es traten erneute Schwindelanfälle und »Blutwallungen« auf. Anfang Oktober unternahm er einen dreitägigen Ausflug bis nach Eisenstadt in Ungarn, wo er am Grabe Haydns weilte. Sein letztes Werk ist »Die Taubenpost« vom Oktober 1828.

Am 31. Oktober wollte er mit seinen Brüdern im Gasthaus einen Fisch verzehren. Nach dem ersten Bissen legte Schubert Messer und Gabel weg und erklärte, es ekle ihn vor der Speise; ihm sei, als habe er Gift genommen. Von nun an soll Schubert fast nichts mehr gegessen haben. Am 3. November hörte er in der Pfarrkirche von Hernals das »Requiem« seines Bruders Ferdinand und ging im Anschluß daran drei Stunden spazieren. Am 4. November meldete er sich bei Simon Sechter als Schüler an, um durch diesen Lehrer seine Kenntnisse von der Kunst des Fugensatzes zu erweitern. Dann legte er sich zu Bett, ohne jemand Bescheid zu sagen, erschien auch nicht im Gasthaus, was weniger auffiel, da Schubert bereits früher über Mangel an

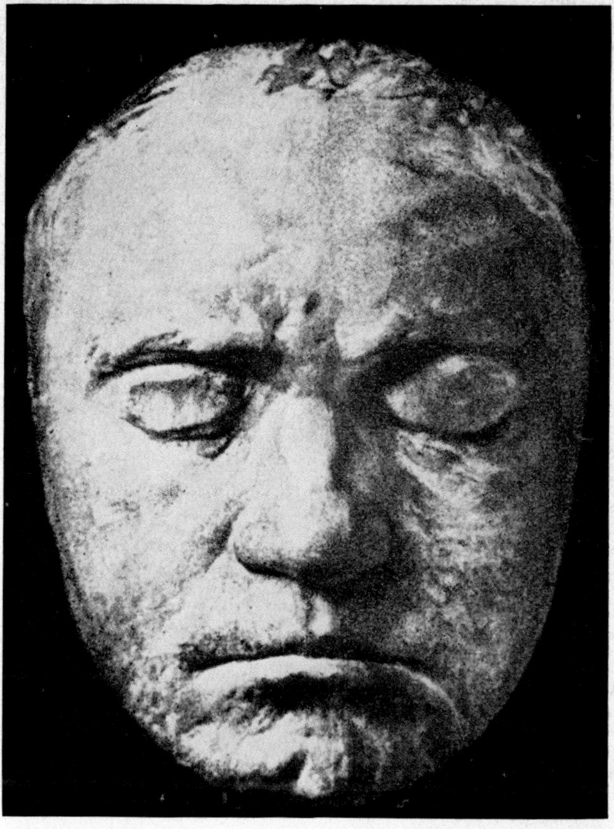

Ludwig van Beethoven
Lebendmaske von F. Klein aus dem Jahre 1812

Überleitung vom 3. zum 4. Satz der c-moll-Sinfonie. Über 15 Takte hinweg dürften hier die subjektiven Ohrgeräusche des Komponisten ihren Niederschlag gefunden haben

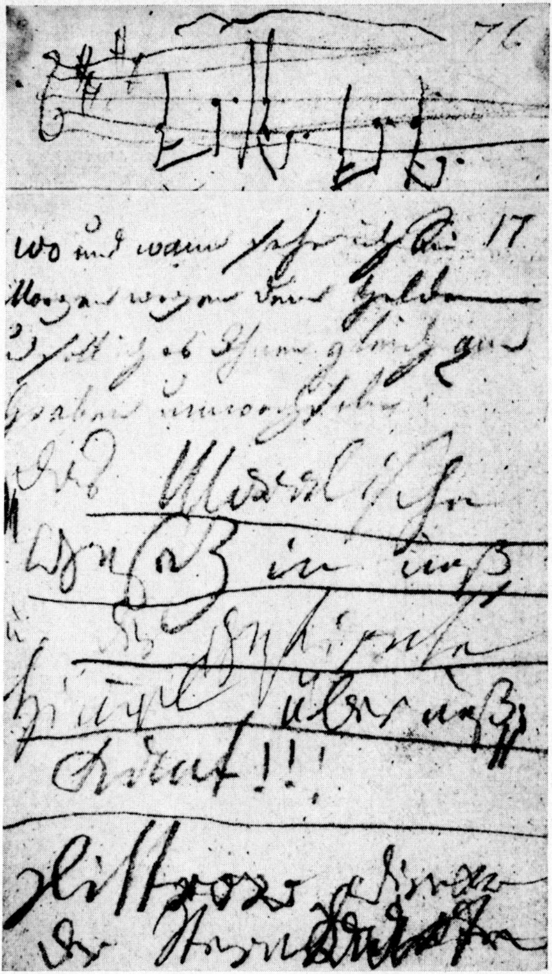

Eintragungen von Beethovens eigener Hand in die Konversationshefte. Oben das Anfangs-Thema der Sonate E-Dur, op. 109, darunter das bekannte Wort von I. Kant »Das Moralische Gesetz in uns und der gestirnte Himmel über uns – Kant!!!«

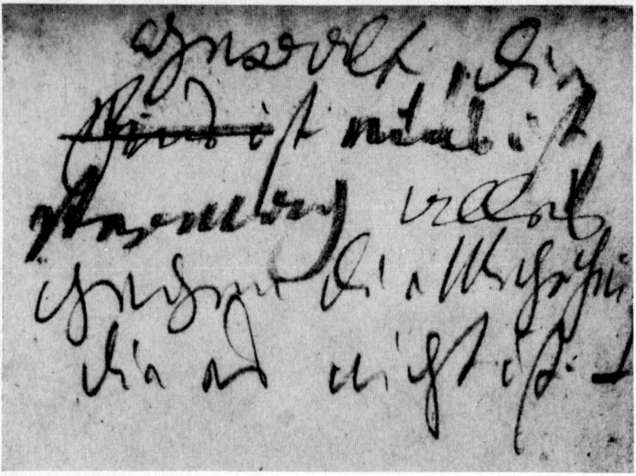

Eintragung von Beethovens eigener Hand in die Konversationshefte Frühjahr 1819: »Gewalt, die eins ist, vermag alles gegen die Mehrheit, die es nicht ist«

Die Klavierminiature g-moll für Sarah Burney Payne aus dem Jahr 1825

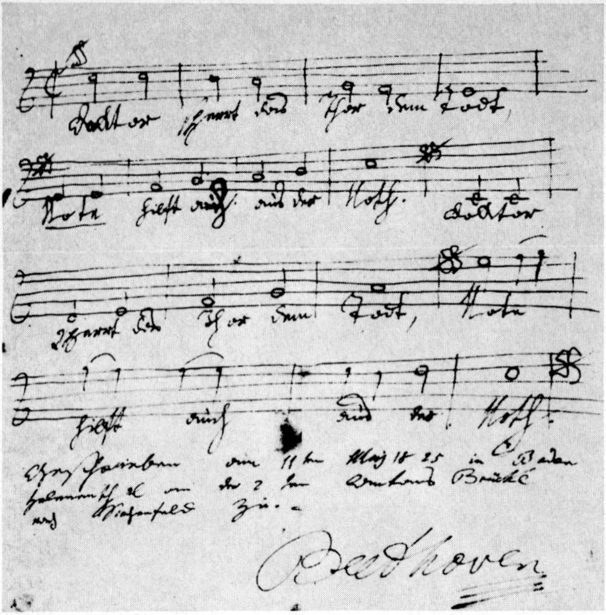

Kanon »Doktor sperrt das Thor dem Todt«, geschrieben am 11. Mai 1825 in Baden, Helenental

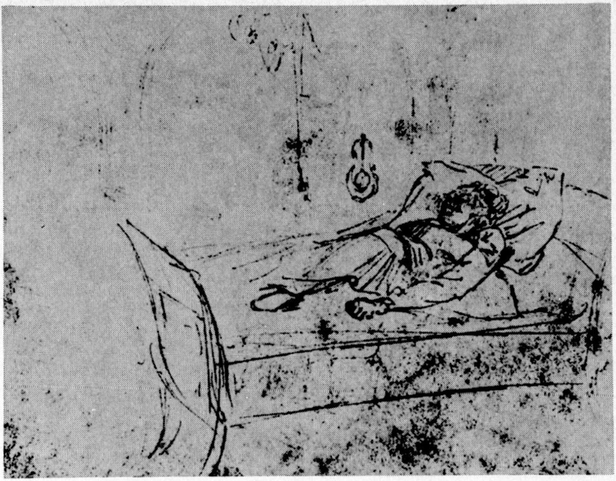

Ludwig van Beethoven auf dem Totenbett, Bleistiftzeichnung von J. Teltscher. Man sieht, daß der Aszites unvermindert fortbestand, trotz aller Punktionen

Beethovens Begräbnis am 29. März 1827. Das Aquarell von F. Stöber läßt eine ungeheure Menschenmenge vor seinem Sterbehaus, dem Schwarzspanierhaus, erkennen (im Hintergrund links der Sarg), die ihm das letzte Geleit gab

Appetit geklagt hatte. Zunächst versuchte Schubert noch, täglich ein paar Stunden aufzustehen, um die Korrekturen der »Winterreise« durchzusehen. Infolge zunehmender Erschöpfung mußte er aber auch dies bald unterlassen. Vom 11. November an legte sich Schubert ständig nieder, verfiel immer mehr, klagte nur über große Mattigkeit und Schlaflosigkeit, verspürte jedoch keine Schmerzen. Am 12. November schrieb er an Schober:

»Lieber Schober! Ich bin krank. Ich habe schon 11 Tage nichts gegessen und nichts getrunken, und wandle matt und schwankend von Sessel zu Bett und zurück. Rinna behandelt mich. Wenn ich auch was genieße, so muß ich es gleich von mir geben. Sey also so gut, mir in dieser verzweiflungsvollen Lage durch Lektüre zu Hülfe zu kommen. Von Cooper habe ich gelesen: Den letzten der Mohikaner, den Lootsen und die Ansiedler. Solltest du vielleicht noch was von ihm haben, so beschwöre ich dich mir solches bey der Fr. von Bogner im Kaffeehaus zu depositieren . . .«

Schubert war sehr pünktlich im Einnehmen von Arzneien und hatte deshalb eine Taschenuhr neben seinem Bett aufgehängt. Der behandelnde Arzt, Hofarzt Ernst Rinna von Sarenbach, erkrankte selbst. Die Behandlung übernahm jetzt der Stabsarzt Josef von Vering, der am 16. November mit Johann Baptist Wisgrill am Krankenbett ein Konsil abhielt. Das Ergebnis war die Annahme des bevorstehenden Überganges der Krankheit in Nervenfieber, welches sie mit Tee, Aderlaß, »Vesikaturpflastern« und Senfwickeln – wie aus der Abrechnung von Schuberts Bruder über die Unkosten bei Franzens Krankheit zu entnehmen ist – zu beherrschen versuchten.

Am 17. November klagte Schubert über Schwäche und Hitzegefühl im Kopf. Seine Freunde Bauernfeld und Lachner besuchten ihn, und Schubert, der eine mehrstündige

Unterredung mit ihnen führte, verlangte einen neuen Operntext. Doch war er sehr matt und in deprimierter Stimmung. »Schubert lag hart darnieder, klagte über Schwäche, Hitze im Kopf, doch war er noch des Nachmittags vollkommen bei sich, ohne Anzeichen des Irreredens.« Am gleichen Abend aber kam es zu heftigen Delirien und Bewußtseinstrübungen, ebenso am nächsten Tag. Während des 18. November wollte der Kranke das Bett verlassen und war der Meinung, in einem fremden Zimmer zu liegen. Schubert war räumlich desorientiert und sagte: »Nein, ist nicht wahr; hier liegt Beethoven nicht!« Seinem Arzt sah er starr ins Auge, griff an die Wand und murmelte: »Hier ist mein Ende.«

Das Familienverzeichnis von Schuberts Vater zeigt folgende Eintragung: Franz Peter . . . † Mittwoch, den 19. November 1828, nachmittags 3 Uhr (am Nervenfieber), begraben Samstag, 22. November 1828.

Schubert lag auf dem Totenbett, mehr einem Schlafenden als einem Entschlafenen gleichend. Seine Gebeine wurden zusammen mit denen Beethovens 1863 und 1888 exhumiert. Luische Veränderungen konnten am Skelettsystem Schuberts, welches eingehend photographiert wurde, nicht festgestellt werden. Unweit von Beethovens Grab setzte man 1888 Schuberts irdische Überreste auf dem Neuen Wiener Zentralfriedhof bei.

Die Diagnose seiner Todeskrankheit lautete bislang meist »Typhus«. Auch der Arzt W. Schweisheimer war 1921 noch der Ansicht, daß »die Dauer der Krankheit wie beim typischen Typhus drei Wochen betrug«. Hierbei wird immer wieder übersehen, daß Schubert bereits im Herbst 1828 ein todkranker Mann war, als ihn Schwindelanfälle und Kopfschmerzen (vgl. die Durchführung im Andantino der vorletzten Klaviersonate A-Dur!) beim Schreiben erheblich behinderten. Mitte Oktober 1828 hatte ihn A. Schindler nach Budapest eingeladen, um dort ein Privatkonzert zu geben. Allein der Meister konnte sich nicht mehr zu einem Antwortbrief entschließen.

Gegen die übliche Diagnose »Typhus« spricht das bis zuletzt erhaltene Bewußtsein, das Fehlen des Fiebers (welches erst final beobachtet wurde), das Fehlen der Durchfälle und die auch durch Kreissle von Hellborn mitgeteilte Schlaflosigkeit. Noch sieben Tage vor seinem Tode verlangte Schubert ja nach neuer Lektüre und zwei Tage vor seinem Ende nach einem neuen Operntextbuch! Da die auf uns gekommenen Berichte sehr spärlich sind, wurden nur Symptome wie Kopfweh, Erbrechen, Appetitlosigkeit und große Mattigkeit überliefert; erst ganz zuletzt kamen noch Bewußtseinstrübungen, räumliche Desorientiertheit und Fieber dazu. Die damalige vieldeutige Diagnose »Nervenfieber« umfaßte nicht nur den Typhus abdominalis, sondern auch alle fieberhaften Erkrankungen mit vorwiegenden Gehirnsymptomen (Delirien, Schlafstörungen, Bewußtlosigkeit vor dem Tode). So gesehen, gleicht Schuberts Todeskrankheit weitgehendst jenem klinischen Zustandsbild, das durch den spezifisch bedingten Verschluß einer Hirnarterie (basal oder im Bereich der Fossa Sylvii) verursacht wird. Zweifelsohne hat es sich hierbei um eine Spätfolge der früher durchgemachten venerischen Infektionskrankheit gehandelt, und sicher ist Paumgartner mit seinen Worten der Wahrheit näher gekommen, als viele ahnen: »Gleich zu Anfang des Jahres 1823 wurde Schubert von einer schweren Krankheit befallen. Sie war nicht mehr aus seinem Körper zu bringen, wenn sie auch seinen Tod nicht unmittelbar verschuldet hat.« Der bekannte Dermatologe Erich Hoffmann schrieb – unter Bezugnahme auf die Krankheiten von Beethoven und Schubert – im Jahre 1949: »Schuberts Erkrankung wird von dem Musikhistoriker L. Schiedermair auf Grund hinterbliebener, eindeutiger Rezepte bezeugt. Die Verheimlichung der Syphilis, unterstützt durch unsere Schweigepflicht, wird mit allen Mitteln geübt; das erschwert den historischen Nachweis ungemein; Beseitigung von Briefen, Rezepten und anderem Beweismaterial muß aber den Verdacht des Kenners wachrufen.«

In Beethovens breitem Schatten verschwand lautlos Schuberts schlichte Bescheidenheit (Dahms). Beethoven war in seinen späteren Jahren eine Berühmtheit, von der die Freunde jedes Briefstück aufhoben. Schubert spielte bei seinem Tode nur als Liederkomponist eine gewisse, wenn auch kleine Rolle. Der Mann, welcher einmal zu dem Schauspieler Anschütz sagte: »Mir kommt's manchmal vor, als gehörte ich gar nicht in diese Welt«, ist dem Ruhm immer in schlichter Selbstlosigkeit aus dem Wege gegangen. Das beweist nicht zuletzt eindrücklich seine einmal gegenüber Spaun geäußerte Bemerkung: »Er sei es ganz gewohnt, übersehen zu werden, ja es sei ihm dieses sogar recht lieb, da er sich dadurch weniger beengt fühle.« So ist es nicht weiter verwunderlich, daß er – naiv wie ein Kind – weder Gönner hatte noch suchte. Und dennoch war auch Schubert, der ewige Träumer und romantische Schwärmer, welcher im Adagio eines Paganini-Konzertes 1828 »einen Engel singen gehört« hatte, ein musikalisches Genie, das die Krankheit viel zu früh auslöschte.

Wie bei Beethoven nahm die damalige Presse auch von Schuberts Verscheiden keine Notiz. Erst zehn Jahre später entdeckte Robert Schumann die Partitur der C-Dur-Symphonie bei Ferdinand Schubert, schrieb einen flammenden Aufsatz darüber in der »Neuen Zeitschrift für Musik« und erwirkte 1839 die erste Aufführung im Leipziger Gewandhaus. Gerade er hatte die Bedeutung Schuberts wie kaum ein zweiter erkannt, als er die Worte fand: »Die Zeit, so zahllos und Schönes sie gebiert, einen Schubert bringt sie nicht wieder.«

FRANZ SCHUBERT

1. *Bingold, K.:* in: Handb. Inn. Med. (1952), Bd. I/1, S. 1436 ff.
2. *Dahms, W.:* Schubert, Berlin und Leipzig (1912).
3. *Demme, H.:* Die Gefäßsyphilis des Gehirns, Handb. Inn. Med. (1952), Neurol. Bd. 3, Teil III, S. 306.
4. *Deutsch, O. E.:* Franz Schubert: Die Dokumente seines Lebens, München und Leipzig 1914.
5. *Deutsch, O. E.:* Bühne und Welt, Bd. 9, S. 227, Berlin 1907.
6. *Franken, F. H.:* Das Leben großer Musiker im Spiegel der Medizin, Stuttgart 1959.
7. *Georgii, W.:* Klaviermusik, Atlantis-Verlag, Berlin, Zürich 1941.
8. *Hoffmann, E.:* Die Bedeutung der Syphilis für unser Fach und darüber hinaus. Arch. f. Dermat. und Syphilis, 189: 285 (1949).
9. *Költzsch, H.:* Franz Schubert in seinen Klaviersonaten, Leipzig 1927.
10. *Kreissle v. Hellborn, H.:* Franz Schubert, Wien 1865.
11. *Paumgartner, B.:* Schubert. Atlantis-Verlag, Zürich 1947.
12. *Schweisheimer, W.:* Der kranke Schubert, Zschr. f. Musikwiss. (1920/21) Heft 9/10, S. 552 ff.
13. *Volkmann, H.:* Medizinische Terminologie, München 1947.

ROBERT SCHUMANN
(1810–1856)

»Und könnte ich einmal diesen deutschen Namen verherrlichen durch Ton und Wort – was ist das für ein Gedanke, der mich so stürzt von Ewigkeit zu Ewigkeit, von Menschenalter zu Menschenalter!«

Robert Schumann wurde am 8. Juni 1810 in Zwickau geboren. Not und Entbehrungen, ständige Wegbegleiter vieler Komponisten, haben aber an seiner Wiege nicht Pate gestanden. Sein Vater, ein Verlagsbuchhändler, verfügte durch seinen rastlosen Fleiß über so ansehnliche Ersparnisse, daß einer gediegenen Ausbildung des Sohnes nichts im Wege stand. Der Vater starb im Alter von 53 Jahren »an den Folgen eines tief eingewurzelten Nervenübels«; die blutsmäßig mit Lessing verwandte Mutter, welche ihren Gatten um zehn Jahre überlebte, wurde 65 Jahre alt und soll zuletzt an Depressionszuständen gelitten haben. Robert Schumann hatte noch vier ältere Geschwister. Die psychisch erheblich alterierte Schwester Emilie beging im Alter von 19 Jahren Selbstmord. Die drei Brüder starben vor der Vollendung der 5. Lebensdekade im Alter von 28, 40 und 48 Jahren an verschiedenen Krankheiten.

Robert Schumann entstammte einer Familie, in welcher die Tonkunst keineswegs heimisch war. Die ersten schöpferischen Versuche des Jungen, der gewiß nicht als Genie imponierte, aber bereits auf der Schule wußte, daß er später einmal berühmt werden würde, weisen ins literarische Gebiet. Diesem blieb er auch bis zu seinem Tode in der ihm eigenen Ambivalenz künstlerischer Aussagefähigkeit treu – wohl wissend, daß die Menschen seiner romantischen Zeit vom geschriebenen Wort eine Heilswirkung erwarteten. Schumanns gesteigerte Empfänglichkeit für die verborgenen Schwingungen von Wort *und* Klang erklärt seine früh erkennbare, übersensible Verhaltensweise, welche ihn als Romantiker – besonders zur Zeit des Gymnasialabiturs (1828) unter dem Einfluß von Jean Paul – in eine Situation drängte, die ihn stets faszinierte und insgeheim beherrschte: die des Doppelgängers!

In Schumanns Tagebüchern findet man als ein bezeichnendes Zeitsymptom der Romantik eine exzessive Selbstanalyse; sein dort erkennbarer Weltschmerz versteht sich letzten Endes als unüberbrückbares Spannungs- und Mißverhältnis von Mensch und Leben. Gerade die Künstler dieser Ära, deren Geistigkeit in nie wiederkehrender Einmaligkeit das Kosmische und unaussprechliche Metaphysische berühren und deren Dasein nicht selten den Stempel von Weltschmerz und Weltekel trägt, sind in besonderem Maße gefährdet: Novalis stirbt mit 28 Jahren, Kleist mit 34; Robert Burns wird nur 37 Jahre alt, Lord Byron 36; Lenau sinkt mit 42 Jahren in geistige Umnachtung, Hölderlin ist 36 Jahre lang geisteskrank; Franz Schubert, Prototyp des romantischen Musikers, lebte nur 31 Jahre, Mendelssohn rafft mit 38 Jahren, Carl Maria von Weber mit 39 Jahren der Tod dahin.

Schumanns dichterische Anlage behielt lange gegenüber seiner Neigung zur Musik die Oberhand. Der Vater, welcher sein musikalisches Talent erkannte, wollte ihn durch

Carl Maria von Weber ausgebildet wissen – aber beide starben unerwartet. »Hinausgeworfen in das Dasein, geschleudert in die Nacht der Welt, ohne Führer, Lehrer und Vater – so stehe ich nun da!« Deshalb begann Schumann ab Ostern 1828 auf den Wunsch der Mutter und der Brüder mit dem Studium der Rechte an der Leipziger Universität. Doch die Juristerei vermochte Schumann ebensowenig zu begeistern wie das eigentliche Studentenleben. Die spätere Übersiedlung nach Heidelberg, eine Rhein- und Italienreise ließen den Plan, Musiker zu werden, nur noch mehr in ihm reifen, und im Jahre 1830 stellte er seine Mutter vor die vollendete Tatsache, daß er sich künftig bei Friedrich Wieck in Leipzig zum Klaviervirtuosen ausbilden lasse.

Aber die Pianistenlaufbahn erwies sich bald als Selbsttäuschung. Trotz intensivster Übung wollte sich der erhoffte Erfolg auf dem Instrument nicht einstellen. Sicher ist, daß auch das Interesse am virtuosen Klavierspiel bald dahin war – der technische Leerlauf schematischer Fingerübungen stand im scharfen Kontrast zu Schumanns tiefem Musikgefühl. »Eine von Schumann erfundene Vorrichtung, die die Unabhängigkeit der Finger befördern sollte, indem sie den vierten Finger vermittelst einer Schlinge in einer gewissen Höhe hielt, während die anderen Finger übten, hatte die unglückliche Wirkung, daß eine Erschlaffung der Sehnen eintrat, die sich allen Mitteln zum Trotz als unheilbar erwies«, teilte uns später seine Tochter Eugenie mit. Am 5. Mai 1832, also noch ehe es zur Ausbildung jener Tendovaginitis stenosans (komplizierte Sehnenscheidenentzündung) im Bereich des dorsalen Querbandes der Hand kam, hatte sich jedoch Schumann bereits schriftlich unmißverständlich dahingehend geäußert, daß er »an den reisenden Virtuosen nicht denke«. So kam ihm diese Krankheit im Grunde gar nicht einmal ungelegen, obwohl er während des ganzen Jahres 1833 und noch bis in den März 1834 seinen Angehörigen über die Mißerfolge der allopathischen, homöopathischen und elektrophysikalischen »Therapie des Fingerübels« eingehend Bericht erstattete. »Klavier spiele ich wenig noch; erschrecken Sie nicht – (auch ich bin resigniert und halte es für eine Fügung), an der rechten Hand habe ich einen lahmen, gebrochenen Finger.« – Mit um so größerer Freude erfüllte dafür Schumann die Zuneigung von Friedrich Wiecks Tochter Clara, welche nicht nur ein musikalisches Wunderkind, sondern außerdem noch von ungewöhnlicher Schönheit war. »Du mußt einmal meinen Robert heiraten«, hatte Schumanns Mutter bereits 1828 dem um 9 Jahre jüngeren Mädchen zugeflüstert. Und Robert Schumann sah in der Virtuosin Clara die künstlerische Verwirklichung seines nie erreichten pianistischen Fernzieles. »Als du mir den ersten Kuß gabst, da glaubt' ich mich einer Ohnmacht nahe, vor meinen Augen wurde es schwarz, das Licht, das dir leuchten sollte, hielt ich kaum.« Ihr Vater jedoch beurteilte die gegenseitige Bindung, erst recht nach dem Scheitern von Schumanns Virtuosenkarriere, mit äußerster Skepsis.

Schumanns Schaffen im Reiche der Tonkunst begann bezeichnenderweise über den Umweg einer schriftstellerischen Leistung, der Gründung jener von ihm ins Leben gerufenen »Neuen Zeitschrift für Musik« (1834). Deren Schriftleitung hatte er zehn Jahre inne, bis er sich, auch dieser Tätigkeit überdrüssig, von dem Blatt trennte. Sein musikalisches Werk wuchs nicht etwa in kontinuierlicher Entwicklung, sondern in inkohärenten Sprüngen: Zunächst komponierte er ausschließlich Klavierwerke (bis op. 23), ab 1840 folgten dann Lieder mit Klavierbegleitung (einschließlich der melancholischen Gesänge nach Texten von J. Kerner und F. Rückert, op. 35 und 37), ein Jahr später ist es die Sinfonie, bis Schumann sich schließlich über die Kammermusik immer mehr anderen, neuen Kunstgattungen zuwandte.

Schon die »Papillons« (op. 2) weisen auf Schumanns latentes Doppelwesen hin. Neben vielen durch die Zeit und die äußeren Umstände zum Teil erklärlichen Eigenschaften zeigt Schumann auch Besonderheiten, die man mit der Romantik nicht mehr recht in Zusammenhang bringen kann. In seinen »Davidsbündlertänzen« erscheinen über den einzelnen Sätzen weitschweifige textliche Exegesen, welche schon von den Zeitgenossen mit Kopfschütteln quittiert wurden und etwa lauten: »Hierauf schloß Florestan, und es zuckte ihm schmerzlich um die Lippen«; »Ganz zum Schluß meinte Eusebius noch Folgendes; dabei sprach aber viel Seligkeit aus seinen Augen.« Alle Abschnitte sind mit F. oder E., oft auch mit F. *und* E. unterzeichnet, Symbole für das vorgenannte Doppelgängertum. Darüber hinaus finden sich in den Handschriften der ersten Werke noch zahlreiche anderweitige graphische Absonderlichkeiten, auf deren Reproduktion sich allerdings die Verleger nicht einließen.

Robert Schumann war von stattlicher, großer Statur, und seine vornehme Körperhaltung hatte in gesunden Tagen etwas Gehobenes, Feierliches. Leise auftretend, daheim mitunter auf den Zehenspitzen gehend, erschien sein Gang verhalten und schleifend. Über der breiten Stirn wölbte sich langes, dunkelbraunes Haar, die breite Nase wurde von graublauen Augen flankiert, deren Ausdruck im Laufe des Lebens viel vom einstigen Glanze der Jugend verloren. Außerdem hielt er sie meist gesenkt oder halb geschlossen, da er auch stark kurzsichtig war. Im Verein mit der schwachen, tonlosen Stimme, die zeitlebens mehr den Eindruck eines Fürsichhinsprechens als Redens vermittelte, schien Schumann bereits im mittleren Alter seiner Umgebung ein introvertierter und »brütender« Mensch zu sein, da er auch die Lippen beim Nachdenken in angedeuteter Pfeifstellung zuzuspitzen pflegte. Bier, Wein, Champagner und starke Zigarren benötigte er schon während der Studentenzeit in reichem Maße, und ihre belebende Wirkung wurde gerade während des späteren inspiratorischen Tiefstandes obligat.

Im Grunde ungesellig und äußerst verschlossen, bedeuteten ihm selbst die besten Freunde nur eine Bereicherung von Heim und Familie, keinesfalls aber einen ersehnten Kontakt mit der Außenwelt, den Schumann stets geschickt vermied.

Unter allen Großen im Reiche der Tonkunst ist das Innenleben von Schumann wahrscheinlich das komplizierteste und am meisten gefährdete gewesen, welches von ständig quälenden seelischen Belastungen heimgesucht wurde, die seine biologische Kraft langsam, aber stetig, zersetzten. Er fühlte sich von dämonischen Kräften beherrscht, die um *ihre* Herrschaft rangen und ihm *seine* Machtlosigkeit zeigten, so daß ihm der Rückzug in das ausgleichende Milieu der Arbeit wie eine Zuflucht erschien. Die Natur hatte ihn von Geburt an gezeichnet; instinktiv ahnte er seinen frühen Tod. Robert Schumann ist ein klassisches Beispiel dafür, wie sehr sich bei überdurchschnittlich Begabten die Differenzierung auf Kosten der Vitalität vollziehen kann.

Bereits vom 15. Lebensjahr an wurde der bisher lustige und gesellige Knabe, nicht zuletzt durch den Verlust von Vater und Schwester (später noch durch den Tod des Bruders Julius und der Schwägerin Rosalie), verschlossen und schweigsam. Im Herbst 1827 vertraute der Gymnasiast seinem Tagebuch an: »Die Lebensgeister sind oft wie verschwunden, und ich war schon oft dem Wahnsinn nahe.« – Gehörshalluzinationen erlebte Schumann bereits im Alter von 18 Jahren: »Ewige Musik während der Nacht und kein Einschlafen«, doch muß man solche Berichte bei einem Tonkünstler mit Vorbehalt bewerten. Neben einer Höhenangst, die sich früh einstellte und ihn nie mehr verließ, überfiel Schumann 1831 in Leipzig eine Choleraphobie, so daß er zur Erhaltung seines Lebens schon nach Rom reisen wollte. 1833 notierte er: »Heftiger Blutandrang, unaussprechliche Angst, Vergehen des Atems, augenblickliche Sinnesohnmacht wechseln rasch.« Er glaubte während einer

Oktobernacht seinen Verstand zu verlieren und wollte sich aus dem Fenster stürzen, um durch den Tod dem Wahnsinn zu entgehen. 1834 heißt es in einem Brief: »Ich kann kaum meiner Krankheit Herr werden, die eine recht niederdrükkende Melancholie ist.« Am 4. Oktober 1837 trägt Schumann in sein Tagebuch ein: »Bis zur Pein mich selbst gequält mit fürchterlichen Gedanken.« Am 10. Oktober: »Der Untergang ist nahe oder der Anfang eines neuen Lebens... mir ist genauso, als würde ich Armer von Sinnen kommen.« 1837 spricht er zu Clara über die »ganz dunkle Seite« seines Lebens: er möchte ihr ein »tiefes Geheimnis seines schweren psychischen Leidens« offenbaren, das sich an die Jahre vom Sommer 1833 anschließt. 1838 schreibt er an Clara, er habe ihre Stimme ganz laut neben sich gehört, nachdem er lange an sie dachte. Am 1. August 1838 findet sich der Tagebucheintrag: »Dienstag den ganzen Tag und die Nacht darauf, die fürchterlichste meines Lebens, ich dachte, ich müßte verbrennen vor Unruhe, etwas Schreckliches.« Im gleichen Jahr geriet Schumann vor seiner Reise nach Wien in eine schwere innere Konfliktphase, die ihn bis an den Rand des Selbstmordes brachte.

Nach jahrelanger Trennung, pausenlosen Kämpfen und unvorstellbaren Schwierigkeiten – die Heiratserlaubnis hatten sie durch Gerichtsbeschluß gegen den Schwiegervater erzwingen müssen – schlossen Robert Schumann und Clara Wieck im Jahre 1840 den Bund fürs Leben. Die in den nächsten Jahren entstandenen Werke gehören zum Reifsten und Vollendetsten, was Schumann geschrieben hat. In seiner Frau fand er die geniale Interpretin der eigenen Werke, die treusorgende Mutter und aufopferungsbereite Lebenskameradin – aber diese Ehe zweier Gleichwertiger beschwor auch zahllose problematische Situationen herauf, weil die geltungsbedürftige Gattin ihren Mann zu fortlaufender, übersteigerter musikalischer Produktion trieb, während sich der bescheidene Künstler im Schatten einer gefeierten und immer reiselustigen Virtuosin nicht selten in die unfreiwillige Rolle eines Prinzgemahls gedrängt sah. Außerdem traten auch deshalb bald Spannungen in der Ehe auf, weil das Geld nicht reichte und Clara ihre Karriere nicht aufgeben wollte – Schumann jedoch alles daranzusetzen versuchte, in der Stille lediglich seinen Inspirationen zu leben und ihr Klavierspiel zu korrigieren. Da er als Komponist noch ziemlich unbekannt war, andererseits als Interpret der eigenen Werke kaum in Frage kam, blieb er in seiner weltfremden Hilflosigkeit ständig von ihr abhängig.

1842 sind im Rechnungsbuch wiederholt »Schwindelanfälle« und »große Nervenschwäche« erwähnt, Symptome, die während der Konzertreise des Ehepaares nach Rußland im Sommer 1844 (Schumann war seit 1843 als Musiklehrer am Leipziger Konservatorium tätig) erschreckenden Umfang annahmen. In Dorpat mußte Schumann mehrere Tage wegen »rheumatischer Beschwerden mit Angsterscheinungen« das Bett hüten. Trübste Melancholie und heftige Schwindelanfälle machten ihm den Aufenthalt in Moskau zum Martyrium, darüber hinaus: »Kränkungen kaum zu ertragen, und Claras Benehmen dabei!« – wie in den Tagebuchaufzeichnungen zu lesen steht. Nach der Heimkehr im Juni 1844 trat »ein Zustand völliger nervöser Erschöpfung« ein, unter »Aufopferung der letzten Kräfte« vollendete Schumann einen Teil seiner »Faust«-Musik, aber selbst durch das Zimmer konnte er zuletzt nicht mehr gehen, so daß er sich ins Bett legen mußte. Hinzu kam noch, daß nicht er, sondern Gade als Dirigent der Leipziger Gewandhauskonzerte berufen wurde. »Es vergingen nun schreckliche Tage. Robert schlief keine Nacht, seine Phantasie malte ihm die schrecklichsten Bilder aus, früh fand ich ihn gewöhnlich in Tränen schwimmend, er gab sich gänzlich auf.« Vergiftungsangst und Todesfurcht, ferner eine Scheu vor metallenen Gegenständen werden jetzt ebenfalls erwähnt. Der homöopathische Arzt verordnete Bewegung, Sturzbäder und die Enthaltung von jeder Arbeit. Ende Mai 1845 notierte Schumann: »Finstere Dämonen beherrschen mich.« Eine für August des gleichen Jahres geplante und bereits angetretene Reise an den Rhein mußte infolge schwerer Schwindelzustände schon in Weimar abgebrochen werden, »und andauerndes Übelbefinden, das den Mitteln des Hofrates Carus nicht weichen wollte, veranlaßte im Oktober den Entschluß, in Zukunft nichts Allopathisches mehr einzunehmen.« Nach einer vorübergehenden Besserung im Winter traten dann im Jahre 1846 beängstigende Hörstörungen auf, Schumann vernahm ein beständiges Singen und Brausen im Ohr, so daß ihm jedes Geräusch zu Klang wurde (Tagebuch vom 4. März 1846). Völlige körperliche Ruhe und der Gebrauch von Biliner Wasser schafften allmählich Linderung. Dennoch blieb eine tiefe Hypochondrie neben großer Mattigkeit zurück, die jeden Spaziergang zur Qual machten. Diese Beschwerden und der ständige »Blutandrang nach dem Kopf« schwanden erst während einer Badekur auf Norderney im Juli/August 1846. Das Schachspiel, wobei Schumann zuletzt wiederholt ohnmächtig wurde, mußte er dennoch ganz aufgeben. Die Schwindelanfälle verließen ihn auch in den nächsten Jahren nicht. Trotzdem ist das Jahr 1849 als sein gesundheitlich bestes und mengenmäßig produktivstes seit langer Zeit zu bezeichnen: Er komponierte die »Faust«-Musik und schuf außerdem 30 Werke von wechselnder Qualität.

Im Jahre 1850 wurde Schumann als städtischer Musikdirektor nach Düsseldorf berufen, und zunächst schienen Glück und Erfolg sich noch einmal auf seine Seite schlagen zu wollen. Aber schon bald erwies sich der übernommene Posten als untragbar. Eine zunehmende Schwäche der Sprache erschwerte die Verständigung mit den Orchestermitgliedern. Der noble, introvertierte Mann, welcher während der Proben häufig vor Erschöpfung pausieren mußte, war weder der geborene Stabführer noch im Organisatorischen den zahllosen Kämpfen und heimlichen Intrigen, welche ein großstädtischer Musikbetrieb mit sich zu bringen pflegt, gewachsen. Rheumatische Beschwerden, schwere Depressionen und eine anhaltende Schlaflosigkeit stellten sich im Frühjahr 1852 ein. Rheinbäder und die Erholungsreise des Ehepaares nach Scheveningen im August des gleichen Jahres zeitigten kaum einen Erfolg, Schwindelanfälle und Gehörstäuschungen folgten, auch schienen jetzt Schumann mitunter beim Dirigieren alle Tempi zu schnell. Rückblikkend schrieb er: »Ich lag fast die Hälfte des Jahres sehr krank darnieder an einer tiefen Nervenverstimmung.« Die Kälte des Publikums wuchs in zunehmendem Maße. Im Juli 1853 befiel Schumann ein »Nervenschlag«, und der behandelnde Arzt konstatierte: »Das ist ein verlorener Mann, der hat ein unheilbares Gehirnleiden.« Im Spätherbst 1853 wurde Schumann als Konzertleiter völlig ausgebootet. Als er im Oktober von dem Maler Laurens gezeichnet wurde, beobachtete der Künstler die abnorme Erweiterung der Pupillen in einem Antlitz, das seit Jahren an maskenhafter Starre und femininer Weichheit gewann. Immer war es der Ton a, welcher den Meister in stillen Stunden bedrängte, und nur die Konzertreise nach Holland mit ihrem triumphalen Erfolg *auch des Komponisten* Schumann brachte den letzten Lichtblick. Mehr und mehr zog es den enttäuschten und verbitterten Mann in den Bereich des Magisch-Okkulten:

»Als ich im Mai 1853 mich besuchsweise in Düsseldorf aufhielt und eines Nachmittags in Schumanns Zimmer trat, lag er auf dem Sofa und las in einem Buche, welches von dem Mysterium des Tischrückens handelte. Auf mein Befragen, was der Inhalt des letzteren sei, erwiderte er mit gehobener feierlicher Stimme: ›Oh, wissen Sie noch nichts vom Tischrücken?‹ Hierauf öffneten sich weit seine für ge-

Franz Schubert (1797–1828)
Lithographie von Kriehuber (1846)

Robert Schumann (1810–1856) in seinem 30. Lebensjahr nach einer Lithographie von Kriehuber

wöhnlich halbgeschlossenen, in sich blickenden Augen ... und mit eigentümlich geisterhaftem Ausdruck sagte er unheimlich langsam: ›Die Tische wissen alles!‹«

Als Schumann am 30. September 1853 in sein Tagebuch die Worte »Herr Brahms aus Hamburg« eintrug, war er in dreifacher Hinsicht an einem Endpunkt angekommen. Seine Stellung als städtischer Musikdirektor hatte er praktisch verloren; ein neues anderweitiges Engagement nahm noch keine greifbaren Formen an. Ferner konnte Schumann nicht verborgen bleiben, daß seine erschlaffende Inspiration seit Jahren ihren Ausdruck in gesteigerter Quantität auf Kosten der Qualität fand und sich das Eindringen in große Formen (Oper »Genoveva«, »Faust«-Musik, Oratorien und Requiem) als unmißverständlicher Fehlschlag erwies. Ganz unverblümt lehnten Clara und der Geiger Joachim die Aufführung seines letzten Violinkonzertes ab. – Im Vergleich mit dem sichtlich alternden Schumann schien die Natur dem juvenilen Brahms, dessen künstlerische Entwicklung Schumann noch in einem Zeitungsartikel wärmstens förderte, alle Gaben in verschwenderischer Fülle in den Schoß gelegt zu haben, und diese Tatsache dürfte auch Clara nicht unbemerkt geblieben sein. Brahms zog bereits Ende Oktober 1853 in die Schumannsche Wohnung und übernahm unmittelbar nach Schumanns Einlieferung in die Heilanstalt sehr zum Befremden von Verwandten und Bekannten die Rolle des Oberhauptes der Familie; er wurde auch der Pate des letzten Sohnes Felix, welcher im Juni 1854 zur Welt kam. Zu derselben Zeit, da sich Schumann im Januar 1854 mit der Sammlung musikalischer Zitate für seinen »Dichtergarten« befaßte, dürfte auch ein latentes Zerwürfnis mit der Lebensgefährtin hinzugekommen sein. Anfang Februar 1854 begann sich die gesundheitliche Katastrophe bereits abzuzeichnen, als Schumann an J. Joachim schrieb: »Nun will ich schließen, es dunkelt schon, mit sympathetischer

Tinte habe ich Euch oft geschrieben, und auch zwischen den Zeilen steht eine Geheimschrift, die später hervorbrechen wird.«

Vom 10. Februar an traten peinliche Gehörsaffektionen in Erscheinung. Freitag, den 17., stand Schumann nachts auf und notierte ein Thema, »welches ihm die Engel vorsangen«. Am Morgen verwandelten sich deren Stimmen in Dämonenstimmen mit gräßlicher Musik. Er schrie vor Schmerzen, denn sie waren in Gestalt von Tigern und Hyänen auf ihn losgestürzt, um ihn zu packen. Die Ärzte brachten den Kranken zu Bett. Die nächsten Tage ließen keine Änderung der Situation erkennen; nur fällt jetzt auf, daß er Clara aufforderte, sich von ihm zu trennen, und er ihr nicht mehr gestattete, nachts bei ihm zu bleiben. Sie suchte bei einer Nachbarin Schutz; Robert drängte auf seine Einlieferung in die Heilanstalt, da auch die Beschäftigung mit der Korrektur seines Cellokonzertes ihn nicht aus diesem peinvollen Zustand befreien konnte. Am Fastnachtsmontag, den 27. Februar 1854, unternahm Schumann einen Suizidversuch, indem er sich in einem unbewachten Augenblick aus dem Haus stahl und in den Rhein stürzte. Er warf zuerst seinen Trauring in die Fluten und sprang dann selbst von der Brücke in den Strom, welcher für ihn – wie der feuerspeiende Berg des Ätna für Empedokles – zum Symbol der Vereinigung des Vergänglichen mit der Urkraft göttlicher Elemente werden sollte.

»Zuletzt sah ich meinen Vater an jenem Tag, als er aus dem Hause ging, um sich das Leben zu nehmen. Ich hatte eine Weile vor der Mutter Schreibtisch gesessen, da öffnete sich die Tür des Nebenzimmers, und mein Vater stand darin in seinem Schlafrock. Sein Gesicht war ganz weiß – als er mich erblickte, schlug er beide Hände vor das Gesicht und sagte: ›Ach Gott!‹ Darauf verschwand er wieder. Ich ging in des Vaters Stube – sie war leer. Als ich nun auf die Straße kam, sah ich von weitem einen großen Troß Menschen mit viel Lärm mir entgegenkommen (Schiffer hatten ihn aus dem Fluß gezogen), und als ich näher hinzukam, erkannte ich meinen Vater, der von zwei Männern unter den Armen gestützt wurde und der die Hände vor sein Gesicht hielt . . . Mein Vater bekam nun einen Wärter, und nach einigen Tagen (am 4. März) wurde er eines Morgens in einer Droschke fortgebracht. Wir Kinder standen oben am Fenster und sahen ihn einsteigen. Die Droschke wurde in den Hof gefahren, um Aufsehen zu vermeiden. Dr. Hasenclever und der Wärter stiegen zu ihm ein. Uns Kindern hatte man gesagt, unser Vater würde in kurzer Zeit ganz gesund wieder heimkommen, die Mädchen aber, die bei uns standen und mit zusahen, weinten.«

Ohne Clara auch nur eines Blickes zu würdigen – er hat sich dann nach seiner Einlieferung in die Heilanstalt auch monatelang nicht nach ihr erkundigt und bekam ihr Bild erst ein Jahr später zugestellt –, verließ Schumann seine Wohnung und langte nach achtstündiger Fahrt in der Heilstätte Endenich bei Bonn an, wo er völlig isoliert wurde. Dort besserte sich sein Zustand sehr rasch, so daß Schumann wiederholt Spaziergänge unternahm und auch komponierte, darunter den Choral: »Wenn mein Stündlein vorhanden ist, aus dieser Welt zu scheiden.« Die Halluzinationen verflüchtigten sich, Schumann war nur leicht räumlich desorientiert. Doch kehrten die Beängstigungen noch oft wieder; der Kranke ging dann unruhig im Zimmer auf und ab, kniete zuweilen nieder und rang die Hände. Bereits im Spätsommer 1854 machte er auf seine Besucher einen völlig normalen Eindruck, allerdings erschöpften sich die späteren Briefe an seine Frau mehr in allgemeinen Reminiszenzen als in privaten Gefühlsbezeugungen. Nirgendwo ist darin von der Zukunft die Rede, von einer gemeinsamen Zukunft schon gar nicht. Freunde besuchten den Kranken wiederholt; seine Gattin jedoch, deren Blumenbuch zahlreiche Pflanzen enthält, die sie 1855 auf wiederholten Wanderungen mit Brahms pflückte, reiste erst ganz kurz vor Schumanns Ende nach Endenich. Schumanns Briefe an seinen Verleger Simrock vom März und April 1855 sind klar und stilistisch vollkommen. Die unverkennbare subjektive Besserung von damals ist auch ärztlicherseits belegt. Mitte Mai 1855 besuchte ihn Bettina von Arnim und berichtete darüber an Clara:

»Liebe Freundin! Durch Ihre Vermittlung habe ich Herrn Schumann zu sehen bekommen. Durch einen öden Hof und ein ödes Haus kamen wir in ein leeres Zimmer ... Hier harrten wir des Arztes. Ich drang darauf, Ihren lieben Mann zu sehen, so führte er uns wieder durch öde Gänge in ein zweites Haus, worin es so stille war, daß man eine Maus hätte laufen hören können ... ich eilte ihm entgegen, die Freude erglänzte auf seinem Antlitz, uns zu sehen. Er sagte mir mit Worten, die er nur mit Mühe aussprechen konnte, das Sprechen sei ihm immer schwer geworden, und nun er seit länger als einem Jahr mit niemand mehr rede, habe dieses Übel noch zugenommen. Er unterhielt sich über alles, was ihm Interessantes im Leben begegnete ... er ist einzig angestrengt, sich selbst zu beherrschen, allein wie schwer wird ihm dies, wo er von allem, was ihm heilsam und ermunternd sein könnte, geschieden bleibt? Man erkennt deutlich, daß sein überraschendes Übel nur ein nervöser Anfall war, der sich schneller hätte beenden lasen, hätte man ihn besser verstanden oder auch nur geahnt, was sein Inneres berührt ... Ich höre mit Freuden, daß Sie ihn recht bald wieder im Kreis seiner Familie erwarten, und diese Rückkehr zu den Seinen erfüllt seine ganze Sehnsucht ...«

Doch jener letzte Vorschlag stieß in Düsseldorf auf wenig Gegenliebe, auch zu einem Milieuwechsel konnte man sich nicht entschließen, obwohl Schumann brieflich darauf drängte:

»Ganz fort von hier! Über ein Jahr, seit dem 4. März, ganz dieselbe Lebensweise und dieselbe Aussicht auf Bonn.

Woandershin! Überlegt es euch! Benrath ist zu nah, aber Deutz vielleicht oder Mühlheim.« (Brief vom 14 März 1855.)

Als Schumann merkte, daß seinem Anliegen nicht entsprochen wurde, sank er zunehmend in Lethargie. Im Sommer 1855 erblickte ihn sein Freund J. v. Wasielewski durch eine geöffnete Tür am Klavier: »Da war es denn herzzerreißend, den edlen, großen Mann in voller Gebrochenheit seiner geistigen und physischen Kräfte sehen zu müssen...« Schon jetzt traten neben Geruchs- und Geschmacksstörungen stärkere Schwellungen an den Füßen auf, und Schumanns Kräfte gingen mehr und mehr zurück. Da ihm keine andere Möglichkeit der Beschäftigung blieb, befaßte er sich schließlich mit der alphabetischen Zusammenstellung von Städtenamen und Ländern aus einem großen Atlas, welchen ihm Brahms zum Geburtstag geschenkt hatte.

Beim letzten Besuch Claras am 27. Juli 1856 konnte er sich kaum noch bewegen und brachte mühsam die Worte »Meine – ich kenne« hervor. Monate vor seinem Tode schon stieß Schumann nur noch unartikulierte Laute aus. Während des 28. Juli kamen fortgesetzt schwere Krämpfe am ganzen Körper hinzu, welche Brahms und Clara durch das kleine Fenster in der Wand wahrnahmen. Seit Wochen hatte Schumann fast jede Nahrungsaufnahme verweigert, jetzt nahm er aus Claras Hand doch noch etwas Wein und Gelee. Am Dienstag, dem 29. Juli, wurde Schumann von seinem Leiden erlöst. »Seine letzten Stunden waren ruhig, und so schlief er auch ganz unbemerkt ein, niemand war in dem Augenblick bei ihm. Ich selbst sah ihn erst eine halbe Stunde später . . .«, heißt es in den Aufzeichnungen von Schumanns Witwe.

*

Robert Schumanns Krankheit hat im Laufe der letzten hundert Jahre eine sehr unterschiedliche Beurteilung erfahren, und die Wandlung der differentialdiagnostischen Erwägungen birgt zugleich ein Stück Medizingeschichte in sich. Da fast alle Dokumente aus der Endenicher Zeit wie überhaupt die meisten nosologischen Unterlagen mit voller Absicht einbehalten oder vernichtet worden sind, ist eine objektive Diagnose nicht leicht. Wie sehr diese den zeitbedingten Modeströmungen unterworfen war, wird durch die Tatsache erhellt, daß selbst ein so verantwortungsbewußter Autor wie Möbius im Jahre 1906 seine bisherige Diagnose »Progressive Paralyse« in »Schizophrenie« abänderte.

Zu der Annahme einer Paralyse gelangten die Psychiater wohl deswegen, weil der behandelnde Arzt, Dr. Richarz vom Endenicher Sanatorium, der auch ein Sektionsprotokoll verfaßte, dem Biographen Wasielewski eine Abschrift des Gehirnbefundes überließ. Danach sollen eine Hyperämie im Bereich der Hirnbasis, Knochenwucherungen an der Basis, Verdickungen und Verwachsungen der beiden inneren Hirnhäute mit der Rindensubstanz sowie eine Hirnatrophie vorgelegen haben. Leider ist auch die Krankengeschichte verschwunden. Dr. Richarz verfaßte noch einen Artikel, der am 15. August 1873 in der »Kölnischen Zeitung« erschien. Hierin heißt es:

»Schumanns letzte verderbliche Krankheit war nicht eine primär-spezifische Geisteskrankheit. Sie bestand vielmehr in einem langsam, aber unaufhaltsam sich vollziehenden Verfall der Organisation und der Kräfte des Gesamtnervensystems in der Form der unvollständigen Paralyse.«

Wenig später nennt der Verfasser als Ursache »ein ungemessenes geistiges, zumal künstlerisches Produzieren«, was jene »durch Überanstrengung herbeigeführte Krankheit« auslöste. Es ist somit sehr fraglich, ob Richarz mit seiner Nomenklatur jene Form der uns heute geläufigen »Paralyse« im Sinne einer metaluischen Erkrankung gemeint hat; noch in der Mitte des vorigen Jahrhunderts verstand man unter diesem vieldeutigen Begriff »eine Erschlaffung (ein Nachlassen) der Bewegung der inneren Kraft«. Zweifelsohne dachte der behandelnde Arzt an eine intellektuelle Überbeanspruchung nach der damals herrschenden »Erschöpfungstheorie« – eine durch und durch richtige Diagnose, welche erst in unserem Jahrhundert auf Grund fehlender medizinhistorischer Kenntnisse fehlinterpretiert wurde! Es konnten auch bei den zahlreichen Kindern des Komponisten hereditär-syphilitische Symptome nicht nachgewiesen werden; abgesehen von einer Fehlgeburt, verliefen die acht Schwangerschaften der Ehefrau normal. Eine entrundete Pupille, welche auf Paralyse hindeutet, wäre dem sehr gewissenhaften Maler Laurens, welcher Schumann in den letzten Jahren wiederholt porträtierte, sicher aufgefallen. Er berichtet aber nur von den weitgeöffneten Pupillen, vermerkt jedoch nichts, was auf eine Anisokorie oder Miosis hindeuten würde. Die seit 1846 beobachtete zunehmende Schwerfälligkeit der Sprache kann auch durch eine Denkhemmung – und nicht durch eine artikulatorische Sprachstörung – bedingt sein. Was die Handschrift anbetrifft, so wird diese mit zunehmenden Jahren sogar deutlicher, aber gleichzeitig starrer, was wiederum gegen Paralyse spricht. Ferner fehlt in Schumanns Krankengeschichte jeglicher Hinweis auf eine fortschreitende Zerstörung der geistigen Fähigkeiten; ein Zerfall der Persönlichkeit, wie er in den Spätstadien der Paralyse beobachtet wird, ist nie eingetreten. Ausdrücklich hebt Dr. Richarz hervor: »Sein Selbstbewußtsein war geknickt, doch nicht zerstört, sein Ich nicht sich selbst entfremdet, nicht umgewandelt. Bis zuletzt behaupteten sich die geistigen Fähigkeiten... auf einer verhältnismäßig großen Höhe.« Sogar stilistische Eigentümlichkeiten des späten Schumann, wie Silbenverdoppelungen und sprachliche Ungereimtheiten in der Korrespondenz, sind für die Diagnose »Paralyse« nicht zu verwerten, da sie sich schon im Schriftwechsel des juvenilen Komponisten finden!

Später beurteilten namhafte andere Autoren Schumanns Krankheit als *Schizophrenie.* Zweifelsohne bot schon die schizothyme und introvertierte seelische Grundhaltung des sensitiven, hyperästhetischen und reservierten Romantikers mit seinem oft abwegigen Innenleben hierfür nicht wenige Anhaltspunkte. Aber – abgesehen von einer Psychose aus dem schizophrenen Formenkreis, die mit einer deletären Häufung von Konfliktsituationen im Jahre 1854 zusammenfällt (um die Legitimität von Felix Schumann entspann sich später eine nicht unerhebliche Familienkontroverse!) –, bietet die Krankheitsgeschichte Schumanns im übrigen keine schizophrenieverdächtigen Einzelheiten. Wenn Möbius aus den Endenicher Briefen an Clara eine auffallende Affektlosigkeit herausliest, so könnte diese »Verödung des Gefühls« bei Schumann gegenüber Clara durchaus nicht krankhafte, sondern sehr persönliche Ursachen haben! Schumanns Schweigsamkeit, die finale Antriebslahmheit, die Pfeifstellung der Lippen und seine Unfähigkeit bei der Leitung des städtischen Orchesters in Düsseldorf stellen Symptome dar, die man ganz verschieden deuten kann, welche aber ihrerseits noch lange keine Schizophrenie beweisen. Weil aus Schumanns Deszendenz später einige Familienangehörige wegen Schizophrenie in Heilstättenbehandlung kamen (die Nachkommen schöpferischer Persönlichkeiten sind sowieso weit mehr gefährdet als andere Kinder, da das Genie vielfach den Niedergang einer Familie einleitet), so sollte man – auch wenn man die schizothyme Wesensart Schumanns miteinbezieht! – trotzdem bei ihm nicht zwangsläufig auf eine Erkrankung an Schizophrenie schließen. Dasselbe gilt von der Annahme eines *manisch-depressiven Irreseins.* Wenn der behandelnde Arzt aus der Endenicher Heilanstalt berichtet, daß Schumann an »Wahnvorstellungen der Verkürzung seines Rechtes und seines Wertes, des Versagens der ihm gebührenden Anerkennung litt«, so hatte der Kranke dazu nach allem, was ihm in Düsseldorf widerfahren war, genügend Veranlassung. Allzu leicht wird ferner die Tatsache übersehen, daß Schumann schon in seiner Jugend von schweren Schicksals- und Todesfällen innerhalb der eigentlichen Familie heimgesucht war, die sein Leben entscheidend formten. Außerdem muß beachtet werden, daß die Zeit der Romantik mit ihren unbestimmten Sehnsüchten, ihrer destruktiven Seelenanatomie und Werther-ähnlichen Selbstmordepidemien eine ganz andere psychische Ausgangslage aufwies, als wir sie vom Standpunkt der modernen Psychiatrie her gewohnt sind – einer Psychiatrie, deren Diagnosen im Laufe der Zeit ähnlichen Wandlungen unterworfen sind wie die Krankheitsbilder selbst!

Im Hinblick darauf, daß die bisherigen Diagnosen das Rätsel von Robert Schumanns Krankheit nur in unbefriedigendem Maße zu ergründen vermochten, hat *H. Kleinebreil* in einer Dissertation von 1943 die Frage gestellt, ob bei Robert Schumann nicht *ein anderes organisches Leiden* vorlag. Unter Auswertung von Schumanns bisher wenig bekanntem »Rechnungsbuch«, das er seit 1837 führte, ist man nicht wenig überrascht, fortlaufend Krankheitssymptome wie »Schwindelzustände«, »Anfallsweise Atemnot«, »Ohnmachtsanfälle«, »Kopfschmerzen« und »Herzensangst« neben rheumatischen Beschwerden von der Mitte der 4. Lebensdekade an handschriftlich aufgeführt zu finden. In den letzten Lebensjahren hatte Schumann an Gewicht zugenommen, sein schon früher kongestioniertes Gesicht war aufgedunsen; im Juli 1853 kam es sogar zu einem apoplektiformen Zustandsbild (Schlaganfall). Das Sprechen war schon lange erschwert, der gesamte Denkprozeß verlangsamt; schnellen Orchestertempi vermochte Schumann nur mühsam zu folgen. In Anbetracht der Kurzlebigkeit seiner Sippe und des lebenslangen hohen Konsums an Genußmitteln kam Kleinebreil zu dem Ergebnis einer *essentiellen Hypertonie* mit vorzeitigem allgemeinem

Abbau – eine Diagnose, welcher sich kürzlich auch der Berner Arzt Dr. *H. M. Sutermeister* anschloß, da auch autobiographisch die hochrote Gesichtsfarbe Schumanns schon seit 1838 belegt ist. Gestützt wird diese Diagnose durch den ständigen Rückgang der qualitativen schöpferischen Leistungen seit dem Jahre 1850: Ab hier greift der Komponist immer mehr nach höchsten Ideen, für die er musikalisch nichts Äquivalentes bereitzustellen weiß. Eine nosologische Werksanalyse bleibt aber deswegen aussichtslos, weil hier die Ansichten der verschiedenen Musikwissenschaftler nicht einheitlich sind und sich bereits im Jugendwerk Schumanns Stellen von höchster Aussagekraft unmittelbar neben Zweitrangigem finden. Überhaupt gleichen Schumanns Früh- und Spätkompositionen den aus der Tiefe des Erdbodens emporgeschafften Erzen, welche nach dem Durchlaufen aller Reinigungsprozesse einen wesentlich geringeren Ertrag an gediegenem Metall liefern; sie lassen immer wieder die Züge des Autodidakten erkennen. Wasielewski, von welchem dieser Vergleich stammt, meint, daß man die Schöpfungen nach 1850 besser vom Gesamtwerk abstrahiert. Zunehmende Affektstumpfheit und eine hymnische Feierlichkeit neben erschreckender Banalität sind die Hauptkennzeichen dieses »Spätstils«, obwohl es eigentliche »Wahnsinnskompositionen« bei Schumann nie gegeben hat. Selbst die schon in der Krankheitsphase von 1854 komponierten »Geistervariationen« für Klavier sprechen nicht in diesem Sinne. Hand in Hand mit dem Nachlassen der schöpferischen Kraft erscheint die physiognomische Destruktion, welche schon den Zeitgenossen auffiel. Auch abnorm erweiterte Pupillen, Schlaflosigkeit, Störungen der Geruchs- und Geschmacksempfindung (die bei Schumann in der letzten Zeit auftraten) sowie andere paranoische Symptome (Angst vor Vergiftung), ja sogar Hörstörungen, werden jenseits des 40. Lebensjahres im Rahmen der mit dem Hochdruck einhergehenden Zerebralsklerose nicht selten beobachtet. Als Robert Schumann im Februar 1854 in eine schier ausweglose Konfliktsituation geriet, reagierte der vorzeitig verbrauchte Mann auf diese untragbar gewordenen Belastungen mit einer paranoid-halluzinatorischen Involutionspsychose, welche in den Formenkreis der arteriosklerotischen Psychosen gehört und ihn für den Rest des Lebens in die Heilanstalt verbannte. Aus all dem geht zur Genüge hervor, daß die auf eine Schizophrenie hindeutenden Krankheitssymptome nur als Tangenten am Kreis eines übergeordneten klinischen Geschehens aufzufassen sind, auch wenn sie im Jahre 1854 vorübergehend eine dominierende Rolle einzunehmen schienen und – wie die Psychiater heute zum Teil vermuten – selbst das statuarisch-feierliche Kopfthema des Violinkonzerts überschatten. Damit erledigt sich die Frage von selbst, ob Schumanns letzte Krankheit ausschließlich in das Fachgebiet der Inneren Medizin oder der Psychiatrie gehört – die Wahrheit liegt, wie so oft bei einer Diagnosenstellung, in der Mitte! Robert Schumanns Krankheit stellt also eine klassische arteriosklerotische Psychose aus dem schizophrenen Formenkreis dar, und wenn Eugenie Schumann später schrieb, daß ihr Vater an geistiger Überarbeitung zugrunde ging, dann hat sie, so laienhaft das klingt, dennoch das Wesen der Dinge erfaßt und einen Endprozeß beschrieben, welchen bereits der behandelnde Arzt Dr. Richarz klar erkannte. Gerade die Werke aus Schumanns letzten Lebensjahren machen die peinliche Kluft zwischen Wollen und Nichtmehrkönnen deutlich. »Keiner, auch die Nächsten nicht, hatten doch eine deutliche Vorstellung davon, mit welchen Gewalten der oft verdüsterte, unzugängliche, reizbare, launische Mann zu kämpfen hatte, und vor allen Dingen, keiner, daß das, was er . . . schuf, erkauft war mit der langsamen Zerstörung seiner Lebenskraft.« Folglich ist die Frage, ob bei dem hochgradig abgebauten Patienten dann noch eine wesentliche Wandlung im Krankheitsverlauf eingetreten wäre, wenn man ihn – der Empfehlung Bettina von Arnims folgend – zu den Seinen zurückgeholt hätte, nur schwerlich mit Ja zu beantworten. Solche Zustandsbilder münden erfahrungsgemäß zuletzt in jedem Falle in die Monotonie der senilen Demenz ein, wobei die Patienten an allgemeiner Schwäche (Marasmus) zugrunde gehen.

Bei Robert Schumanns Tod war Clara Schumann 36 Jahre alt. Schon um des Broterwerbes willen mußte sie nun ihre pianistische Tätigkeit erneut aufnehmen und auf Konzertreisen gehen, um ihre sieben unmündigen Kinder, die nie ein eigentliches Zuhause kannten, durchzubringen. Erscheinen die Lebensschicksale der Komponisten im Zeitalter der Romantik als mehr oder weniger tragische Einzelschicksale, so erfüllte sich im Dasein der Familie Schumann eine in ihrer Art einmalige Familientragödie. Von Robert Schumanns Töchtern erreichten Marie, Elise und Eugenie hohe Lebensalter von weit über 80 Jahren. Die älteste Tochter, Marie, und die letztgeborene Eugenie blieben unvermählt und waren in der Schweiz als Klavierlehrerinnen tätig. Die Tochter Julie starb im Alter von 32 Jahren an Lungentuberkulose. Derselben Krankheit erlag der jüngste Bruder, Felix, im Alter von 24 Jahren. Ferdinand Schumann, ein gelernter Kaufmann, wurde im Anschluß an eine rheumatische Erkrankung Morphinist und starb, knapp 42 Jahre alt. Ludwig Schumann, welcher ein Alter von 51 Jahren erreichte und an Schizophrenie erkrankte, verbrachte die letzten 25 Jahre seines Lebens in der Heilanstalt. Wie Schumanns Brüder haben auch seine Söhne somit die 5. Lebensdekade kaum überschritten. Clara Schumann starb 76jährig, fast 40 Jahre nach dem Tode ihres Mannes, an den Folgen eines Schlaganfalles – Brahms, der ihr zeitlebens seine Zuneigung bewahrte und ledig blieb, ein Jahr danach (1897).

Im Hinblick auf Robert Schumanns Krankheit steht man

vor einem merkwürdigen Phänomen: Das meiste wurde verändert und retuschiert, so daß man das Gedruckte nicht für bare Münze nehmen darf!

Der Leiter des Robert-Schumann-Hauses in Zwickau, Dr. G. Eismann, schrieb in einem Brief am 16. März 1960:

»Aus solchen Gründen wird aber Clara vieles den Flammen übergeben haben, vermutlich die Krankengeschichte aus Endenich, die wohl gewisses Licht in das Dunkel von Schumanns Krankheit hätte bringen können.«

Sanitätsarzt Dr. Richarz in Endenich arbeitete nach Schumanns Tod ein Gutachten aus, in dem – nach weitschweifiger, ziemlich nichtssagender Einleitung – am Ende folgender Schwerpunkt zu entdecken ist: »Ein nicht unbedeutender Schwund (Atrophie) des Gehirns im Ganzen, indem das Gewicht desselben beinahe 7 Unzen (preuß. Medic. Gewicht) *weniger* betrug, als es nach Schumanns Lebensalter sollte.« Offenbar hat er aber nur den Schädel untersucht.

Vieles aus Schumanns Biographie wird, weil heute noch unbekannt, später einer Überarbeitung bedürfen. So schrieb Brahms am 21. August 1854 an Clara (ihre Teilnahme an der Beerdigung ist bis heute nicht sicher erwiesen!), daß Schumann mit ihm in der Endenicher Anstalt spazierenging, sich mit allen Menschen völlig ungezwungen unterhielt. Unter dem Datum vom 23./24. Februar 1855 heißt es, Schumann habe mit Brahms vierhändig auf dem Flügel gespielt und ihn zum Bahnhof begleitet. Sie besuchten das Münster, besichtigten das Beethoven-Denkmal, sprachen über Bücher und Noten. Die Version vom »unheilbaren Schumann«, der zwangsläufig als Dauerpatient in der Heilanstalt verbleiben mußte und – nach Laienvorstellung – dort »verdämmerte«, ist schwer zu glauben.

Immer mehr bricht sich die Erkenntnis vom aufgezwungenen »Endenicher Exil« Bahn. Daß man alle diesbezüglichen Unterlagen beseitigte, ist besonders makaber. Nichts hätte mehr die Vorstellung vom »Geisteskranken« widerlegt, als die Aufführung des 1853 vollendeten Violinkonzertes d-moll! Es ist dies ein überdurchschnittliches Werk und weist in seinem heroisch-dramatischen ersten Satz, der stellenweise schon an Bruckner erinnert, und im beseelten Adagio ausgesprochene Höhepunkte auf, die gedanklich eine Fortentwicklung, niemals aber eine Rückwärtsentwicklung des Meisters erkennen lassen. Gerade schöpferisch tätige Menschen wie J. Brahms, Clara Schumann und der Geiger J. Joachim – die zeitgenössischen Werken gegenüber eine hohe Instinktsicherheit bewiesen – hätten das wahrnehmen müssen und haben das auch gewiß bemerkt. Daß besagtes Werk erst 1937 erneut »entdeckt« wurde, ist ebenso dubios wie die 1953 erfolgte »Wiederauffindung« der fast gleichzeitig entstandenen 3. Violinsonate in der Bibliothek des Pariser Konservatoriums.

E. Melkus schrieb in der Österreichischen Musikzeitschrift vom April 1960 unter dem Titel »Zur Revision unseres Schumann-Bildes«: »Sonate und Violinkonzert wurden geradezu ängstlich vor der Öffentlichkeit verborgen«, und von Clara, Brahms sowie Joachim mit der unglaubhaften Bemerkung, dies sei »seines Genius unwürdig«, einfach einbehalten. Desgleichen verschwunden sind bis heute die sogenannten »Geistervariationen«, Schumanns letzte Komposition, nämlich 5 Klavierstücke nach dem Adagiothema des Violinkonzertes, die Brahms später in seinem op. 23 verwandte. So schob man sämtliche »Zeichen von Geistesstörung« auf das allen unbekannt gebliebene letzte Werk, blieb aber jeden Beweis dafür schuldig; das Violinkonzert ruhte für bald ein Jahrhundert in der Schublade, bis die begründete Hoffnung bestand, daß sich nun die Wogen geglättet haben würden. Verständlich, daß man die biographischen Angaben über Schumanns Leben nach dem Jahre 1853 durchweg mit großer Skepsis werten muß!

Durch den Untergang des Komponisten Schumann »im

Irrsinn als einem Scheitern am übermenschlichen Auftrag, als prometheischer Opfertod« ist seine Leidensgeschichte stets breiteren Kreisen bekannt geblieben und hat ihm eine hohe persönliche Popularität gesichert. In unermüdlichem Fleiß und mit unglaublicher Willensanstrengung trotzte dieser romantischste aller Musiker dieser Kulturepoche einem jahrzehntelangen körperlichen Verfall und schuf Kompositionen, die ihn in die Nachbarschaft von Schubert und Brahms brachten. Es muß aber auch unterstrichen werden, daß sein Gesamtwerk, gemessen mit den internationalen Maßstäben von Mozart oder Beethoven, in erster Linie ein deutsches Ereignis war. Schumann hinterließ ein Erbe, welches als unsterbliches Vermächtnis verehrt wird und die Erfüllung dessen bedeutet, was er einst von sich selber sagte: »Eine Stimme flüsterte mir manchmal zu, als ich schrieb, dies ist nicht ganz umsonst, was du tust . . .«

ROBERT SCHUMANN

1. *Bancour, R.:* La maladie de Schumann, Chronique médicale (1910), S. 481.
2. *Boetticher, W.:* Robert Schumann in seinen Schriften und Briefen, Berlin (1942).
3. *Boucourechliev, A.:* Robert Schumann, Hamburg (1958).
4. *Brion, M.:* Robert Schumann und die Welt der Romantik, Stuttgart (1955).
5. *Dahms, W.:* Schumann, Stuttgart–Berlin–Leipzig (1925).
6. *Eismann, G.:* Robert Schumann, Leipzig (1956).
7. *Erler, H.:* Robert Schumanns Leben, aus seinen Büchern geschildert, 2 Bde., Berlin (1887).
8. *Ernest, G.:* Der kranke Schumann, Med. Welt (1929): 1128.
9. *Garrison, F. A.:* The Medical History of Robert Schumann and his Family, Bull. New York Acad. Med. (1934), S. 523.
10. *Gruhle, H.:* Brief über Robert Schumanns Krankheit an P. J. Möbius in »Kritische Bemerkungen über Pathographie«, Halle (1907).
11. Handbuch der Geisteskrankheiten, 4. Teil, Berlin (1930), Kap. Arteriosklerotische Psychosen.
12. *Kleinebreil, H.:* Der kranke Schumann, Diss. Jena (1943).
13. *Kraus, A.:* Kritisch-etymologisches medizinisches Lexikon, Göttingen (1844).
14. *Lindner, M.:* Die Psychose von Robert Schumann und ihr Einfluß auf seine musikalische Komposition, Schweiz. Arch. Neurol. (1959) 2, 83.
15. *Litzmann, B.:* Clara Schumann. 3 Bde., Leipzig (1902).
16. *McMaster:* La folie de Robert Schumann, Paris méd. (1929), S. 462.
17. *Möbius, P. J.:* Über Robert Schumanns Krankheit, Halle (1906).
18. *Nussbaum, F.:* Der Streit um Schumanns Krankheit, Diss. Köln (1923).
19. *Pascal, C.:* Les maladies mentales de Robert Schumann, Amterdam (1908).
20. *Reinhard, W.:* Die Krankheiten Mozarts und Schumanns, Med. Mschr. (1956), S. 320.

Clara Wieck (1819–1896)
Bildnis von einem unbekannten Maler

Frédéric Chopin (1810–1849)

21. *Schumann, E.:* Erinnerungen, Stuttgart (1925).

22. *Schumann, E.:* Ein Lebensbild meines Vaters, Leipzig (1931).

23. *Schumann, F.:* Gedichte, Stuttgart (1947).

24. *Schweisheimer, W.:* War Robert Schumann geisteskrank? Ärztl. Praxis (1959), S. 840.

25. *Slater u. Meyer:* Contribution to a Pathography of the Musicians: R. Schumann, Confinia psych. (1959), 2, S. 65.

26. *Sutermeister, H. M.:* Das Rätsel um Robert Schumanns Krankheit, Praxis, Bern (1959), S. 1177.

27. *Wasielewski, J. v.:* Robert Schumann, Leipzig (1906).

28. *Wörner, K. H.:* Robert Schumann, Zürich (1949).

29. *Müller, E.:* Robert Schumann. Eine Bildnisstudie (mit dem Bericht der Schädelsektion), Olten (Walter) 1950.

FRÉDÉRIC CHOPIN
(1810—1849)

»Ich selbst bin immer noch Pole genug, um gegen Chopin den Rest der Musik hinzugeben.«

F. Nietzsche, »Ecce homo«

Geboren wurde Frédéric Chopin am 22. Februar 1810 in dem bei Warschau gelegenen Dorfe Zelazowa Wola. Dort war sein Vater, ein emigrierter Lothringer, als Hauslehrer der Gräfin Skarbeck tätig, und hier lernte dieser auch seine Lebensgefährtin Justina kennen, die einer verarmten adligen Familie entstammte; von ihr sagte George Sand, sie sei Frédéric Chopins einzige Liebe gewesen. Beide Eltern waren hochmusikalisch, und gemeinsames Musizieren führte sie zueinander. Diese Begabung vererbten sie auf ihren Jungen, der, umgeben von drei Schwestern, später in Warschau eine behütete und sorgenfreie Kindheit erlebte. Sein Vater erkannte früh das außergewöhnliche Talent des Knaben und ließ ihn schon vor dem Abitur nicht nur von hervorragenden Musiklehrern unterrichten, sondern verstand es später auch, ihn in die aristokratischen Kreise der Hauptstadt einzuführen. Frédéric Chopins Vater starb im Alter von etwa 73 Jahren, er war zuletzt herz- und lungenleidend; seine Mutter, die ihren Sohn beträchtlich überlebte, wurde sogar fast 80 Jahre alt. Auch die beiden Schwestern, Luise und Isabella, waren nicht nachweislich krank. Hingegen starb die jüngste von allen, Emilia, mit welcher Chopin als Begleiter noch im Juli 1826 zur Kur in Bad Reinerz weilte, im Alter von 14 Jahren an Lungentuberkulose.

Frédéric Chopin war ein überaus anfälliges, kränkliches Kind. Frühzeitig bekundete er der Musik gegenüber große Empfänglichkeit und Reizbarkeit. Wenn er die Klänge des Klaviers aus einem benachbarten Zimmer hörte, pflegte der Knabe so heftig zu weinen, daß man ihn kaum beruhigen konnte. Mit sieben Jahren erhielt er regelmäßig Klavierunterricht durch Albert Zywny, mit acht Jahren trat er in der Öffentlichkeit auf. Nicht selten schreckte Chopin nachts aus dem Traume und stürzte an sein Lieblingsinstrument, um einen plötzlichen Einfall festzuhalten. »Sanft, gefühlvoll, über die Maßen vornehm, besaß Chopin in seinem 15. Lebensjahr alle Reize der Jugend, die jedoch mit dem Ernst des Alters merkwürdig gepaart waren. Ebenso wie sein Geist war auch sein Körper von außerordentlicher Zartheit. Doch dieser Mangel an physischer Entwicklung bewahrte ihm eine gewisse, sozusagen geschlechts- und alterslose Schönheit.« Bereits im Jahre 1825 schenkte ihm der Zar Alexander einen Ring für sein Spiel. 1829 unterzog er sich als erfolgreichster Schüler seines Lehrers Joseph Elsner der Abschlußprüfung am Warschauer Konservatorium. In Wien, wohin er im Anschluß daran reiste, wurde Chopin als Pianist gefeiert, blieb aber dann noch ein Jahr lang seiner Heimatstadt treu, wo er in verschiedenen Konzerten mitwirkte. Doch auch in dem schwermütigen Polen lebte jener kindliche Optimismus, welcher jeden Künstler beseelt und der ihn mit unwiderstehlicher Macht in die Ferne trieb. So schrieb er: »Mir ahnt immer, daß ich Warschau verlasse, um nie wieder heimzukehren.« Am 1. November 1830 nahm er Abschied von den Seinen; Elsner und die Angehörigen geleiteten ihn hinaus und gaben ihm auf die weite Reise, welche nicht mehr zurückführen sollte, einen Pokal voll polnischer Erde mit. Die letzte Strophe ihres Liedes lautete:

»Obwohl du unser Land verläßt,
Dein Herz bleibt hier bei uns . . .«

Die erste herbe Enttäuschung wurde Chopin anläßlich seines zweiten Wiener Besuches zuteil. Dort empfing man ihn diesmal nicht mit offenen Armen. Von mimosenhafter Empfindlichkeit, allen Kämpfen abhold, hat Chopin während seines achtmonatigen Aufenthaltes künstlerisch kaum etwas erreicht, und auch sein einziges Konzert war keineswegs von Erfolg gekrönt. Er beschreibt die weihnachtliche Stimmung im Stephansdom: »Es herrschte Stille, nur das Schreiten des die Lampen anzündenden Küsters störte meine Lethargie . . . Hinter mir Gräber, unter mir Gräber, nur – über mir kein Grab . . . Eine düstere Harmonie erklang in meinem Innern – ich fühlte mehr denn je mein Verlassensein . . .« Jetzt machte sich ein Umstand geltend, der auch für Chopins späteres Leben richtunggebend wurde: seine Scheu vor dem Publikum und sein Unvermögen, im großen Kreis alle Hörer kraft seines Vortrages mitzureißen! So blieb er, der Geniale, Einmalige, auch später auf die innere Bereitschaft erwählter Zirkel begrenzt, in deren vertrauter Intimität Chopin wirklich suggestiv vorzutragen verstand, während sein zarter, verschwebender Anschlag sonst in der Weite der Konzertsäle versandete und ein großes Auditorium für den feinnervigen Virtuosen folglich ohne die erwünschte Resonanz blieb. Hinzu kam, daß er weder richtig für Orchester zu schreiben noch mit einem solchen vorteilhaft zusammen zu spielen verstand, weshalb sich seine Programme am liebsten auf Einzeldarbietungen gründeten. So reiste Chopin schließlich von Wien über München und Stuttgart nach Paris weiter. Als ihm auch dort zunächst der Erfolg versagt blieb, wollte Chopin nach Amerika auswandern. Da vollzog sich, wie durch eine Fügung, anläßlich einer Soirée beim Baron Rothschild die entscheidende künstlerische Wende! Ohne Intrigen, allein durch den Zauber seiner Kunst und seiner Persönlichkeit, erschloß er sich die höchsten Gesellschaftskreise, obwohl sich seine eigentlichen Virtuosenpläne nie verwirklichten.

Vom Ende des Jahres 1831 an blieb Chopin, von Unterbrechungen abgesehen, in der Seinestadt. Während Wien seit dem Tode von Beethoven und Schubert jetzt die einstige musikalische Priorität vorübergehend abtrat, traf der junge Musiker in Paris auf die Elite der damaligen Kunst, auf Cherubini, Liszt, Bellini, Mendelssohn, Meyerbeer, Delacroix und Heinrich Heine, die ihn, wenn sie ihn erst einmal hatten spielen hören, als Primus inter pares widerspruchslos anerkannten. Sogar ein so kritischer Kopf wie Robert Schumann streckte vor Chopin die Waffen (»Hut ab, ihr Herren, ein Genie!«), wenn auch diese Zuneigung nie auf Gegenseitigkeit beruhte und Chopin im Grunde seines Wesens ein Einsiedler blieb, dem nicht viel daran lag, mit Komponisten oder gar ausübenden Künstlern kollegial zu verkehren. In Paris herrschte die gegebene Atmosphäre, in der Chopin in weiser Selbstbeschränkung seine besten Stücke für Klavier – meist nur für das Klavier! – zu Papier brachte. Dabei entwickelte er einen völlig neuen, eigenen Stil der musikalischen Kurzform (Etüden, Préludes, Nocturnes, Walzer, Mazurkas u. ä.), welche die Gedanken in den Spiegel der musikalischen Miniature bannte, deren Brennpunkt sich nicht selten zu nur wenigen Notenzeilen oder gar Takten verdichtete. Der Umstand, daß man zu seiner Zeit weit mehr Einzelstücke als geschlossene Gesamtwerke im Konzertsaal vortrug, kam Chopin sehr entgegen. Auch seine großen Sonaten sind im Grunde ebenso angelegt, vergleichbar mit den beiden Impromptus-Zyklen von Franz Schubert, deren jeweilige Viersätzigkeit die ursprünglich geplante Sonatenform nicht verleugnen kann.

Bis zum Jahre 1835 war Chopin auch in Paris ganz gesund. Allerdings wohnte er seit 1831 zeitweilig mit seinem Freunde, dem Arzt Dr. Jan Matuszynski, zusammen, der schon 1842 im Alter von 33 Jahren an Tuberkulose starb. Chopin war von mittlerer Größe, schmächtig, hatte kastanienfarbenes Haar und braune Augen. In seinem halbovalen, stets blassen Gesicht fielen eine feingeschnittene Adlernase und eine hervortretende Lippe besonders auf. Chopin lebte in erster Linie vom Komponieren sowie vom Unterrichten – für jede Stunde erhielt er etwa 20 Franken –, und nicht wenige Elevinnen aus ersten Kreisen gingen bei ihm ein und aus, denn seine »Haltung und Manieren trugen ein so vornehmes Gepräge, daß man ihn unwillkürlich wie einen Fürsten behandelte« (F. Liszt).

Im Jahre 1833 schrieb Chopin an seine Angehörigen: »Man findet, daß ich dicker geworden bin und gut aussehe.« Damals unternahm er auch häufige Auslandsreisen. Aber bereits im November 1835 machte Chopin – kurz nach dem Wiedersehen mit den Eltern in Karlsbad – eine heftige Krankheit mit hohem Fieber und Bluthusten durch, welche in Polen das Gerücht aufkommen ließ, Chopin sei nach schwerem Leiden gestorben; ein Gerücht, das dann vom »Warschauer Curier« dementiert werden konnte. Sein erster persönlicher Krankheitshinweis findet sich in einem Brief vom Mai 1837: »Im Winter war ich wieder an Grippe krank. Man schickt mich nach Bad Ems, bisher denke ich nicht daran.« Die schriftliche Bemerkung einer Zeitgenossin lautete: »Chopin ist ein unwiderstehlicher Mann; nur hustet er ständig.« Daraus geht zur Genüge die Progredienz des spezifischen Lungenleidens hervor, für welches rückblickend einzelne Krankheitsgrade oder Stadien nur schwer abzugrenzen sind. Außerdem hatten sich mittlerweile einschneidende Veränderungen seines Privatlebens ergeben. Die Verlobung mit Maria Wodzinska, einer Jugendliebe, die er heiraten und mit welcher er später in die polnische Heimat ziehen wollte, ging im Jahre 1836 nicht zuletzt wegen seiner angegriffenen Gesundheit in die Brüche. Um so mehr schloß er sich jetzt an die skandalumwitterte Dichterin George Sand an. Was man auch immer gegen die Schriftstellerin einwenden mag, deren Geist, Charme und dunkle Augen sogar einen Heinrich Heine begeisterten, Tatsache ist, daß Chopin während der gemeinsam verlebten zehn Jahre bis 1847 die gewaltigsten musikalischen Schöpfungen fertigstellte (op. 25 bis 65) und daß sich sein Leben von dem Zeitpunkt an, da die Liaison zerbrach, im Biologischen wie Schöpferischen jäh dem Ende zuneigte. Eines haben die Biographen nämlich allzuoft übersehen: Ihre selbstlose Rolle als Gefährtin und Pflegerin des todgeweihten Künstlers, wobei sie einerseits die eigene Begabung freiwillig in den Dienst von Chopins Genius stellte und andererseits ihr praktischer Sinn fürs Leben, ihre Energie und Vitalität den idealen Gegenpol zu Chopins Weltfremdheit darstellten. Darüber hinaus wird die Gemeinsamkeit der um mehrere Jahre älteren und zudem nur wenig musikalischen Dichterin mit dem Komponisten, der literarisch ziemlich desinteressiert war, stets zu den eigenartigsten Verbindungen in der Kulturgeschichte zählen!

Durch seinen beunruhigenden Gesundheitszustand veranlaßt, verbrachten Chopin und George Sand mit ihren Kindern den Winter 1838/39 auf der Insel Mallorca. Die landschaftlichen Schönheiten und die »himmlische Luft«, die Chopin »dem Schönsten auf dieser Welt nahe brachten und ihn zum besseren Menschen« werden ließen, versanken bald gegenüber der Monotonie einer kühlen Regenperiode. Chopin erkältete sich; aus der anfänglichen Bronchitis wurde ein hartnäckiger Katarrh, in dessen Gefolge bald Symptome einer hochfieberhaften, exsudativ-kavernösen Phthise beängstigende Formen annahmen. Chopin wurden von den behandelnden Ärzten, die seine Krankheit sehr wohl erkannten, Pflaster aufgelegt, jedoch verweigerte er jeden Aderlaß. Als es ihm etwas besser ging, kündigte der Wirt die nahe der Stadt Palma gelegene Wohnung, weil Chopin das Haus verseuche. Vor seinem Umzug in die weit außerhalb gelegene Kartause von Valdemosa mußte Chopin noch auf eigene Kosten das Haus aufputzen lassen. In der Einsamkeit des Klosters mit seinen dicken Steinmauern geriet Chopin bald in hochnervöse Erregung. Die Einsiedelei war für ihn voll von Schrecken und Gespenstern, selbst wenn er sich verhältnismäßig wohl fühlte. »Zwischen Fels und Meer, in einem gewaltigen verlassenen Kartäuserkloster, kannst Du Dir mich wie in einer Zelle unfrisiert und blaß wie immer vorstellen . . . Eine Stille – man kann schreien – es bleibt immer still.« Hier, nur umgeben von Felsen, jagenden Wolken, schnarrenden Seevögeln und dem bis ins Unendliche reichenden Meer, hat Chopin eine ganze Reihe seiner Préludes komponiert.

»Für den reizbaren und schwer zu pflegenden Kranken wurde der Aufenthalt in der Kartause daher eine Strafe und für mich eine Qual« (G. Sand), obwohl man eigens für ihn aus Marseille ein Klavier herbeigeschafft hatte. Deshalb drängte Chopin zu Beginn des Jahres 1839 zum Aufbruch. In einem ungefederten Mietwagen mußte derselbe Weg nach Palma zurückgelegt werden, den sie einst heraufgekommen waren. Bei der Ankunft in Palma erlitt Chopin einen schweren Blutsturz. Auf der Weiterreise nach Barcelona, die sie auf einem Frachtschiff mit einer Ladung Ferkel antraten, kam es zu weiteren Lungenblutungen. In Barcelona wurde Chopin zunächst einige Tage lang von einem Marinearzt betreut. Auch der dortige Hotelbesitzer wollte ihn das Bett bezahlen lassen mit dem sehr richtigen Einwand, es müsse verbrannt werden, da er an einer ansteckenden Krankheit leide. Danach setzten sie die Reise auf dem vorgenannten Frachter nach Marseille fort. Dort angekommen begab sich Chopin in die Behandlung des gut renommierten Dr. Cauvière, der ihn nach eingehender Untersuchung – die Technik der Perkussion und Auskultation war damals in Frankreich allgemein bekannt – für gefährlich krank hielt und Bettruhe verordnete. »Das Blutspeien hat aufgehört, er schläft gut, hustet wenig und – vor allem! er ist in Frankreich!«, schrieb G. Sand wie erlöst am 5. März 1839. »Mein Gesundheitszustand bessert sich von Tag zu Tag. Die Zugpflaster, die Diät, die Pillen, die Bäder und, mehr als alles, die unendliche Fürsorge meines Engels haben mich wieder auf die Beine gebracht, auf die etwas mageren Beine«, teilte Chopin am 12. März 1839 aus Marseille mit. Unter Dr. Cauvières Behandlung erholte sich Chopin innerhalb von zwei Monaten so, daß er im Anschluß an einen Abstecher nach Genua die Heimreise antreten konnte und im Juni wohlbehalten auf George Sands Landsitz Nohant anlangte.

Dort begab sich Chopin in weitere Behandlung, wobei ihm die Ärzte – er hat deren über 30 in seinem Leben konsultiert, darunter französische und englische Kapazitäten neben Magnetiseuren und Homöopathen! – den wahren Grund seiner Krankheit zum Teil pietätvoll verschwiegen. Über die nächsten sieben Jahre existieren nur verhältnismäßig wenige Krankheitsdokumente, denn das tuberkulöse Lungenleiden nahm einen ebenso progredienten wie monotonen Verlauf. Spontanbesserungen wechselten mit Rezidiven und Fieberschüben. Auch George Sand beschreibt die regelmäßigen morgendlichen Hustenanfälle, über die Chopin selbst äußerte: »Ehe ich mich in der Frühe aushuste, ist es bereits zehn Uhr.« Er mußte jetzt angesichts der kavernösen Lungenschwindsucht aus gesundheitlichen Gründen die Unterrichtstätigkeit einschränken, und sein öffentliches Auftreten wurde immer seltener. »Schwächlich und bleich war er, hustete viel und nahm häufig Opiumtropfen auf Zucker oder Sirup, rieb sich die Stirn mit Kölnisch Wasser.« Er, der Nichtraucher, der am liebsten leichte Speisen und Kakao zu sich nahm, litt unsäglich unter dem Zigarrenqualm, den George Sand verbreitete.

Ohne den alljährlichen, vielmonatigen Sommerurlaub auf George Sands Landgut, wo Liszt und Chopin häufig miteinander vierhändig spielten, wäre er seinem Lungenleiden sicher noch viel rascher erlegen. Wenn die Wintersaison herannahte, stürzte sich Chopin ohne Rücksicht auf sich selbst in das Pariser Gesellschaftsleben. Des Vaters inständigsten Wunsch, dem Salon im Interesse seiner Gesundheit und seiner Kunst nicht den Schlaf zu opfern, beachtete Chopin keineswegs. Denn er war – geistvoll, witzig und charmant – ein begehrter Gesprächspartner, welcher die Aristokratie zudem noch klug in den Dienst seiner künstlerischen Interessen einzufügen wußte. Nur durch das Treibhausklima der damaligen geistigen Welt des Westens konnten sich die subtilen Inspirationen des anfälligen Komponisten richtig entwickeln. Und Chopin war ein Nachtarbeiter, da in der Dämmerstunde die Ideen wie ungerufen zu erwachen schienen. Unermüdlich tätig, änderte er wegen eines einzigen Taktes seine Manuskripte mitunter dutzendfach ab – und das nur, um schließlich einzusehen, daß die erste Fassung doch die allerbeste war! Gleich Balzac konnte er mit der endgültigen Niederschrift seiner Arbeiten nie zufrieden sein.

Erst nach Mitternacht, wenn die Spitzen der Gesellschaft bereits gegangen waren, setzte sich Chopin, wie sein Freund H. Berlioz berichtet, an den Flügel, um einem kleinen Kreis erwählter Kenner die neuen Gedanken anzuvertrauen. Chopins Anschlag war reich, biegsam, singend – leise und leicht! Und dann klang seine Musik »wie der Gesang von Grasmücken oder wie gebrochenes Porzellan«. »Denn er ist ein Mensch, wie Sie einen solchen noch nie gesehen haben, einer, den Sie nie vergessen werden« (H. Berlioz). Chopin ließ beim Spiel die Melodie sich stets wellenförmig bewegen, wie einen von einer mächtigen Woge getragenen Kahn, und wenn seine ausdrucksvollen, schmalen Hände elfenartig über die Tastatur huschten, vergeistigte er sein Instrument, bis der Ton etwas Unirdisches erhielt, der mit seiner ursprünglichen Natur nichts Verwandtes mehr hatte (J. Huneker) – für jeden, der ihm lauschen durfte, ein wahrhaft unerhörtes Erlebnis!

Im Jahre 1844 schien sich Chopins Gesundheitszustand vorübergehend zu bessern – die Freunde beschreiben das gute Aussehen des Patienten. Um diese Zeit wurde er von dem Homöopathen Dr. Molin, einem Kinderarzt, versorgt; »er weiß mich am besten zu behandeln, denn in mir ist etwas vom Kinde geblieben«. Chopin zog es nicht zuletzt deswegen in den Kreis der Hahnemann-Schule, weil deren Dosierung mild war und man ihm keine sinnlosen Aderlässe aufzureden versuchte. Die Medikation bestand hauptsächlich in der Verabfolgung von Schwefelmixturen, Diät und Opiaten. In jedem Winter lag Chopin wochenlang zu Bett, schriftliche Arztbestellungen »Cher docteur, Ayez la bonté de venir me voir aujourd'hui. Je souffre« aus jenen Jahren sind uns noch heute mehrfach erhalten. Sein Schüler G. Mathias schreibt über das Aussehen des Lehrers im Jahre 1847: »Er war das Bild der Erschöpfung – der Rücken gekrümmt, der Kopf vorwärts gebeugt, aber immer war er liebenswürdig und von feinstem Benehmen.« Chopin komponierte auch jetzt noch, obwohl die letzten Werke, nach einer Äußerung F. Liszts, »plus de volonté que d'inspiration« zeigen. Aus diesen Walzern und Mazurken des Todkranken klingt unüberhörbar die Sehnsucht nach der polnischen Heimat. Längst war die »grande passion« zu George Sand einer nüchternen Distanz gewichen. »Seit sieben Jahren lebe ich mit ihm wie eine Jungfrau. Was nun ihn betrifft, so beklagt er sich mir gegenüber, ich hätte ihn zugrunde gerichtet, weil ich mich ihm entzog, während ich die Gewißheit habe, daß ich ihn getötet hätte, wenn ich anders gehandelt hätte.« Als im Sommer 1847, nicht zuletzt durch Familienintrigen, der Bruch mit George Sand erfolgte, stand er, dem das Sparen stets fremd blieb, völlig mittellos da. Er hat dann bis zu seinem Tode auch nichts mehr veröffentlicht. Chopin mußte, da die Not an seine Tür pochte, wieder Konzerte geben und trat in Paris letztmals im Februar 1848 auf. Er trug u.a. den Klavierpart seiner erst kürzlich publizierten Cello-Sonate, die Barkarole sowie weitere Einzelstücke aus dem eigenen Schaffen neben Werken von Mozart vor. Obwohl er sich fast »die Seele aushustete«, unternahm Chopin eine Tournee durch England und Schottland, in deren Verlauf die kühle Zurückhaltung der Presse besonders auffiel. Er reiste von London nach Edinburgh, Manchester und Glasgow. Zeitweise mußte ihn, den infolge zunehmenden Herzversagens eine hartnäckige Atemnot und Ödeme an den Beinen quälten, sein Diener die Treppen hinauftragen, obwohl Chopin nicht mal mehr einen Zentner wog. Neue Lungenblutungen komplizierten das Krankheitsbild. Gerüchte über eine etwaige Vermählung mit seiner Schülerin Jane Stirling, welche die Englandreise arrangiert hatte und ihm später mit einer hochherzigen Spende unter die Arme griff, dementierte er kategorisch. An den Grafen Adalbert Grzymala in Paris schrieb er in diesem Zusammenhang: »Ich kann wohl im Spital krepieren, aber eine Gattin möchte ich nicht in Armut zurücklassen. Die Welt entschwindet mir – ich verliere mich –, ich habe keine Kraft mehr (London, November 1848) . . . und deshalb erkläre ich Dir, daß ich dem Sarge näher bin als dem Ehebett.« Kopfschmerzen und die für das Lungenleiden typischen Interkostalneuralgien, welche der Behandlung des Homöopathen Dr. Mallan hartnäckig trotzten, erwähnt er in seinen Briefen ebenfalls. »Seit 18 Tagen bin ich krank, seit dem Tage meiner Ankunft in London. Ich war so erkältet, mit Kopfschmerzen, Atemnot und allen meinen schlimmen Symptomen, daß ich überhaupt nicht ausgegangen bin.« Chopins letztes Erscheinen in der Öffentlichkeit fiel auf den 16. November 1848, wo er bei einem großen polnischen Ball mit Konzert auftrat. Aber seine Einlagen gingen im allgemeinen Tumult unter, und das Ganze lief auf eine große Enttäuschung hinaus. Endlich Anfang 1849 schwer dyspnoisch nach Paris zurückgekehrt, mußte er mit Schrecken feststellen, daß inzwischen sein ehemaliger Hausarzt verstorben war. »Molin allein besaß das Geheimnis, mich wieder hochzubringen. Jetzt behandelt mich Herr Simon, ein sehr berühmter Homöopath; aber sie raten herum und helfen nicht. Wegen des Klimas, der Schonung und der Ruhe sind sie sich alle einig. Die Ruhe werde ich eines Tages auch ohne sie haben!« (Paris, 30. Januar 1849).

Im Juni und Juli 1849 traten neben neuen Blutstürzen auch noch Durchfälle auf. Selbst das als heilsam bekannte Pyrenäen-Wasser, welches Chopin in einem Brief vom Sommer 1849 erwähnt, vermochte keine Wunder mehr zu wirken. Seine aus Polen herbeigerufene Schwester Luise fand den Bruder in hoffnungslosem Zustand. Anfang Oktober konnte Chopin nicht mehr ohne Stütze im Bett sitzen, und um die Mitte dieses Monats hatte seine Stimme ihren Klang verloren. Im Zustand schwerster Atemnot schrieb Chopin am 16. Oktober auf einen Zettel die Worte: »Da diese Erde mich ersticken wird, beschwöre ich Euch, meinen Körper öffnen zu lassen, damit ich nicht lebendig begraben werde.«

Nachdem ihm der Abbé Jelowicki die letzte Ölung gegeben hatte, sah Chopin seinem Ende gefaßt entgegen. Zu den Freunden, die ihm einzeln die Hand drückten, sagte er: »Vous jouerez du Mozart en mémoire de moi.« Der behandelnde Arzt Dr. Cruveilhier – ein bekannter Kliniker und Pathologe – nahm eine Kerze und bemerkte, indem er sie gegen Chopins Gesicht hielt, daß die Sinne anfingen, den Dienst zu versagen. Als er ihn jedoch fragte, ob er Schmerzen empfinde, hörte man noch ganz deutlich die Antwort »Plus!« Mit dem Ruf »Matka, moia biedna matka!« (Mutter, meine arme Mutter!) starb Chopin in der

Frühe des 17. Oktober 1849 kurz vor drei Uhr. Zeitlebens hatte er vor allen Zahlenverbindungen mit einer Sieben panischen Schrecken empfunden. Im Tode wurde er wieder jung und schön, da der Ausdruck der unseligen Ruhelosigkeit seines irdischen Lebens, wie ihn besonders die Züge der letzten Photographie von 1849 widerspiegeln, ausgelöscht war. So ist Chopin – und nicht zuletzt deswegen, weil er so früh von uns genommen wurde – dem Wesen und seiner Erscheinung nach zum Inbegriff des Musensohnes geworden, vor dem sogar die Mittellosigkeit, das Schreckgespenst aller Tonschöpfer, respektvoll zurückwich. Für ihn gilt, daß unser Dasein nicht durch die Zahl der gelebten Jahre, sondern nur durch den Reichtum der Seele erhöht und erfüllt wird. Friedlich ist Chopin nach endlosem Ringen dem schweren und damals noch so gut wie unheilbaren tuberkulösen Lungenleiden, in dessen hektischer Glut seine besten Werke entstanden waren, erlegen. – Das Sektionsprotokoll, wonach das Herz infolge der krankhaften Veränderungen im Kreislauf nicht weniger in Mitleidenschaft gezogen gewesen sein soll als die Atmungsorgane, fiel später einer Feuersbrunst zum Opfer.

Erst am 30. Oktober wurde Chopin beigesetzt, und die Trauerfeierlichkeiten in der Madelaine waren nicht weniger würdevoll als der Trauerakt auf dem Père Lachaise, wo sich sein Grab an einer kaum begangenen Stelle des Friedhofs befindet. Geschmückt wird es von einer weißen Marmorstatue des Bildhauers M. Clésinger, welche einen Jüngling zeigt, der sich im Schlafe über seine zerbrochene Lyra beugt. Auf Chopins Sarg leerte man den Inhalt jenes Pokals mit polnischer Erde, welchen ihm seine Freunde beim Abschied im Jahre 1830 mitgaben. Er selbst hatte ausdrücklich verfügt – und die oben wiedergegebenen Zeilen unterstreichen noch einmal die Erinnerung an diesen Wunsch –, daß sein Herz in der Heilig-Kreuz-Kirche zu Warschau aufbewahrt werde.

G. Sand berichtet in »Histoire de ma vie« (Band XIII, Paris 1855):

»Im März 1848 habe ich ihn einen Augenblick wiedergesehen. Ich habe seine eisige, zitternde Hand gedrückt. Ich wollte zu ihm sprechen, er entfloh. Es war nun an mir, zu sagen, er liebe mich nicht mehr. Ich habe ihm diesen Schmerz erspart und alles in die Hände der Zukunft und der Vorsehung gelegt.

Ich gehöre nicht zu denjenigen, die da glauben, daß alle Dinge in dieser Welt schon ihre Lösung finden. Sie fangen hier vielleicht an, aber – und das ist gewiß – sie enden hier nicht. Das Leben hier unten ist ein Schleier, den die Krankheit und das Leiden für manche Menschen noch dichter macht, der sich aber für kräftigere Naturen für Augenblicke hebt. Erst der Tod zerreißt ihn für alle.«

Chopins Totenmaske
Lithographie von Kwiatkowski

Max Reger (1905)
Kohlezeichnung von Siegfried Czerny, Heidelberg

FRÉDÉRIC CHOPIN

1. *Cabanès, A.:* Trois phthisiques célèbres. Chronique médicale 1910: 182.
2. *Chopin, F.:* Briefe und Dokumente, Zürich 1954.
3. *Cortot, A.:* Chopin. Zürich 1954.
4. *Franken, F. H.:* Das Leben großer Musiker im Spiegel der Medizin, Stuttgart 1959.
5. *Huneker, J.: Chopin.* München und Berlin 1917.
6. *Karasowski, M.:* Chopin. Dresden 1877.
7. *Leichtenritt, H.:* Friedrich Chopin, Berlin 1920.
8. *Liszt, F.:* Chopin. Basel 1948.
9. *Martinez Duran, C.:* La tuberculosis de Frédérico Chopin, Médico (Mex.) 1958: 58.
10. *Niecks, F.:* Friedrich Chopin als Mensch und Musiker, 2 Bde., Leipzig 1890.
11. *Redenbacher, E.:* François Frédéric Chopin, Leipzig 1911.
12. *Sand, G.:* Histoire de ma vie, Paris 1855, 20 Bde.
13. *Scharlitt, B.:* Chopin. Leipzig 1919.
14. *Sydow, B. E.:* Correspondance de Frédéric Chopin, Bd. III, Paris 1960.
15. *Weissmann, A.:* Chopin. Stuttgart, Berlin 1923.
16. *Willms, J.:* Chopin und die Ärzte, Med. Welt 1934: 1140.
17. *Guide Chopin illustré.* Chronique de la vie de Chopin Varsovie 1960.

MAX REGER
(1873–1916)

»Ach! der Menge gefällt,
Was auf den Marktplatz taugt,
An das Göttliche glauben
Die allein, die es selber sind.«

Hölderlin, »Menschenbeifall«

Wer die Ahnenliste von Max Reger aufschlägt – seine Vorfahren waren seit Generationen als Kleinbauern und Handwerker in Bayern seßhaft –, dem fällt auf, daß nicht wenige von ihnen einer Herzwassersucht oder plötzlichem Herzversagen erlegen sind. Regers Vater Joseph erreichte ein Alter von 58 Jahren und starb im Jahre 1905 an Herzasthma mit Körperschwellungen, einem Leiden, dessentwegen er bereits seit längerer Zeit pensioniert gewesen war. Ursächlich lag bei ihm ein Bronchialasthma vor, welches etwa drei Dekaden lang das klinische Bild beherrschte und alljährlich monatelang rezidivierte, so daß der sensitive, hochmusikalische Lehrer Nächte hindurch am Fenster stehend nach Luft rang. Regers Mutter kann man ohne Übertreibung als klug, temperamentvoll und ebenfalls sehr musikalisch bezeichnen. Das Leiden des Mannes, der Verlust dreier Kleinkinder und die ständige Sorge um die ungewisse Zukunft ihres Sohnes Max nahmen der vornehmen, gebildeten Philomena Reger später ihre ursprüngliche Frohnatur. Zuletzt litt sie nach mehreren Schlaganfällen sogar an Wahnvorstellungen, die religiöser Art gewesen zu sein scheinen, so daß man die alte Frau mit dem starren Blick schließlich in eine Nervenheilanstalt einliefern mußte. Daselbst starb sie im Juni 1911, fast 59 Jahre alt. Reger hatte noch eine jüngere Schwester mit Namen Emma, 1876 geboren, die ihren Bruder beträchtlich überlebte, zeitlebens ein wunderliches Wesen an den Tag legte und im Jahre 1944 verschied.

Im Schulhaus des einsamen, hochgelegenen oberpfälzischen Dorfes Brand (Fichtelgebirge) kam Max Reger am 19. März 1873 zur Welt. Bald wurde der Vater nach Weiden, einem Landflecken von 5000 Einwohnern, versetzt. Schon vor dem Eintritt in die Schule brachte die Mutter dem erst Fünfjährigen die Anfangsgründe im Rechnen, Schreiben und Lesen bei, weswegen er gleich in die 2. Klasse aufgenommen werden konnte. Vom Vater lernte Max Reger das Orgel-, Violin- und Cellospiel. In der Zeit von 1882–1889 besuchte er die Real- und Präparandenschule, die erste mehrjährige pianistische Ausbildung erhielt er durch Adalbert Lindner. Im Jahre 1890 siedelte die Familie nach Sondershausen über, wo Hugo Riemann als Lehrer am Fürstlichen Konservatorium tätig war. Dieser ermutigte Reger, die Musikerlaufbahn einzuschlagen, ja er verpflichtete ihn sogar an das Fuchssche Konservatorium in Wiesbaden.

Die Wiesbadener Jahre von 1890–1898 hat Reger später scherzhaft als »Sturm- und Trankzeit« bezeichnet. Das Weltbad mit seiner mondänen Eleganz bezauberte, ja blendete den naiven Landjungen durch die glänzende Fassade nur anfänglich. Als er später die Hohlheit des auf äußere Effekte abgestimmten Konzertpublikums mehr und mehr erkannte, wuchs in Reger die stille Ablehnung gegen die sogenannte gute Gesellschaft. Man bewilligte ihm ein paar

Klavier- und Harmoniestunden am Konservatorium, auch erteilte er in begüterten Kreisen Privatunterricht. Als Hugo Riemann im Herbst 1895 nach Leipzig übersiedelte, wurde der Meisterschüler am Konservatorium sein Nachfolger und als Lehrer für Musiktheorie angestellt – allerdings gegen bescheidene Entlohnung. Jedoch als Max Reger zu spüren bekam, daß sich seiner Künstlerindividualität das ziemlich teilnahmslose Publikum weiter Bürgerkreise entgegenstellte, fiel er ins private Extrem. Zusammen mit seiner »Bande« jagte er den Einwohnern dadurch Schrecken und Abscheu ein, daß er und seine Kumpane in sonderbarer Aufmachung und in angeheitertem Zustand die nächtlichen Straßen unsicher machten, wobei sie allen nur erdenklichen Unfug anstellten. Im Jahre 1894 fühlte er sich fast verfemt: »Wiesbaden wird immer kleinstädtischer«, schrieb Reger damals resigniert. Die dortige Resonanz auf seine Erstlingswerke war zudem miserabel. Und Reger verbummelte zusehends. Sein ständiger Zigarrenqualm machte ihn bei den Zimmervermieterinnen zum Enfant terrible, sein Alkoholismus lieferte den Widersachern entsprechenden Gesprächsstoff. Reger selbst gefiel sich in der Rolle des »verkannten Genies«, wurde dabei aber immer verbitterter, fürchtete wahnsinnig zu werden und äußerte Selbstmordgedanken. »Du kannst in Wiesbaden oft einen Gast treffen, der um drei Uhr morgens in der äußersten Ecke des Ratskeller allein sitzt und vor sich hinbrütet. Warum? Ich kann nicht schlafen! Es ist schauderhaft! Aber ich verliere den Mut nicht! Weiter im Werk, ist meine Devise!« Im November 1894 schrieb er an Smolian: »Ich habe die Periode der künstlerischen und inneren Zerrissenheit hinter mich gesetzt – und auch solide bin ich geworden . . . Allein bisher habe ich doch eines übersehen: nämlich die Gefahren des Alkohols . . . Ich habe das Trinken jetzt eingestellt und fühle mich infolgedessen viel freier, ruhiger, zuversichtlicher . . .«

Die eigentliche Krisenzeit begann dennoch erst im Jahre 1895, als sein Freund Riemann die Stadt verließ. Rapid sank nun die schöpferische Leistungsfähigkeit, selbst Brahms, der ihm eine handschriftlich signierte Photographie sandte, konnte nichts daran ändern. Am 1. Oktober 1896 wurde Reger auch noch Soldat beim Kurhessischen Füsilierregiment von Gersdorf Nr. 80. War Reger bereits durch Mißachtung der gesellschaftlichen Form und sein linkisches Gehabe ein Unikum, so steigerte sich diese Wesensart in der Uniform zur Groteske. Bald landete er beim Ausschuß der Kompanie, den man bestenfalls zum Arbeits- und Wachdienst verwenden konnte; doch selbst hier erschien er völlig unbrauchbar, »ließ Wache Wache sein und schlich in die Kneipe«. Wegen ständiger Betrunkenheit tat man Reger schließlich unter der Diagnose »Geisteskrankheit« ins Lazarett, zumal er sich noch eine Sehnenzerrung im Bereich der Sprunggelenke zugezogen hatte.

Nach einjähriger Dienstzeit wieder Zivilist geworden, versumpfte Reger buchstäblich. In ständiger Geldnot und äußerlich verwahrlost, ergab er sich ganz dem »Teufel Alkohol«. Die Eltern machten ihre letzten Spareinlagen flüssig. »Was haben die Welt und seine unselige Leidenschaft aus ihm gemacht«, klagte die Mutter, der Vater steigerte sich in ohnmächtige Wut gegen den gescheiterten Musikus. Wenn auch die Eltern die goldenen Uhren versetzten, so vertat Reger in Wiesbaden das Geld, das man ihm zur Auslösung der Wechsel schickte, auf der Stelle. Anzeichen eines beginnenden Wahnes meldeten sich. In ihrer Verzweiflung sandten Vater und Mutter seine Schwester Emma nach Wiesbaden, um ihn zur Heimkehr zu bewegen. Es folgten gefährliche Tobsuchtsanfälle; eilends suchte die Schwester das Weite. Fieberhaft bemühten sich die Angehörigen um Unterbringungsmöglichkeiten in einer Heilanstalt. Nochmals unternahm die Schwester einen letzten, verzweifelten »Bekehrungsversuch« in Wiesbaden – und entgegen allen düsteren Erwartungen kehrte der »verlorene Sohn« heim. Am 19. Juni 1898 verließ Max Reger die Stadt Wiesbaden.

In der Heimat übermannte nun den jungen Komponisten, der einen herrlichen Blüthner-Flügel besaß, ein frenetischer Arbeitswille; wie es überhaupt für sein ganzes Leben bezeichnend ist, daß das künstlerische Schaffen den ständigen Ausgleich für körperliche Exzesse bildete – und umgekehrt. Immerhin hatte Reger bislang schon an die zwanzig Werke fertiggestellt, und es entstanden nun in der häuslichen Geborgenheit der drei nächsten Jahre fast weitere 40 Opera. Dort kam es auch zur raschen Abheilung einer Zahnfistel, welche ihn schon längere Zeit behelligte.

Zeitlebens machte Reger sich die Devise seines Lehrers Lindner zu eigen: »Man muß aus allen Werken das auswählen, was einem dem innersten Wesen nach am meisten zusagt.« Ganz ungetrübt war diese Freude gewiß nicht, denn Regers Vater verharrte nach wie vor in skeptischem Sarkasmus gegenüber den Elaboraten seines Sohnes, den er am liebsten als Beamten bei der Post oder Bahn untergebracht hätte. Er lehnte dessen Musik mit ihrer »Verunklarung« der Tonalität, der überladenen Instrumentation und den scheinbar zusammenhanglosen Akkordfolgen ab. Aber Max Reger kannte keine Verlegenheitslösungen: »Gerade diejenigen meiner Werke, in denen ich absolut keine Konzessionen machte, haben am meisten Anerkennung gefunden! Man sagt, das Leben sei aus Kompromissen zusammengesetzt – gut –, allein in der Musik gibt es keine Kompromisse.« Unermüdlich schrieb der von jeder Verbindung mit dem großstädtischen Musikleben Abgeschnitte, worauf sein Freund und Biograph, der 1961 verstorbene Musikwissenschaftler Fritz Stein hinweist, Werbebriefe an Verleger, Kritiker, Kapellmeister und ausübende Künstler – daneben komponierte Reger wie rasend, als verpflichtete ihn allein schon sein Name zu solchem Eifer! Diese Kontakte zur Umwelt vereinfachten sich von selbst, als Regers Vater im

Jahre 1901 wegen seines Asthmas pensioniert wurde und die Eltern nach München übersiedelten. Dort lebten sie zusammen mit der Schwester Emma, die von fast klösterlicher Frömmigkeit war, was auch in der kapellenartigen Ausgestaltung ihres Zimmers zum Ausdruck kam. In München war Max Reger jetzt nebenbei noch häufig als Konzertleiter und Lehrer tätig, denn Regers Klavierspiel beeindruckte die Hörer. Vom hauchzarten Pianissimo bis zum rauschenden Fortissimo beherrschte er alle Nuancen des Vortrages. Bachs Polyphonie wurde unter seinen Händen am Flügel oder auf der Orgel, der Königin der Instrumente, zum unübertreffbaren, unvergeßlichen Erlebnis des Klanges!

Hingegen war die Haltung der Münchner Fachkollegen gegenüber dem »Vielschreiber« stets polemisch, welche ihn als »reif für das Irrenhaus« bezeichneten. Reger trug mit dem ihm eigenen bissigen Humor solchen Gegegebenheiten Rechnung, indem er in der Violinsonate op. 72 seinen geistigen Widersachern durch die Motive A-F-F-E und S-C-H-A-F-E ein Denkmal in Noten setzte. Das eigene Selbstbewußtsein war erheblich gewachsen, seitdem er am 25. Oktober 1902 die Lebensgefährtin Elsa von Bercken geehelicht hatte. Und nun begann sein Aufstieg, ganz entgegen den sonstigen künstlerischen Erfahrungen, nicht etwa von der Stadt aus, sondern von der Provinz her, wo Reger besonders unter der Jugend eine ständig wachsende Anhängerschar fand. Das Zerrissene, Chaotische seiner Tonsprache wich zu diesem Zeitpunkt wachsender Abgeklärtheit! Jetzt bestand sein Dasein nicht nur aus Konzerten und Konzertreisen; 1905 kam er als Lehrer für Orgelspiel und Komposition an die Akademie der Tonkunst. Der ewig Gehetzte spulte ein gigantisches Arbeitsprogramm mit gleichbleibender Gewissenhaftigkeit ab: Komponieren, Unterrichten, Reisen, Korrekturen lesen. Schon damals war er mitunter körperlich am Rande der Erschöpfung angelangt: »Ich bin oft so müde, so müde, daß ich kaum den Schlaf erwehren kann.« Als er am 7. April 1906 in Berlin seine Suite im alten Stil op. 93 aufführte, versagte sein rechter Arm. Eine Nervenlähmung, wohl durch die starke Beanspruchung infolge pausenloser Schreib- und Musiziertätigkeit verursacht, hinderte ihn für Wochen am öffentlichen Auftreten. Seinem Freund Richard Braungart gegenüber hat Reger einmal den Grund für diese hektische Betriebsamkeit anvertraut: Er sei davon überzeugt, daß er nicht alt werde, und er müsse sich deshalb beeilen und jede Minute nützen, um das Pensum, das ihm vom Schicksal auferlegt sei, zu erledigen.

Regers Vorliebe für kulinarische Genüsse ist mehr gewesen als die Befriedigung von Hunger und Durst – diese oft ins Animalische übertriebenen Exzesse waren der Ausdruck seelischer Not und erschreckender innerer Ruhelosigkeit: Das rein somatische Verlangen wurde zum Blitzableiter einer ans Pathologische grenzenden geistigen Hochspannung. Alles, was Reger trieb, das übertrieb er, mithin auch das Essen! Schon der herkulische Körper mit seinen schlanken Extremitäten und zierlichen Händen, dem großen Kopf und dem breiten Mund wies zusammen mit der später immer mehr hervortretenden Fettsucht dysplastische Züge auf, zumal Reger auch, wie die ihn behandelnden Ärzte bezeugen, eine völlig unerotische Natur war. Ebenso fehlt seiner Musik jeder sinnliche Wohlklang, was der Popularität von Regers Werk mit am stärksten im Wege stand. Prof. Dr. F. Lommel, welcher Max Reger von Jena her kannte, bezeichnete ihn als »dyshormonal«. Leider sind auf der einzigen uns bekannten Schädelaufnahme vom 20. Mai 1911 keine feineren Einzelheiten, nicht einmal Halswirbel, geschweige denn die Sella turcica, zu erkennen. Reger war etwa 180 Zentimeter groß, hatte aschblondes Haar, das sich später immer mehr lichtete und dann zu wachsender Kahlheit der Stirnpartie führte, und graublaue, stark kurzsichtige Augen. Sein Körpergewicht dürfte zuletzt etwa 90 bis 100 Kilogramm betragen haben. Es war nicht allein durch Regers Appetit verursacht, sondern durch eine Polydipsie, welche nach Ansicht von Professor Dr. H. Schultz, Berlin, den Verdacht auf eine Störung der Drüsen mit innerer Sekretion, sehr wahrscheinlich der Hypophyse, nahelegt. Denn Reger, dieser übernervöse Mann, trank allein nach Konzerten, wenn er gerade Abstinenzler war, oft 10 Liter Zitronenlimonade hintereinander oder dieselbe Menge von Kakao oder, wie er anläßlich von Einladungen scherzend zu bemerken pflegte, »badewannenweise« Kaffee. Selbst dem Arzt scheint die erwiesene Tatsache, daß Reger mehrere Dutzend Weißwürste hintereinander zu verzehren imstande war, kaum glaubhaft. Nach Konzerten sagte er oft zu dem Kellner: »Nun bringen Sie mal zwei Stunden lang Beefsteak!« Früher rauchte Reger am Tag zwanzig schwere Brasilzigarren, und seine Trinkfestigkeit war beispiellos. Regers gewaltiger, aufgeschwemmter Körper strotzte im übrigen von robuster Gesundheit, seine sprühende Vitalität und kindhafte Frohnatur machten ihn zum beliebten Gesellschafter, sein unstillbarer Heißhunger, gepaart mit ebensolchem Durst, sicherte ihm früh die Gunst der breiten Massen und Tageszeitungen!

Aber der wahre Reger war ein anderer als derjenige, wie er in Anekdoten oder Karikaturen fortlebt. Für ihn wurde die Vitalität nur zur Fassade, hinter welcher er sein höchst sensitives und im Grunde lebensängstliches Ich verbarg. Immer über das letzte Wesen der Dinge grübelnd und innerlich höchst einsam, hat Reger viel mehr mit metaphysischen Problemen gerungen, als es seine Zeitgenossen diesem scheinbar »Halbgebildeten« zuzutrauen vermochten. Jenes Kapitel über den vor sich selbst fliehenden Reger, dessen zweites Zuhause das Eisenbahnabteil war, wurde noch nicht geschrieben – ist aber unerläßlich, will man ihn ganz verstehen und seine lebenslange Flucht vor dem unsichtbaren Jäger Tod begreifen. Die Exzitantien, die Stimulantien, seine zur Schau getragene Euphorie und seine berüchtigten Männerwitze offenbaren eigentlich nur einen gewaltigen Sprung, der sich im Seelischen wie Somatischen durch den ganzen Reger zog. Der wahre Reger ist jener Tonmeister, welcher, tiefreligiös und von Jugend an im Katholizismus verwurzelt, im Jahre 1913 zu Arthur Seidl sagte: »Haben Sie noch nicht bemerkt, wie durch alle meine Sachen der Choral hindurchklingt ›Wenn ich einmal soll scheiden‹?« Sein »getreuer Georg«, der Herzog Georg II. von Sachsen-Meiningen, schrieb am 7. August 1912 sehr vorsichtig und schüchtern an Reger: »Wußten die Herrn (von der Kapelle), daß Sie excommunicirt sind?« So wird auch das freiwillig aufgebürdete Arbeitspensum – doppelt intensiv seit seiner Verheiratung mit einer geschiedenen Frau protestantischen Glaubens – zu einem neuen Rausch des Schaffens, welcher in der schöpferischen Ekstase erst die innere Entspannung beschert. Die ungeheure Fülle der Arbeit erklärt sich deshalb als eine Flucht – *in* die Arbeit! Da Reger weder von Philosophie noch von Malerei oder Dichtung nachhaltig beeindruckt war, blieb ihm als seelisches Ventil allein die Tonkunst. Und mühelos ging ihm das Komponieren von der Hand; denn einmal besaß Reger, wie sein Vater, das absolute Gehör, und zum andern war die Zahl der Einfälle derart unerschöpflich, daß ihre nie versagende Fülle nur in die Form der Takte gefaßt zu werden brauchte.

Im Februar 1907 bestätigte der Leipziger Senat die Berufung von Max Reger, der bereits übergroße Erfolge in Petersburg und Holland für sich hatte verbuchen können, als Universitätsmusikdirektor. Hier entstanden die Hiller-Variationen und das Violinkonzert (op. 101), welches bei der Uraufführung im Gewandhaus nur einen freundlichen Achtungserfolg errang. Im Herbst 1907 ernannte ihn der König von Sachsen zum Professor, hingegen kam es sehr zu seinem Leidwesen zum Bruch mit dem einstigen Lehrer H. Riemann, der ihn weder erkannte noch anerkannte. Im Jahre 1908 wurde Reger Dr. h. c., 1910 erfolgte sogar die Verleihung des medizinischen Ehrendoktors durch die Berliner Universität. In Leipzig konnte sich Reger viel mehr seinem Schaffen widmen als bislang, und die Adoption zweier Kinder klingt bis ins Violinkonzert nach, über dessen zweiten Satz er sagte: »Christa ist immer sehr lieb … Du wirst im Violinkonzert viel den Einfluß dieses kleinen Kindleins spüren.«

Die Nachwelt sieht bei allem Konzertieren nur den Glorienschein des Erfolges – die tatsächlichen Gegebenheiten waren oft anders, wie uns die »Einnahmen« manches Reger-Abends belehren, so zum Beispiel des Konzertes am Mittwoch, dem 17. Februar 1909:

Kosten des Konzertes	300 Mark
Vorverkauf	45 Mark
Abendkasse	4 Mark
Defizit	251 Mark

Auch in Leipzig gelang es Reger ebensowenig wie in München, Fuß zu fassen. Der schlichte, treue, ehrliche Mann gab schon rein vom Ausehen her keine Repräsentationserscheinung ab. Trotz vieler Auslandsreisen und Reger-Feste veranlaßten ihn die ständigen »Anrempeleien« der Leipziger Kritik, auch diese Position aufzugeben und sich in den nächsten Jahren der dankbarsten Aufgabe seiner gesamten Künstlerlaufbahn zu widmen, nämlich derjenigen des Orchesterführers der Meininger Hofkapelle! Unter Hans von Bülow bereits zu Weltruhm gekommen, übernahm hier der im Grunde menschenscheue Mann diesen Posten. Was aber Reger in den Jahren vor dem Ersten Weltkrieg noch einmal aus diesem Klangkörper zu machen verstand, das grenzt ans Unwahrscheinliche. Der grundgütige Herzog Georg von Sachsen-Meiningen war während dieser Zeitspanne Regers väterlicher Freund; denn über das rein Musische hinaus hatte der feinsinnige Aristokrat den Adel von Regers Wesen erkannt, dem das Pekuniäre eigentlich nie viel bedeutete und der einmal von sich sagte: »In Geldangelegenheiten bin ich gar kein Künstler. Ich hasse überhaupt den Ausdruck ›Künstler‹! Anständiger, edler Mensch sein – das ist die Hauptsache!«

Bereits drei Jahre vor dem Tode wirkte Max Reger auf Photographien vorzeitig gealtert; zu Beginn des Jahres 1911 setzte er sein Testament auf. Auch während des Sommerurlaubes in Tegernsee arbeitete Reger weiter, sofern er sich nicht beim Schwimmen erholte. Im Oktober des gleichen Jahres faßte er den Entschluß, »vollständiger Abstinenzler zu werden«, und mit eiserner Energie hat Reger bis kurz vor dem Ende der Meininger Jahre diesen Plan durchgeführt. Am 5. Januar 1912 schrieb der Herzog Georg an ihn: »Binnen Jahresfrist sind Sie ein nerveus kaputer Mann, wenn Sie's so rasend unvernünftig forttreiben . . .« Reger antwortete daraufhin am 6. Januar: ». . . auch lebe ich so vernünftig; ich rauche mäßig, sehr wenig Zigaretten, nur leichte deutsche Zigarren – also keine Importen . . .« Die folgenden Jahre sahen Max Reger auf dem Höhepunkt seines Wirkens, obwohl der physische Abbau sich merklich abzuzeichnen begann. Seine Frau äußerte sich hierzu am 16. November 1913: »Ich muß Ihnen sagen, daß ich Gott täglich danke, daß er mir diesen Mann zu eigen gab. Als Künstler von Gottes Gnaden und solch guter, edler, treuer Mensch ist Reger eine seltene Erscheinung. Seit den zwei Jahren, in denen er keinen Tropfen Alkohol mehr zu sich nahm, fühlt er sich viel gesünder, frischer, leistungsfähiger und ist immer guter Laune. Mit ihm leben, weckt alle guten Eigenschaften in einem selber. Wer Max Reger als Mensch wirklich kennenlernt, muß ihn lieben und verehren.« Wenn Reger vor »seinen« Meiningern stand, hatte er alle gesundheitlichen Sorgen vergessen, und sein Zauberstab beschwor nicht nur die Meister der Klassik, sondern ebenso auch Debussys »Faun« oder die abgründige Mystik von Bruckners 9. Sinfonie zu klingendem Leben. Seitdem im Oktober 1912 ein befreundeter Arzt in Berlin ihn für völlig herzgesund erklärt hatte, glaubte Reger sich noch mehr zumuten zu können. Er suchte ihn auf, weil bereits während des Septembers 1912 erneute Schwindelanfälle auftraten, die sich auf der Reise mit der Kapelle durch Westdeutschland im November wiederum einstellten, so daß Reger ein Konzert in Kolmar nicht zu Ende dirigieren konnte. Diese und die nachfolgend beschriebenen Beschwerden waren sicher durch einen erheblichen Bluthochdruck, eine exzessive Hypertonie, verursacht, die sowohl als eigenes Krankheitsbild wie im Gefolge der innersekretorischen Drüsenstörung aufgetreten sein dürfte, worauf auch Regers Korpulenz und seine sich ständig steigernde Nervosität hinweisen. So befremdend es uns heute vorkommen mag – es gibt keinerlei reelle Werte über Blutdruckmessungen von diesem illustren Patienten, da sich die vorgenannte Untersuchungsmethode nicht vor den zwanziger Jahren auf breiter Ebene durchsetzte. Im November meldeten sich Schwindelanfälle im Zusammenhang mit einem enteralen Infekt von neuem. Aber trotzdem reiste Reger im Winter 1913 wieder von Stadt zu Stadt. Er war jetzt derart schwerfällig, daß er sich beim Dirigieren hinsetzen mußte, und auch dies wieder nicht zuletzt wegen der Schwindelanfälle und Platzangst, die ihn immer häufiger überkamen. »Ich habe erkannt, daß ich alt, sehr alt geworden bin und begebe mich bald in ›Pension‹«, schrieb er im Juni 1913. Die gesamte persönliche Zerfahrenheit und Unsicherheit kennzeichnet ein Schreiben an den Herzog vom 13. Oktober:

»Mein Arm ist nicht kaput; nur die rechte Hand ist durch das Taktstock halten, sehr schwer; man schreibt sich schlecht damit. Das Klavierspielen – besonders Mozart – ist jest (!) eine Qual für mich.«

Am 9. Dezember schrieb Reger:

»... seit einem Jahr hab' ich immer beim Stehen auf dem Podium vorne diese Schwindelanfälle, was die Ärzte auf Nervosität zurückführen. Es ist ganz komisch, dieser ›Platzschwindel‹ ist nur dann da, wenn ich ganz vorne an der Rampe des Podiums bin; es ist eben rein nervöser Art, wie die Ärzte sagen. Auch ist mir eine strenge Diät anbefohlen worden: mein Hunger war zu ausgiebig, so daß ich faktisch hungern muß, um nicht zu dick werden.«

Im Winter 1913/14 wieder ständig auf Reisen – ein Brief an Georg Stern vom 15. Februar trägt die Unterschrift »Ihr alter, abgehetzter Reger« –, trat Ende Februar 1913 nach einem Konzert in Hagen der schon lang befürchtete Zusammenbruch ein. Wenn auch in den einschlägigen Reger-Biographien von einer »Nervenlähmung« die Rede ist, so muß doch festgehalten werden, daß im eigentlichen medizinischen Sinn keinerlei Funktionsausfall im Bereich einer Extremität oder der mimischen Muskulatur vorlag. Subjektiv bestanden nur erhebliche Rückenschmerzen, die möglicherweise auch durch Hämorrhagien im Gebiete sogenannter »stummer Hirnzonen« verursacht waren; denn was hierbei sehr gegen einen gewöhnlichen Gefäßkrampf im Bereich der Hirnarterien spricht, ist die Tatsache, daß Reger seitdem sein inneres Tonvorstellungsvermögen verloren hatte. Dies vertraute er aber nur intimen Freunden an und war der eigentliche Grund für die Bitte um Suspension vom Meininger Dienst. »Durch Massage und Wärme etwas gemildert«, schreibt seine Gattin, »reiste er doch heim, und aus Eisenach bekam ich eine Depesche, ich möchte an die Bahn in Meiningen kommen, meinem Mann ginge es nicht gut. Dr. Holle hatte einen Wagen besorgt, und nun brachten er und Zbiral meinen kranken, ganz zusammengefallen gehenden Mann heim, ihn mit unsäglicher Mühe die Treppe herauf geleitend. Im Lehnstuhl sitzend bat er, ihn in Ruhe sterben zu lassen, so erschöpft war er.« Regers Bett wurde nun im Wohnzimmer aufgeschlagen, wo er tagsüber dann lag. Es dauerte etwa vier Wochen, bis er sich so weit erholt hatte, um am 27. März nach Meran, wohin er von seinem Freunde Fritz Stein und dessen Gattin begleitet wurde, ins Sanatorium Martinsbrunn zu gehen. Der dortige Chefarzt, Sanitätsrat Dr. von Kaan, nahm den Patienten sogleich in eine strenge Behandlung, verordnete Entfettungs- und Terrainkuren, fleischarme Kost, gymnastische Übungen, täglich mehrstündige Spaziergänge und Bestrahlungen mit der Quarzlampe. Endlich einmal frei von der ständigen Hetzjagd der Konzerte, genoß der Rastlose aufatmend die ländliche Stille, die Platzangst wich, er erholte sich zusehends – und schon nach wenigen Tagen begann er wieder mit dem Komponieren! Was sich Anfang 1914 gesundheitlich ereignet haben mag, das erhellt ein Brief aus Meran an Adolf Wach, geschrieben am 2. Mai: »Die Schwindelanfälle, unter denen ich so sehr litt, haben sich – Gott sei Dank – gegeben; mein Blutdruck war unter den Anstrengungen ganz absonderlich geworden – und daher diese Schwindelanfälle. Nachts litt ich unter allem möglichen dummen Zeug: ich sah Gespenster und fürchtete mich allein zu schlafen; ich habe auf den Konzertreisen immer die Nächte durch gelesen, weil ich Angst vor dem zu Bett gehen hatte! Kurzum, ein schauerlicher Zustand! Das ist nun alles weg; durch absolute Ruhe, völliges Ausspannen, schlafe ich wieder nachts, sehe keine Gespenster mehr und habe schon die Courage, nachts allein zu schlafen. Meine Nerven waren eben am Rande des ›Umkippens‹. Ich muß auch eine andere Ernährungsweise mir angewöhnen: viel Gemüse, viel Kompott! Meine Natur ist ja elastisch, und so habe ich den Hieb noch überstanden.«

Bereits in den ersten Martinsbrunner Tagen bat Reger seinen Herzog um Entlassung aus dem Amt des Meininger Hofkapellmeisters. Das ärztliche Attest hat folgenden Wortlaut:

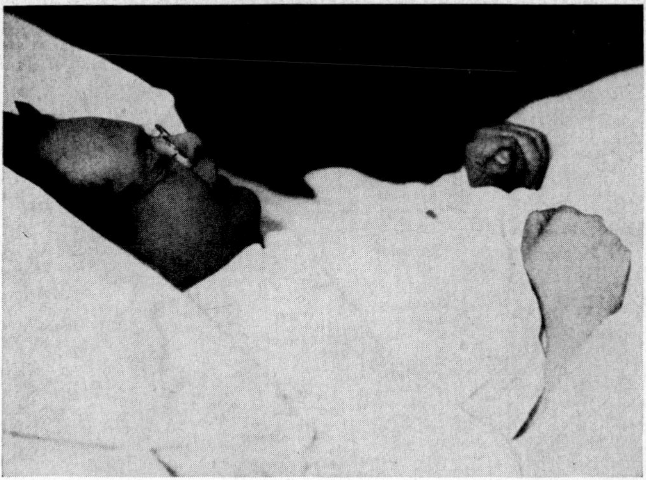

Max Reger auf dem Totenbett
Photographie von E. Hoenisch, Leipzig

Claude Debussy im Jahre 1885
Gemälde von M. Baschet

»Herr Generalmusikdirektor ... leidet an einem Erschöpfungszustand des Nervensystems, welcher durch außerordentliche Überanstrengungen und Aufregungen in seiner Berufstätigkeit verursacht wurde. Durch den bisherigen Kurgebrauch hat sich sein Gesundheitszustand gebessert, so daß eine vollständige Wiederherstellung und Genesung in absehbarer Zeit zu gewärtigen ist. Schonung, Enthaltung von Aufregungen und Überanstrengungen etc. vorgeschlagen etc.

Sanatorium Martinsbrunn
Meran, 21. April 1914
Dr. Norbert von Kaan.«

Ergänzend hierzu schrieb Fritz Stein vertraulich an den Herzog Georg am 11. Mai 1914:

»Es ist leider richtig, daß Reger nach zweijähriger absoluter Abstinenz im vergangenen Winter wieder ›Rückfälle‹ gehabt und mehrere Male wieder ›in alcoholicis‹ exzediert hat . . . Er pflichtete mir durchaus bei und erklärte jene Rückfälle mit seiner totalen Nervenabspannung. Er habe sich bereits von Ende Oktober an . . . in einem derartigen Zustand der Erschöpfung befunden, daß er sich zu Zeiten *nur* noch mit Hilfe von Alkohol hätte aufrecht erhalten können, sonst wäre die Katastrophe schon früher eingetreten. Er machte ja tatsächlich schon im Dezember . . . einen derart hinfälligen Eindruck, daß alle hiesigen Mediziner der Universität, die ihn damals sahen, entsetzt waren . . . Je mehr die Saison vorschritt, desto widerstandsloser wurde er und desto öfters suchte er durch die unselige Stimulanz der Alcoholica seine versagenden Nerven wieder aufzuputschen.«

Ruhe, Sonnenschein, ausreichender Schlaf, eine sympathische Umgebung und sorgsame Pflege stellten bald Regers alte Spannkraft wieder her. Im Mai weilte er zur Nachkur in Schneewinkel. Hier begann der Meister mit der Komposition der »Mozart-Variationen«, op. 132, die er selbst als sein bestes Werk bezeichnete und deren Uraufführung am 8. Januar 1915 in Wiesbaden – welch triumphale Rückkehr! – unter seiner Stabführung erfolgte. In den letzten Lebensjahren wurde gerade Mozart sein Ideal, denn: »Das größte musikalische Wunder, das die Erde gesehen, war er.« Diesem »Licht- und Liebesgenius« ist das grandiose Orchesterstück gewidmet, entstanden in einer Zeit sichtlichen biologischen Niederganges. Ergreifend die Müdigkeit der 8. Variation – da stand der Tod hinter dem Schreibtisch, über den tief gebückt Reger beim Komponieren saß.

Am 26. Juni 1914 starb Regers Mäzen, der Herzog Georg, in Bad Wildungen. Am 1. Juli schied Reger aus seinem Meininger Amte. Am 1. August begann der Weltkrieg – wenige Tage später wurde den meisten Mitgliedern der Kapelle gekündigt. Eine wahrhaft glorreiche Zeit vorbildlichster Gemeinschaftsarbeit zwischen Klangkörper und Orchesterleiter war unwiederbringlich dahin!

Reger kaufte sich in Jena ein Haus in der Beethovenstraße, wo er gänzlich ungestört seinem Schaffen leben konnte. Den Kontakt mit der Umwelt hat er aber nie aufgegeben und seinen Unterricht in Leipzig ständig fortgesetzt. Reger wählte sich deswegen zum Wohnsitz eine Universitätsstadt, weil er mit Männern verkehren wollte, welche auf ihrem Gebiet so viel leisteten, wie er auf dem seinen. »Ich will nicht immer geben müssen, ich will auch nehmen können«, war seine Devise. Reger war höchst vielseitig interessiert. So ging er sowohl in Göttingen als auch in Jena wiederholt in die Anatomie und besuchte die verschiedensten Irrenanstalten, um die Geisteskrankheiten zu studieren, wobei nicht zuletzt Gedanken über die letzte Erkrankung der eigenen Mutter und über den Gemütszustand der verschrobenen Schwester Emma, deren Lebensunterhalt Reger immer selbstlos aus eigenen Mitteln bestritt, mitgespielt haben dürften. Reger dirigierte jetzt seit langem wieder »stehend« – bald arbeitete er bis tief in die Nacht hinein. Im Herbst 1915 begann Reger mit einem enormen Konzertprogramm. Es fand sich niemand, der diesen Mann in seiner sichtlichen Ermüdung von solchem selbstmörderischen Treiben zurückhielt. Von Stadt zu Stadt hastend, wurde Reger, wie sein Freund Fritz Stein mitteilt, müder und müder, infolge der kriegsbedingten Zugverspätungen lebte er mehr denn je in Wartesälen und immer weniger in den eigenen vier Wänden. Ende November 1915, als er anläßlich eines Konzertabends bei seinem Freunde Hermann Weiler in Kassel wohnte, überfiel Reger ein erneuter Schwächeanfall. Er ließ sich ein Glas Limonade reichen und bemerkte: »Kinder, ihr wißt gar nicht, wie sehr ich manchmal zu leiden habe.« Die Briefunterschriften »Dein alter Reger« wurden jetzt häufiger.

Im März des Jahres 1916 teilte Reger mit, daß er soeben bei der letzten Musterung für dienstuntauglich befunden worden sei, und zwar – wie aus einer Notiz von seiner Frau zu entnehmen ist – wegen des Herzens. Wie Adalbert Lindner in seinem Reger-Buch betont, war der Meister schon längere Zeit stark herzleidend, verbarg aber der Umgebung diese schlimme Tatsache. Die letzte größere Reise führte Max Reger in der zweiten Märzhälfte nach Holland. Von Todesahnungen verfolgt, legte er hier in der Nacht des 23. März vor dem Wiener Geistlichen Rudolf Nowowiejski eine Generalbeichte ab und gelobte die Komposition der »Salve Regina«. Doch dazu kam es bei dem Komponisten, der sich von nun an in einem seltsamen Schwebezustand zwischen letalem Pessimismus und euphorischen Zukunftsplänen befand, nicht mehr – sein letztes vollendetes Werk ist das Klarinettenquintett A-Dur, op. 146, geblieben.

Am 10. Mai gab Reger in Leipzig die üblichen Unterrichtsstunden, am Abend traf er sich, wie vereinbart, mit Straube und einigen anderen Bekannten im Café Hannes.

Reger hatte zuvor Steinpilze verzehrt und kaltes Bier getrunken – da befiel ihn nach 11 Uhr heftiges Unwohlsein, das von Magenschmerzen, Atembeschwerden, Herzbeklemmungen und Schweißausbruch begleitet war. In diesem Zusammenhang sei nicht verschwiegen, was Regers Schülerin Sophie Rohnstock in den Mitteilungen des Max-Reger-Institutes in Bonn über den Verlauf dieses Abends berichtet: »Ernstere Gespräche über Musik und Schaffen erfolgten bei Hannes, dem beliebten Künstler-Restaurant, das vom Konservatoriums-Völkchen stets belebt war. Wie oft hörte ich da Regers Stimme: ›Hannes, geben's ma a Pulverl! Hannes, geben's mir noch a Pulverl!‹ Das waren auch Regers letzte Worte an Hannes am letzten Abend seines Lebens. Hannes gab Opiumpulver und der Arzt darauf Morphiumeinspritzungen . . .« Professor Dr. Jérome Lange, den man rief, konnte außer geringer Vergrößerung der Herzdämpfung und einem recht langsamen und schwachen Puls keine Besonderheiten feststellen. Er verabfolgte eine Morphiuminjektion, worauf Straube mit Reger in das Hotel Hentschel fuhr; dort soll er noch eine weitere Morphiumspritze bekommen haben. Man brachte Reger zu Bett und besorgte ihm die Abendzeitung. Den Vorschlag, die Nacht über bei ihm zu bleiben, lehnte Reger freundlich dankend ab, da er sich wieder ganz wohl fühle. Als der Arzt am folgenden Morgen gegen 9 Uhr das Hotelzimmer betrat, war Reger nicht mehr am Leben. Bei brennender Lampe, anscheinend mit aufgesetzter Brille lesend, ist Reger kampflos dem Bruder Tod in das Schattenreich gefolgt, erst 43 Jahre alt. Auf dem Tisch des Sterbezimmers lag der Korrekturabzug der »8 Geistlichen Gesänge« für gemischten Chor, Werk 138, den er zur Durchsicht auf seine letzte Reise mitgenommen hatte; aufgeschlagen war der erste Chor: »Der Mensch lebt und bestehet nur eine kleine Zeit, und alle Welt vergehet mit ihrer Herrlichkeit!«

Da die Sektion leider verweigert wurde, kann die Diagnose nur rückblickend auf Grund der klinischen Befunde gestellt werden. In der Annahme eines Herzinfarkts waren sich aber alle, die Reger kannten, später einig; auch die im Jahre 1951 verstorbene Witwe, Frau Elsa Reger, neigte dieser Auffassung zu. Ob und inwieweit noch eine toxische Beeinflussung des Atemzentrums auf medikamentöser Basis stattgefunden hatte, läßt sich jetzt nicht mehr entscheiden. Regers plötzlicher Herztod ist eigentlich nur das Endglied in der Kette einer chronischen Abnützung des Gefäßsystems gewesen, welche mit einer jeden Zweifel ausschließenden Sicherheit seit vielen Jahren im Rahmen des Hochdruckleidens bestanden hat und deren klinische Manifestation bereits im Jahre 1914 erfolgte. Schon damals gab der Tod dem Kranken eine Gnadenfrist – und er hat sie zu nutzen gewußt! Für den Arzt ist es im Zusammenhang damit müßig, posthum Betrachtungen darüber anzustellen, ob ein mäßigeres und geregelteres Dasein Regers Leben verlängert haben würde – Regers Leiden war anlagebedingt und nahm seinen schicksalhaften Verlauf. Mit den Mitteln der damaligen Medizin war der Bereich des Möglichen erschöpft. Man hätte Reger vielleicht in ein noch mönchischeres Dasein zwingen können, aber dann wäre Reger sicher nicht mehr Reger gewesen. Er hatte die Tage seines Lebens bis zur Neige ausgeschöpft, und so ging er von uns, wie er es immer ahnte, dem Licht seines Genius vertrauend wie jenem Goethe-Wort, welches in schlichtem Rahmen von der Wand des Arbeitszimmers herabmahnte:

Diese Richtung ist gewiß
Immer schreite, schreite!
Finsternis und Hindernis
Drängt dich nicht zur Seite.

Die Totenmaske wurde von Prof. Seffner abgenommen; Max Klinger zeichnete den Freund auf dem letzten Ruhelager. »Den Ausdruck seines Gesichtes«, so berichtet Straube, »werde ich nie vergessen. Es ist das Monumentalste, was ich je auf einem Menschenantlitz gesehen habe. Auf dem Wege in das unbekannte Land muß er gewaltige Erscheinungen gesehen haben, und vielleicht hat er mit seinem Gotte selber geheimnisvolle Gespräche geführt über Sinn und Ziel des Lebens, und Gott hat ihn erkannt als einen getreuen Knecht. Denn das ist ja das Kennzeichnende an Regers Persönlichkeit und Kunst: Immer sah er das eigentlich Wertvolle in den übersinnlichen, geistigen Dingen. Die großen Werte seines Lebens waren mit den religiösen eng verbunden ...«

Max Reger hatte seine Einäscherung testamentarisch angeordnet, weil er es wenig schön fand, daß man Bach, Beethoven, Schubert und andere Große später exhumierte und ihnen den Schädelumfang maß. Während draußen die Welt in Flammen stand, versammelte sich eine kleine Trauergemeinde am Sonntag, dem 14. Mai, im Jenaer Krematorium, um dem Toten, dessen Los es gewesen war, zu Lebzeiten als Mensch und Künstler verkannt zu werden, die letzte Ehre zu erweisen. Unter den Klängen von Regers Lieblingschoral »Wenn ich einmal soll scheiden« sank dann der Sarg; die Urne fand am 11. Mai 1930 in einem von der Stadt München zur Verfügung gestellten Ehrengrab ihre Ruhestätte. Gerade in einer Zeit äußerster existentieller Bedrohung spürten diejenigen, die ihn verloren, daß es eine Macht des Geistes gibt, welche stärker ist als Waffen und Revolutionen, und alle, welche ihn wirklich kannten, nahmen etwas von solch unverlierbar gewordenem Besitz in ihr weiteres Leben mit, wie es Richard Braungart in seinem Buche »Freund Reger« zum Ausdruck bringt:

»Denn wer einmal dem Genie, dieser verehrungswürdigen Manifestation des Göttlichen begegnet ist und es hat erleben dürfen, den kann der graue Alltag nie mehr ganz zu sich herabziehen; denn er gehört für immer zu den Begünstigten des Schicksals!«

MAX REGER

1. *Bagier, G.:* Max Reger, Berlin 1923.
2. *Braungart, R.:* Freund Reger, Regensburg 1949.
3. *Brock, Ch.:* Max Reger als Vater, Marburg 1936.
4. *Handbuch der Inneren Medizin,* Bd. IX/5: Hypertonie. Berlin–Göttingen–Heidelberg 1960.
5. *Hase-Köhler, E.:* Max Regers Briefe, Leipzig 1928.
6. *Lindner, A.:* Max Reger. Ein Bild seines Jugendlebens und künstlerischen Werdens, Stuttgart 1922.
7. *Otto, E.:* Max Reger, Sinbild einer Epoche, Wiesbaden 1957.
8. *Poppen, H.:* Max Reger, Leipzig und Wiesbaden 1947.
9. *Reger, M.:* Briefwechsel mit Herzog Georg II. von Sachsen-Meiningen, herausgegeben von Hedwig und Erich H. Müller von Asow, Weimar 1949.
10. *Reger, E.:* Mein Leben mit und für Max Reger, Leipzig 1930.
11. Reger, M. Sein Leben in Bildern von Prof. Dr. F. Stein, Leipzig 1941.
12. Reger, M. Festschrift aus Anlaß des 80. Geburtstages des Meisters, Leipzig 1953.
13. *Rohnstock, S.:* Erinnerungen an Max Reger, in: Mitteilungen des Max-Reger-Instituts, Bonn, Heft 11/1960.
14. *Schreyer, H.:* Ahnenliste Max Reger. Blätter des Bayerischen Landesvereins für Familienkunde Nr. 2/1959.
15. *Stein, F.:* Max Reger, Potsdam 1939.
16. *Stein, F.:* Eine Max Reger-Erinnerung, in: Festschrift für Vizepräsident Prof. D. Dr. O. Söhngen, Berlin 1960.
17. *Unger, H.:* Max Reger, München 1921.

Briefe an den Verfasser:

18. von Prof. Dr. med. F. Lommel/Jena vom 25. März 1961,
19. von Fr. Sophie Rohnstock/Leipzig vom 29. Dezember 1960,
20. von Prof. Dr. med. H. Schultz/Berlin vom 23. Februar 1961,
21. von Prof. Dr. F. Stein/Berlin am 23. Februar 1961,
22. von Prof. Dr. F. Stein/Berlin am 6. März 1961,
23. von Prof. Dr. F. Stein/Berlin am 23. März 1961.

CLAUDE DEBUSSY
(1862–1918)

Materiam superabat opus
Ovid

Claude-Achille *Debussy* kam am 22. August 1862 in Saint-Germain-en-Laye zur Welt, wo seine Eltern, eine Geschirrhandlung betreibend, in bescheidenen Verhältnissen lebten. Ob die in letzter Zeit sich verdichtende Ansicht von einer Kindesunterschiebung zu Recht besteht und Debussy demnach der Sohn des Finanzmannes Achille Antoine Arosa war, sei dahingestellt. Jedenfalls empfing Debussy, welcher noch vier jüngere Geschwister hatte, die Taufe erst am 31. Juli 1864, wobei Arosa die Patenschaft übernahm. Als seine Eltern später nach Paris übersiedelten, ermöglichte dieser dem verschlossenen und schweigsamen Knaben die pianistische Ausbildung durch vorzügliche Lehrer, so daß Debussy, erst zehn Jahre alt, in das Konservatorium eintreten konnte. Daselbst absolvierte er ziemlich mühelos die einzelnen Klassen, unternahm während der Ferien wiederholt Auslandsreisen, fand in den Kreisen der vornehmen Gesellschaft nicht wenige Gönner und errang im Alter von knapp 22 Jahren mit der Kantate »L'enfant prodigue« den »Prix de Rome«.

Aber Debussy fühlte sich in dem Institutsbetrieb der Villa Medici, wo er die nächsten beiden Jahre verbringen mußte, nicht wohl, und wenn er auch sein Leben in einer Kulturatmosphäre und frei von Brotsorgen verbrachte, kehrte er doch Anfang 1887 vor Ablauf der Studienzeit nach Paris zurück. Dort war der grüblerische, in sich gekehrte junge Mann in erster Linie auf die Unterstützung von Eltern und Freunden angewiesen, obwohl er Klavierunterricht erteilte. Beim Komponieren rauchte Debussy ständig selbstgedrehte Zigaretten, arbeitete aber sehr umständlich und »wäre eher Falschmünzer geworden, als daß er drei Takte geschrieben hätte, zu denen er sich nicht gebieterisch gedrängt fühlte«. Bezeichnend ist, daß Debussy am liebsten den Beruf eines Malers ergriffen hätte, und entsprechend formte er in Tönen die Bilder, welche die Natur in ihm wachrief – Klang gewordener Renoir! Wenn man auch Debussys Musik, wie zahlreiche Kenner behaupten, »mit heiterem Gleichmut, ohne Trunkenheit und Tränen anhören kann«, so darf man doch nicht vergessen, daß sie mit ihren tiefsten Wurzeln im kosmischen Naturerlebnis der Spätromanik verankert ist und sich gerade in ihren Steigerungen zu echter Tragik erhebt. Richtungweisend hierfür ist besonders seine Neigung zu R. Wagner, mit welchem ihn stets eine eigenartige Haßliebe verband. Im 5. Takt der »Nuages« erscheint dasselbe Motiv im selben Triolenrhythmus und vom gleichen Instrument (Englischhorn) vorgetragen, welches in Gegenbewegung nach dem Vorspiel des 3. Aktes zu »Tristan und Isolde« auf der Bühne erklingt, und hier wie dort ähneln die szenischen Kommentare – »dunkle Gewitterwolken über der Seine«; Blick auf den »weiten Meereshorizont« – einander verblüffend. So ist auch »Pelléas und Mélisande«, Debussys großes lyrisches Drama vom Jahre 1902, nichts anderes als eine Übertragung der Tristan-Sage in die Sprache seines Volkes und seiner Zeit. Gerade der Umstand, daß Debussys Musik mehr Atmosphäre als Gegenständliches enthält, garantiert dem Hauptwerk jene unwiederbringliche Einzigartigkeit, wie sie daneben vor allem die Orchesterstücke »Der Nachmittag eines Faun« (1894), die drei »Nocturnes« (1899) und die symphonische Dichtung »La Mer« (1905) ausstrahlen. Auffallend ist, daß diese Sublimierung des Ausdrucks mit dem Zenit der biologischen Schaffenskraft zusammentrifft. Denn schon nach 1905 machen sich, wie nicht wenige Biographen feststellten, gewisse Erschöpfungsanzeichen bemerkbar, weicht das Unaussprechliche der Empfindung in seiner »Ibéria«-Suite (1908) der Tonmalerei, verliert sich der immens erweiterte Orchesterapparat in der Klangchemie des Künstlichen.

Debussy heiratete am 10. September 1899 Fräulein Rosalie Texier, doch wurde diese Ehe im Jahre 1905 geschieden; sie selbst soll im Elend gestorben sein. Der Komponist vermählte sich ein zweites Mal mit Frau Sigismond Bardac, die dem jüdischen Glauben angehörte und sich seinetwegen ebenfalls hatte scheiden lassen. Die Eheschließung, welche erst 1908 rechtskräftig wurde, erfolgte nicht zuletzt wegen der Geburt des Töchterchens Claude-Emma, auch Chou-Chou genannt, die im Herbst 1905 zur Welt kam und welcher Debussy seinen Namen geben wollte. Das musikalisch sehr begabte, dunkelhaarige Kind, seinem Vater wie aus dem Gesicht geschnitten, überlebte ihn aber nur um wenige Monate und starb 1919, kaum 14 Jahre alt an Diphtherie. Debussys zweite Gattin verschied im August des Jahres 1934.

Die Eheschließung von 1908 verbesserte Debussys wirtschaftliche Lage wider Erwarten keineswegs, ja die hieraus erwachsenen Prozesse dauerten noch über seinen Tod hinaus an. Mit dem Geld hauszuhalten vermochte der Meister sowieso nie. Er besaß ein exquisites Stilgefühl, hatte eine Vorliebe für Grün – zu jeder Jahreszeit mußten frische Schnittblumen sein Arbeitszimmer schmücken – und lebte ebenso arm wie verschwenderisch, weil er alles, was ihm schön vorkam, möglichst auch zu besitzen wünschte. Der mittelgroße, rundliche Mann mit der bernsteinfarbenen Haut, den hintergründig dunklen Augen, dem langen Haar und dem seidigen Bart verfügte über ein hochfeines Gehör, eignete sich aber kaum für die Dirigentenlaufbahn, weil er sich in der Öffentlichkeit nur schwer durchzusetzen verstand und zudem ganz leise sprach. Dennoch reiste Debussy, nicht zuletzt aus finanziellen Erwägungen, wiederholt ins Ausland, um bei der Interpretation der eigenen Werke den Stab zu führen. Eine nervöse Gereiztheit, oft bedingt durch die Kritiken zahlreicher Widersacher, die aus Debussys Werken vor dem Ersten Weltkrieg »den Herbst seines Talentes« herauszuhören glaubten, bemächtigte sich des Komponisten vor allem dann, wenn ihn die Journalisten interviewten: »Aber nein! . . . es gibt keine Debussy-Schule! Ich habe keine Schüler! Ich bin ich!« Unter erheblichem Zeitdruck mußte er im Jahre 1911 sein Mysteriendrama »Le Martyre de Saint-Sébastian« nach dem Text von Gabriele d'Annunzio beenden. Doch stand die Uraufführung unter einem schlechten Stern, zumal der Erzbischof von Paris vor der Premiere ein Verdammungsurteil über das Werk gesprochen hatte. Da Debussy Pantheist war und dieses fünfteilige Theaterstück mehr eine Wiederbelebung des altheidnischen Adoniskultes als ein christliches Bühnenweihefestspiel darstellte, hatte er nicht nur die Rezensenten, sondern auch die breite Öffentlichkeit gegen sich, deren Gunst seit der von ihm erzwungenen Ehescheidung von seiner ersten Frau merklich zurückging.

Ausgedehnte Konzertreisen führten Debussy Ende 1913 als Gastdirigent nach Moskau und Petersburg; Anfang 1914 weilte er in Rom, den Haag und Amsterdam, im Juni des gleichen Jahres in London. Er fühlte sich leidend, ohne etwas dagegen tun zu können, »hätte am liebsten außerhalb der Musikwelt gelebt und sich in sein Inneres eingesponnen«. Am 14. Juli schrieb er an R. Godet, daß er auf einem Punkt angekommen sei, »wo man nur noch den Selbstmord als Ausflucht vor sich sieht«. »Im wahren Sinn des Wortes: ich bin am Ende meiner Kräfte« (29. Juli 1914). Seit Jahren schwächten mannigfache Beschwerden, worauf der Debussy-Biograph H. Strobel hinweist, unbemerkt die Gesundheit des Meisters. Im Jahre 1905 nahm er während der Komposition von »La Mer« »Chinin und andere chemische Mittel ein«. 1907 wird eine Darmkrise in einem Schreiben an den Verleger Durand erwähnt, und 1909 hört man von »Morphium, Kokain und anderen reizenden Giften«, auf welche übrigens nicht wenige moderne Komponisten zurückgriffen. Eine hartnäckige Zahnfleischentzündung kam im August 1913 hinzu, wie ein Brief an Igor Strawinsky erkennen läßt. Zweifelsohne wollte Debussy den Ausbruch seiner letzten deletären Krankheit vor sich selbst nicht wahrhaben, »er war von Scham verzehrt, wie es nur ein Künstler sein kann, der sein Leiden mit Abneigung, ja fast als Schande empfindet. Man hat sogar behauptet, daß er seine Krankheit wachsen ließ, indem er sie verhehlte.« So enthielt sich Debussy das ganze Jahr 1914 über jeder schöpferischen Tätigkeit, nicht zuletzt auch infolge der Kriegsunruhen.

Als Debussy im Sommer 1915 in Pourville-sur-Mer zur Erholung weilte, fühlte er sich von neuen Kräften beflügelt, glaubte »sich auf dem Weg der Wiedergeburt«. »Endlich, endlich habe ich die Möglichkeit und gleichsam das Recht, in Musik zu denken, wiedergefunden, was mir seit einem Jahr nicht geschehen war . . .« Er komponierte Klavierstükke, ferner 12 Etüden und begann mit dem Zyklus von 6 Sonaten für verschiedene Instrumente. Doch vermochte er nur die ersten drei fertigzustellen. Sie sind alle unterschrieben »Claude Debussy, musicien français« mit der für ihn typisch winzigen, aristokratischen Strichführung. Obwohl er noch zwei Sonaten in diesem Jahr schrieb, nahm die Krankheit ihren schicksalhaften Verlauf. Hierbei handelte es sich um eine bösartige Neubildung im Bereich des Enddarms, die man wiederholt mit Radiumbestrahlungen anzugehen versuchte. Am 7. Dezember 1915 mußte sich Debussy deswegen einem operativen Eingriff unterziehen. Wie schrecklich das Leben in den Monaten zuvor war, beweist ein Brief an den Geiger Hartmann:

»Natürlich ist diese Krankheit nach einer guten Arbeitszeit gekommen. Ach, mein lieber Alter, ich habe darüber geweint. Rechnen Sie zu all dem Gräßlichen vier Monate Morphiumspritzen hinzu, die aus einem eine Art von wandelndem Leichnam machen und jede Spur von Willenskraft unterdrücken. Wenn man nach rechts gehen will, geht man nach links und andere Scherze der gleichen Art. Wenn ich Ihnen schließlich meine Nöte im einzelnen aufzählen wollte, würden Sie zu weinen anfangen . . . Ich hätte wie eine ganze Negerplantage gearbeitet und mich daran gemacht, diese Sonate für Geige und Klavier zu schreiben, auf die Sie freundlicherweise gespannt sind . . . Jetzt weiß ich nicht mehr, wann ich meinen Schwung wiederfinde. Es gibt Augenblicke, da mir zumute ist, als hätte ich nie etwas von Musik gewußt.«

Vom Dezember 1915 an ist Debussy nur noch Patient und wird immer schwächer. Fast das ganze Jahr 1916 vergeht wieder, ohne daß er eine Note aufschreibt. Die in die Operation gesetzten Erwartungen erweisen sich als trügerisch, man vertröstet ihn nur (». . . et le refrain de tout cela est toujours le même: ›Ayez de la patience . . .‹«). Er sehnt sich tieftraurig nach den wenigen ihm noch verbliebenen Freunden (»Si vous pouvez venir sans rien déranger dans votre vie, je vous attends tous bras ouverts, vous trouverez un Claude Debussy assez mal en train . . .«), sieht den Tod vor Augen (»la maladie, cette vieille servante de la mort«), erhofft aber trotzdem noch eine vorübergehende Besserung durch die Radiumbehandlung (»Je vais mieux, pas assez pour chanter victoire. C'est paraît-il, une affaire de radium, aussi vais-je reprendre sous peu contact avec cet intéressant minerai . . .«), wie seine Zeilen vom Juni 1916 bezeugen. Doch auch diese Therapie stößt auf Schwierigkeiten: »Da ich ungeheuer sensibel bin – auch das noch! – muß man die Dosen verkleinern, wodurch die Behandlung stark in die Länge gezogen wird . . . die Natur ist mitleidlos gegen ihre Geschöpfe.« Trotzdem teilt er am 3. Juli seinem Verleger mit, daß er arbeiten wolle: »Es geht mir nicht gut genug, um es mit Sicherheit versprechen zu können; aber ich bin entschlossen, dem ein Ende zu machen, zu arbeiten und nicht mehr unter der Botmäßigkeit einer ein bißchen allzu herrischen Krankheit zu bleiben. Man wird schon sehen. Wenn ich demnächst verschwinden soll, will ich zumindest versucht haben, meine Pflicht zu tun.« Und später: »Wenn Claude Debussy keine Musik mehr macht, hat er keinen Grund mehr zum leben. Man lehrte mich nichts anderes als Musik.«

Nur mühsam kommt die Arbeit an der Violinsonate voran. Auch materielle Sorgen bedrücken ihn, als Frau und Tochter im Spätsommer 1916 an Mumps erkranken. Die Trompetensignale auf dem Kasernenhof in der Nähe des Hauses, das Debussy am Bois de Boulogne bewohnt, sind dem Patienten unerträglich. Das Geräusch der Regentropfen bringt ihn zur Verzweiflung; es erscheint ihm wie Tausende von kleinen Trommeln, die von Zwergen geschlagen werden. Immerhin tritt eine Besserung insofern ein, als Debussy im Herbst eine Reise an die baskische Küste unternehmen kann. Dort fängt Debussy am Meer wieder mit dem Komponieren an und schreibt unter dem Datum vom 17. Oktober an seinen Verleger: »Bei einem Spaziergang, den ich kürzlich zum Kap Féret unternahm, habe ich die Kernidee zum Finale der Sonate für Violine und Klavier gefunden«, und zwar, wie es an anderer Stelle heißt, versucht er hier »das einfache Spiel eines Gedankens, der sich um sich selber dreht wie eine Schlange, die sich in den

Schwanz beißt«. Daß er mit diesem Vergleich an das Symbol der Vergänglichkeit, des ewigen Kreislaufes von Leben und Tod, rührte, hat er vielleicht im Unterbewußtsein erahnt, als er dem Spiel der Reptilien an der Küste zusah.

In Paris erwartet Debussy ein harter Winter. Die Kohlen mangeln. Er fleht den Verleger Durand an, ihm doch ein wenig Brennmaterial zu schicken, er »leide wie St. Sébastian«. »Voilà où j'en suis, mon ami! ... Quelle vie! quelles journées!« Durch den ständigen Gebrauch des Morphiums fühlt er sich so träge wie eine Muschel auf dem Meeresgrund; er ist »le pauvre voyageur qui attend un train, qui ne passera plus jamais« – ein armer Reisender, der vergeblich auf seinen Zug wartet. Endlich sind im Februar 1917 die beiden ersten Sätze des angekündigten Werkes fertig. Die größten Schwierigkeiten verursacht das Finale, in welchem zwei überzählige Takte den Aufbau zu gefährden scheinen. Debussy arbeitet trotz seines schweren Leidens mit äußerster Selbstkritik, sogar in der Stunde des Todes schlummert sein künstlerisches Verantwortungsgefühl nicht ein. Dennoch hat die Musik, wie L. Vallas schreibt, »trotz der Kraftanstrengung des versagenden Schöpfers keinen rechten Atem«. Niemand fühlte den Schlußstrich schmerzlicher als der Komponist selbst: »Das ist eine jener tausend kleinen inneren Tragödien, die im Niederfallen nicht mehr Lärm verursachen als eine Rose, wenn sie ihre Blätter fallen läßt und die Ruhe der Welt nicht stören.« Ein neuer herber Verlust wurde Debussy durch den Tod seiner Mutter am 25. März 1917 zuteil. In einem Schreiben an den Verleger Durand stehen die wenigen ergreifenden Worte »pauvre maman est morte«. Er hing sehr an dieser großen, energischen Frau, die im Alter Zuflucht bei ihm fand, wie er auch die Verbindung zu seiner geschiedenen Gattin bis zum Tode nie abbrach, da die zweite Ehe für ihn eine große Enttäuschung war. – Endlich spielte er das neue Opus am 5. Mai 1917 mit dem Geiger

Gustav Mahler (1860–1911)
in seinem letzten Lebensjahr

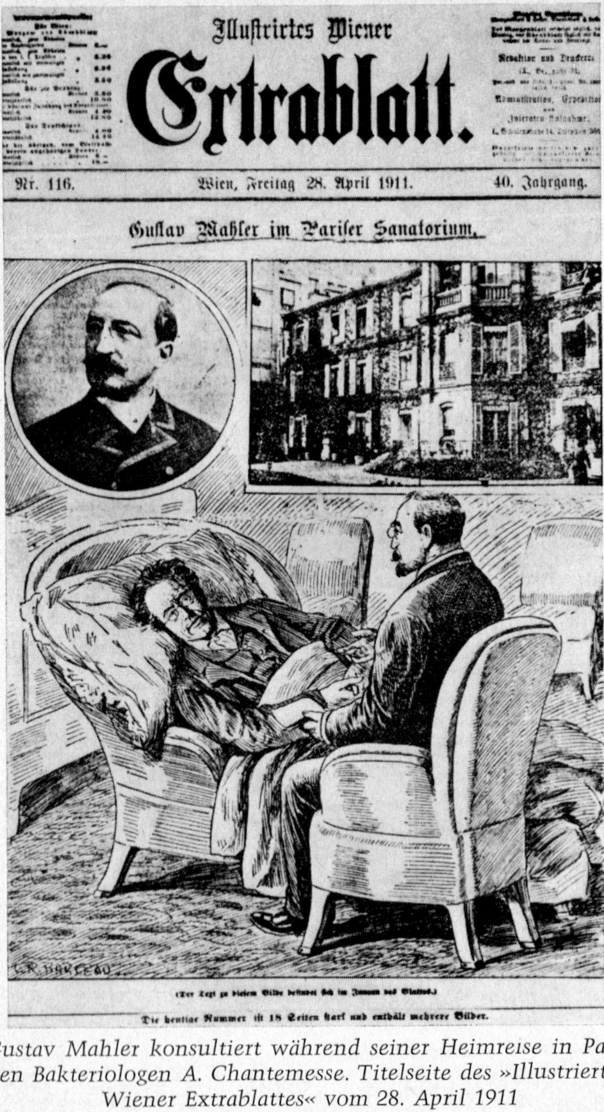

Illustrirtes Wiener

Extrablatt.

Nr. 116. Wien, Freitag 28. April 1911. 40. Jahrgang.

Gustav Mahler im Pariser Sanatorium.

(Der Text zu diesem Bilde befindet sich im Innern des Blattes.)

Die heutige Nummer ist 18 Seiten stark und enthält mehrere Bilder.

Gustav Mahler konsultiert während seiner Heimreise in Paris den Bakteriologen A. Chantemesse. Titelseite des »Illustrierten Wiener Extrablattes« vom 28. April 1911

Gaston Poulet in der Öffentlichkeit. Ein Augenzeuge berichtet: »Ich war betroffen, nicht so sehr über seine Magerkeit und sein verfallenes Aussehen als über seine abwesende Miene und seine schwermütige Erschöpftheit. Er hatte die Farbe von zerronnenem Wachs und von Asche.« Die letzten Photos aus den Jahren 1916–1918 lassen in der Tat eine hochgradige Kachexie, eingefallene Züge und halonierte Augen erkennen; die vor dem Ersten Weltkrieg beobachtete Korpulenz ist verschwunden.

In den ersten Julitagen des Jahres 1917 ließ sich Debussy vorübergehend in Saint-Jean-de-Luz nieder. Eine grauenhafte Müdigkeit und ein unaussprechlicher Ekel vor jeder Tätigkeit bemächtigten sich seiner. »Es gibt Vormittage, wo das Anziehen mir wie eine der zwölf Herkulesarbeiten vorkommt. Und ich warte auf irgend etwas, eine Revolution, ein Erdbeben, das mir die Mühe ersparen soll, sie zu verrichten. Ohne fruchtlosen Pessimismus: es ist ein hartes Leben, das ich führe, da ich gegen die Krankheit und gegen mich selber kämpfen muß ... Ich fühle, daß ich aller Welt lästig falle. Wenn man glaubt, daß ich mich amüsiere, o Herr! Zu guter Letzt: wenn man einen braucht, um die Sphärenmusik zu dirigieren, halte ich mich zu diesem hohen Amt für ganz geschaffen ...« Er klagte über seine musikalische Ohnmacht: »Ich kann nicht arbeiten, oder wenn Sie wollen, ich arbeite ins Leere ... Nie habe ich mich so erschöpft gefühlt bei dieser Jagd nach dem Unerreichbaren ... Ist es vorbei für mich ... Dieses Verlangen, immer weiter zu gehen, das für mich soviel wie Leben und tägliches Brot war? ... Es gibt Ruinen, die man besser verbirgt, und wenn ich schon alt bin, kann ich nicht erwarten, daß man im Angesicht meiner Ruine einen historischen Schauer empfindet.« Immerhin spielte Debussy im September mit dem Geiger Poulet und unter Aufbietung aller Kräfte seine letzte Sonate in Saint-Jean-de-Luz öffentlich, bevor er Mitte Oktober nach Paris zurückkehrte.

Dort angekommen, wurde Debussy von martervollen Schmerzen befallen und bald darauf bettlägerig. Umsonst war die Hoffnung, die angefangene Serie der sechs Sonaten zu vervollständigen, eine Musik für Shakespeares »Wie es euch gefällt« zu schreiben oder die geplante »Ode an Frankreich« zu komponieren. »Die Musik hat mich gänzlich verlassen« (»La musique m'a complètement abandonné«), heißt es in einem seiner letzten Briefe, die wir kennen, und mit bitterer Ironie schließt der Absender: »Wenn die Musik sich bei mir schlecht bedient findet, so möge sie sich woandershin wenden: im Bedarfsfalle werde ich ihr einige nützliche, wenn nicht angenehme Adressen geben.« Unter diese Zeilen haben die Herausgeber der »Lettres à deux amis« im Jahre 1942 den eingerahmten Nachsatz gefügt: »Claude Debussy mourait cinq mois après cette lettre dans sa cinquante sixième année le vingt-cinq mars 1918.« Dennoch hielt Debussy in den letzten Monaten vor seinem Ende die Verbindung zur Kunst aufrecht: Er brachte sein letztes musikalisches Opfer J. S. Bach dar – den er unter allen Komponisten am meisten verehrte –, wobei er eine Ausgabe der Sonaten für Gambe und Cembalo mit bemerkenswerter Werktreue für Cello und Klavier übertrug.

So nahte wieder ein neues Jahr ohne Trost und Hoffnung. Einige Zeilen von Debussys zweiter Gattin, geschrieben um die Zeit der Jahreswende, gehören zu den letzten Nachrichten, die wir besitzen:

»Ich führe ein elendes Leben . . . ganze Wochen weiche ich nicht von der Stelle . . . Claude geht es immerhin viel besser, er steht sogar jeden Morgen ein wenig auf – sehr kurz allerdings. Er schläft nachts ohne Morphium. Sein Aussehen und sein Appetit sind gut – aber es dauert doch sehr lang, bis er wieder zu Kräften kommt . . . Dieses Jahr ist voller Geheimnisse, und für mich möchte ich hinzufügen, voller Ängste.«

Aber die Hoffnung erwies sich als trügerisch. Er, der Musiker des Unaussprechlichen, verbrachte schmerzgepeinigt die Vorfrühlingstage, als Paris 1918 von deutschen Ferngeschützen und Flugzeugen beschossen wurde. Nicht einmal mehr den Keller vermochte der sterbenskranke Patient aufzusuchen. Schließlich kam der Tod. »Er war abgezehrt, der Blick in weite Fernen verloren. Seine Hände zitterten. Er lächelte mir zu, als käme er aus einem Traum und sagte mir ein paar liebevolle Worte. Dann schlugen die Nebel wieder über seinem Geist zusammen . . . Mme Debussy und ich waren allein, ihm die Hand zu halten. Mme Debussy entfernte sich, während ich ihm die Augen zudrückte. Am Abend kam André Caplet. Er kniete lange Zeit nieder, und wir verbrachten die Nacht bei ihm, der unsere Jugend bezaubert hatte«, teilte sein Freund Valléry-Radot mit.

»Mein lieber Raoul,
hast Du das Telegramm bekommen? Sobald ich es aufgegeben hatte, wurde Mama zu Papa gerufen. Die Krankenschwester meinte, daß es sehr schlecht um ihn stehe. Es kamen zwei Ärzte, die ihm eine Spritze gaben – damit er nicht leidet. Du kannst Dir denken, daß ich da auf einmal verstand. Als ich ins Zimmer kam, schlief Papa und atmete regelmäßig, aber in sehr kurzen Zügen. Er schlief so weiter bis zehn Uhr abends, und dann schlief er ganz sanft und wie ein Engel für immer ein«, schrieb die dreizehnjährige Chou-Chou am 8. April 1918 an den Stiefbruder Raoul.

Debussy starb in der Nacht vom 25. zum 26. März 1918 kurz vor Mitternacht, und der Ausdruck seiner letzten Züge, welche an die vornehme Verhaltenheit klassischer Ikonen erinnern, läßt auf ein gnädiges Ende schließen. Die Beerdigung fand auf dem Père Lachaise am 28. März statt, am Vorabend des Karfreitags. Es folgten aber nur etwa 20 Menschen dem Sarg, denn der Trauerzug mußte das unter

Feuer liegende Paris von Westen nach Osten in ganzer Breite durchqueren. Ein Jahr später wurden seine sterblichen Überreste auf den Friedhof von Passy überführt.

Wenn auch die Umstände keine Huldigung gestatteten, muß festgehalten werden, daß Debussy bei seinem Tode bereits eine Berühmtheit war und man ihm die internationale Anerkennung nicht versagte. Die späteren Jahrzehnte haben eigentlich erst richtig erwiesen, wie sehr dieses zahlenmäßig relativ begrenzte Werk den Kulminationspunkt des musikalischen Impressionismus verkörpert, dessen Wachsen und Werden mit dem Namen Claude Debussy auf ewig verbunden bleibt. Vom Schicksal in die Reihe jener großen Schaffenden gestellt, die am Wendepunkt einer Epoche stehen, trennte er – nach der Ansicht des Biographen L. Vallas – die Musik des 20. Jahrhunderts von der des 19. Jahrhunderts, wie Beethoven einst die des 19. Jahrhunderts vom 18. Jahrhundert schied. Mit Debussy, den man heute beinahe schon in die Reihe der »Klassiker« einzuordnen geneigt ist, beginnt die eigentliche »Moderne Musik«. So wurde er nicht nur der Musiker Frankreichs, sondern der Lehrmeister einer ganzen Generation!

CLAUDE DEBUSSY

1. *Debussy, C.:* Documents iconographiques par A. Gauthier, Genève 1952.
2. *Debussy, C.:* Musik und Musiker (Titel der französischen Originalausgabe »Monsieur Croche antidilettante«), Potsdam o. J.
3. *Debussy, C.:* Lettres à deux amis (à Robert Godet et G. Jean-Aubry), Paris 1942.
4. *Decsey, E.:* Claude Debussy, Graz 1936.
5. *Liess, A.:* Claude Debussy, Das Werk im Zeitbild, 2 Bde., Straßburg 1936.
6. *Liess, A.:* Claude Debussy, in: Die Musik in Geschichte und Gegenwart (MGG), Kassel 1954.
7. *Strawinsky, I.:* Erinnerungen, Zürich–Berlin 1937.
8. *Strawinsky, I.:* Gespräche mit Robert Craft, Zürich 1961.
9. *Strobel, H.:* Claude Debussy, Zürich 1940.
10. *Vallas, L.:* Debussy und seine Zeit, München 1961.
11. *Vuillermoz, E.:* Claude Debussy, Frankfurt/M. 1957.

GUSTAV MAHLER
(1860–1911)

»Ich glaube fest und unerschütterlich daran, daß Gustav Mahler einer der größten Menschen und Künstler war.«

(Arnold Schönberg)

Gustav Mahlers Krankengeschichte ist ebenso kurz wie dramatisch, so daß für eine medizinische Beurteilung eigentlich nur die allerletzten Lebensjahre in Betracht kommen. Am 7. Juli 1860 als Sohn eines jüdischen Kleinhändlers in Kalischt, einem an der Grenze Böhmens und Mährens gelegenen Dorf, zur Welt gekommen, fiel unter den zwölf Kindern des Ehepaares die hervorragende musikalische Begabung des kleinen Gustav schon bald auf. Sieben Geschwister starben früh, ein Bruder beging im Alter von 23 Jahren Selbstmord. Außergewöhnlich glückliche Umstände ermöglichten Mahler nicht allein die Vorbereitung zum Gymnasialabitur, sondern schon im Alter von fünfzehn Jahren den Eintritt in das Wiener Konservatorium, wo sein Talent entsprechend gefördert wurde.

Das Schicksal wies dann den neunzehnjährigen Jüngling auf den Weg des wandernden Theaterkapellmeisters: Hall, Laibach, Olmütz, Kassel, Prag, Leipzig, Budapest, Hamburg sind die Namen der Städte, welche sich mit Mahlers kometenhaftem Aufstieg untrennbar verbanden. Noch nicht einmal 40 Jahre alt, wurde der in sich gekehrte, asketische und geradezu fanatische Künstler im Jahre 1897 an die Wiener Hofoper berufen. Trotz der unerhörten, sich von Jahr zu Jahr steigernden, gegen ihn planmäßig ins Werk gesetzten Intrigen, trotz einer beispiellosen Hetze von Verleumdung und Tücke, wie sie eine solche Machtstellung zwangsläufig mit sich bringt, hat Gustav Mahler nur durch seine innere Größe und Unbeugsamkeit ein volles Jahrzehnt hindurch in Wien ausgehalten. Diese Tatsache allein spricht für sich.

Daneben noch vorübergehend als Dirigent der Wiener Philharmoniker tätig, zehrte ihn eine solche Verantwortung innerlich weit mehr auf, als er sich dies selbst eingestand, zumal jede freie Minute, namentlich in den Sommerferien, von Mahler zum Komponieren genutzt wurde. »Arbeitsverlust«, das war der Alptraum, der sich für ihn lähmend auf jede Art von Geselligkeit und Freizeitgestaltung legte! Bruno Walter konnte sich auch später noch sehr wohl der Temperamentsausbrüche des »Diktators« erinnern, wenn er schrie, mit den Füßen stampfte und die Menschen wie schädliche Tiere behandelte. 160 cm groß, bisweilen nervös an den Fingernägeln kauend, mit dem rechten Bein ticartig zuckend und häufig mit Migräne behaftet, versprühte der Meister Blitze mit seinen blauen Augen, wenn etwas nicht nach seinen Vorstellungen geriet. Intolerant gegen alle Außenstehenden, war er auch im Alltag ein schwieriger Lebensgefährte. Wenn Mahler daheim auf dem Klavier spielte, dann meist nur, solange er komponierte. Er hatte die Eigenart, daß kein Fleisch- oder Fischgericht auf den Tisch kommen durfte, das die Form des lebenden Tieres verriet; also keine ganzen Fische, das Huhn nicht unzerstückelt. Zudem aß er fettlos, ohne Zwiebel und Gewürze – Krankenkost! Zeitgenossen, die komponierten, beobachtete der lärmempfindliche Mann sehr kritisch. Nur vor Arnold Schönberg hat er sich schützend gestellt. Beispielsweise nach der Musik Claude Debussys anläßlich der New Yorker Premiere von »Pelléas und Mélisande« im Jahre 1910 befragt, sagte er nur: »Sie stört nicht.«

»Und da stand er nun in Person: Bleich, mager, klein von Gestalt, länglichen Gesichts, die steile Stirn von tiefschwarzem Haar umrahmt, Furchen des Schmerzes und des Humors im Antlitz, das den erstaunlichsten Wechsel des Ausdrucks zeigte, eine gerade so interessante, dämonische, einschüchternde Inkarnation des Kapellmeisters Kreisler, wie sie sich der jugendliche Leser E. Th. A. Hoffmannscher Phantasie nur vorstellen konnte.« Äußerlich ebenso labil wie im Innern seines unsteten Wesens und dazu noch im Anschluß an seinen Übertritt zum Katholizismus weltanschaulich weder im Juden- noch im Christentum trotz aller Hinneigung zum Mystizismus fest verwurzelt, hatte eine fatale Naturanlage Gustav Mahler bereits früh auf die Seite der Leidsucher gedrängt. Das geht schon aus der einen Äußerung des Schuljungen hervor, der auf die Frage, was er einmal werden wolle, nur antwortete: »Märtyrer!«

Gustav Mahler wurde zeitlebens von Anginarezidiven verfolgt und machte im Anschluß an einen solchen Infekt bereits Jahrzehnte vor seinem Tod einen Gelenkrheumatismus durch. Im Vorfrühling 1901 erlitt er laut Angabe seiner Witwe einen Blutsturz, aber es war nichts Ernstes, es scheint sich um Hämorrhoiden gehandelt zu haben. Bald war er wiederhergestellt und befand sich, wie meist, in Feindschaft mit dem Orchester.

Der Meister hatte die Vierzig bereits überschritten, als er die um zwanzig Jahre jüngere, bildschöne Alma Schindler am 9. März 1902 in Wien ehelichte. Sie selbst begann zu komponieren, noch bevor Mahler in ihr Leben getreten war. Der große Komponist, Dirigent, Hofoperndirektor und mindestens ebenso große Egozentriker hat ihre eigenwüchsige Begabung zweifelsohne erkannt, aber keineswegs unterstützt – er wollte sie im Grunde nicht wahrhaben. Durch Mahlers Eifersucht verlor sie bald die meisten Freunde und vereinsamte. »Mir graut so vor Gustav, daß ich mich fürchte, wenn er nach Hause kommt. Neckisch, lieblich girrend umhüpfte er die Sängerin Y., die Z., und zu Hause ist er der Abgeklärte, der ermüdete Mann, für den ich unentwegt zu sorgen habe. Wenn er doch nie mehr nach Hause käme . . .«, steht schon im Tagebuch vom Jahre 1903. Der von der Öffentlichkeit Bestaunte ließ sich möglichst nie zu Repräsentationsempfängen mit den hierbei unumgänglichen Redensarten und Geistreicheleien herab, sehr zum Kummer seiner lebenslustigen Gattin. »Gustav steht so einsam, so entfernt, er hat alles zu tief innen, als daß es im Leben ans Licht könnte. Auch seine Liebe – alles, alles verkümmert.« Als im November 1902 das Töchterchen Maria – das den Vornamen von Mahlers Mutter trug! – zur Welt kam, konzentrierte sich bald Mahlers stille Zuneigung auf sie. »Jeden Morgen holte er das Kind in sein Arbeitszimmer, und die beiden sprachen miteinander heftige und leidenschaftliche Dinge, die ich nie erfahren habe, denn ängstlich vermied ich es, ihr Alleinsein zu stören.« Im Juni 1904 wurde die zweite Tochter, Anna, geboren, doch der immer mehr beanspruchte Vater ging ganz in seinem Beruf auf. »Die Stellung eines Direktors der Wiener Hofoper war damals vollkommen totalitär. Der Direktor unterstand nur dem Kaiser und dessen erstem Beamten – beide hatten den größten Respekt vor Gustav Mahler. Diese Position war aber eine ungeheure Belastung. Mahler mußte in zwei Sommermonaten seine Sinfonien erfinden und aufschreiben – in der Stimmung fortwährend unterbrochen durch Alarmnachrichten aus der Oper. Er hatte sich's so einrichten müssen, daß er immer in zwei Sommermonaten ein Werk schuf, das Particell skizzierte und in den nächstjährigen zwei Sommermonaten die Partitur und die Instrumentierung vollendete.« Das ganze Jahr aber saß er jeden Morgen ab sechs Uhr früh an seinem Schreibtisch und feilte, bis er ins »Amt«, das heißt: in die Oper mußte.

Das Jahr 1907 brachte in vielen Punkten eine entscheidende Wende. Während einer Konzertreise nach Berlin, Amsterdam und Frankfurt setzte in Wien ein Pressefeldzug ein, der letztlich auf den Sturz des Direktors abzielte. Damit teilte Mahler das Schicksal nicht weniger illustrer Vorgänger und Nachfolger, doch da sich ihm in den USA ein neues Tätigkeitsfeld eröffnete, ging er sogar ganz gern in jene »geistige Emigration«. Jeder, der seine vollendeten Opernaufführungen in Wien erlebt hatte, wußte, daß sich eine Ära dem Ende zuneigte, die in ihrer Art unwiederbringlich war. Laut allerhöchster Entschließung vom 5. Oktober 1907 erfolgte der Rücktritt, und am 15. Oktober dirigierte er dann noch einmal Beethovens »Fidelio«. Am letzten Tage, den er in seinem Wiener Direktionsbureau verbrachte, tat Mahler zweierlei: Er hinterließ sämtliche Auszeichnungen und Orden in seiner Schublade dem »Nachfolger« und richtete einen Abschiedsbrief an das Personal, in dem es u. a. heißt:

»Ich habe es redlich gemeint, mein Ziel hochgesteckt. Nicht immer konnten meine Bemühungen von Erfolg gekrönt sein. Dem Widerstand der Materie, der Tücke des Objekts ist niemand so überantwortet wie der ausübende Künstler. Aber immer habe ich mein Ganzes daran gesetzt, meine Person der Sache, meine Neigungen der Pflicht untergeordnet. Im Gedränge des Kampfes, in der Hitze des Augenblicks blieben Ihnen und mir nicht Wunden, nicht Irrungen erspart. Aber war ein Werk gelungen, eine Aufgabe gelöst, so vergaßen wir alle Not und Mühe, fühlten uns alle reichlich belohnt – auch ohne äußere Zeichen des Erfolgs. Haben Sie nun herzlichen Dank!«

Ein Unbekannter riß diesen Brief von der Anschlagtafel, und das offizielle Wien ließ dem scheidenden Künstler keine Ehre zuteil werden. Etwa zweihundert Menschen hatten sich auf dem Bahnsteig versammelt, um Mahler ein letztes Mal die Hand zu drücken. Als sich der Zug in Bewegung setzte, sprach Gustav Klimt, der sich in der Menge befand, das Wort, das alle bewegte: »Vorbei.«

Aber die eigentlichen Gründe für den Milieuwechsel lagen doch tiefer: Gustav Mahler erhoffte nicht zuletzt von Amerika eine Änderung seiner privaten Lage. Zum einen starb im Juli 1907 sein liebstes Kind Maria an Scharlach und Diphtherie, als habe er mit seiner Vertonung der Rückertschen »Kindertotenlieder« 1905 einen Ungeist beschworen. Der Arzt-Dichter Arthur Schnitzler sah damals den Komponisten ganz allein und trauernd, den Kopf gesenkt, auf einer Bank in Schönbrunn sitzen. Und Mahler wollte von nun an nach seinem Tode neben diesem Kinde ruhen, wie es später auch geschah. Ferner kam es zu einem brisanten Ereignis: Während der »Lohengrin«-Probe stürzte Mahler auf die Bühne, und plötzlich, die beiden Chorsänger loslassend, blieb er leichenblaß und regungslos, die Hand auf das Herz gedrückt, stehen. Sicherlich hat damals eine plötzliche Verengung der Herzkranzgefäße bei dem Dirigenten, der zudem noch ein starker Zigarrenraucher war, stattgefunden; denn von nun an begab sich Mahler wiederholt in ärztliche Behandlung und nahm bis zu seinem Ende ständig Herzglykoside ein. Bei den elf Geschwistern seiner Familie soll mehrfach ein frühes Herzleiden festgestellt worden sein, und ein jüngerer Bruder verstarb an Herzbeutelwassersucht. Mehrere Ärzte diagnostizierten nun ein Herzleiden und verordneten Mahler, der bislang ebenso gerne schwamm wie tauchte, strikte körperliche Ruhe. Mit der Uhr in der Hand mußte er »sich das Gehen angewöhnen«, was im Grunde ganz unsinnig war und selbst einen unvoreingenommenen Patienten zum Neurotiker gemacht hätte. Jetzt blieb er, der an aktiven Sport gewohnt war, fortlaufend stehen, zählte den Puls und verlor sich in Vermutungen über jenes zischende Geräusch, das die Kollegen »beim zweiten Schlag« feststellten.

Wenn Gustav Mahlers Witwe heute in einem Brief bemerkt: »Mahler war immer krank – ich kannte ihn nicht anders«, dann sind diese Beschwerden bei dem hektischen, unscheinbaren Manne, dessen Augen hinter dicken Brillengläsern ein faszinierendes Feuer verstrahlten, in erster Linie als funktionell, als »neuro-vegetativ« bedingt – wie wir heute sagen würden – aufzufassen, »denn er war durch körperliche Leiden vieler Art ein überheizter Motor oder Amokläufer geworden. Seine schwache Konstitution übertönte er mit rasender Arbeit und ewig lauerndem Ehrgeiz – nie und nirgends hatte er Ruhe.« Wie im Leben von Max Reger standen auch bei Gustav Mahler das eigene Schaffen und die künstlerischen Verpflichtungen des Orchesterdirigenten im Widerspruch zueinander, nicht etwa begründet in musischen Gegensätzen, sondern einzig durch Zeitnot verursacht. Weil Mahler wegen seiner pausenlosen Tätigkeit ein vorzeitig verbrauchter Mann gewesen ist, folgte er später um so lieber einem Engagement an die New Yorker Metropolitan Opera, da er dorthin nur für einige Monate im Jahr zu Gastspielreisen verpflichtet wurde, die Sommermonate hingegen ganz seinem Schaffen im heimatlichen Toblach widmen konnte.

Am 1. Januar 1908 debütierte Mahler an der Metropolitan Opera mit »Tristan«. Er hatte einen Vierjahresvertrag abgeschlossen, doch als H. Conried, der Manager der Met, wenige Monate später aus seinem Amt schied und nun von dem Direktor der Mailänder Scala abgelöst wurde, der A. Toscanini als Dirigent mitbrachte, kam es bald zu Disharmonien. Vom Mai dieses Jahres an widmete sich der Komponist seiner Arbeit in Österreich und schrieb an Bruno Walter:

»Aber ohne daß ich Ihnen etwas zu erklären oder zu schildern versuche, wofür es vielleicht überhaupt keine Worte gibt, will ich Ihnen nur sagen, daß ich einfach mit einem Schlage alles an Klarheit und Beruhigung verloren habe, was ich mir je errungen; und daß ich vis-à-vis de rien stand und nun am Ende meines Lebens wieder gehen und stehen lernen muß.«

Die Uraufführung der 7. Sinfonie erfolgte im September in Prag. Während der Monate Oktober und November fanden Konzerte in München, Berlin, Hamburg, Amsterdam und Paris statt. »Das Lied von der Erde« entsteht, desgleichen die 9. Sinfonie. Wieder in die USA zurückgekehrt, nahm Mahler unter den obwaltenden Umständen gerne die Leitung des »New York Philharmonic Orchestra« an und dirigierte am 31. März 1909 das erste Konzert in der Carnegie Hall, froh darüber, dem Opernbetrieb entronnen zu sein. In diesem Sinne und weil er fühlte, »ein Anderer« geworden zu sein, schrieb er Anfang 1909 an Bruno Walter:

»Ich durchlebe jetzt so viel (seit anderthalb Jahren), kann kaum darüber sprechen. Wie sollte ich die Darstellung einer solchen ungeheuren Krise versuchen! Ich sehe alles in einem so neuen Lichte – bin so in Bewegung; ich würde mich manchmal gar nicht wundern, wenn ich plötzlich einen neuen Körper an mir bemerken würde (wie Faust in der letzten Szene). Ich bin lebensdurstiger als je und finde die ›Gewohnheit des Daseins‹ süßer als je. Diese Lebenstage sind eben wie die Sybillinischen Bücher . . . Merkwürdig! Wenn ich Musik höre, höre ich ganz bestimmte Antworten auf alle meine Fragen – und bin vollständig klar und sicher. Oder eigentlich, ich empfinde ganz deutlich, daß es gar keine Fragen sind.«

Gerade die überirdische Aussagekraft des »Liedes von der Erde« und des ersten Satzes seiner 1909 vollendeten 9. Sinfonie – Mahler fürchtete, das Schicksal mit diesem Werk herauszufordern, da Beethoven, Schubert, Bruckner und Dvořák die Neunzahl in ihrem sinfonischen Schaffen erreichten und dann starben – wären ohne das unmittelbare Erlebnis des Todes, welcher bereits 1907 seine Schatten auf den vereinsamten Künstler warf, wohl kaum zu derartiger Vollendung gereift.

»Es scheint, die Neunte ist eine Grenze. Wer darüber hinaus will, muß fort. Es sieht aus, als ob uns in der Zehnten etwas gesagt werden könnte, was wir noch nicht wissen sollen, wofür wir noch nicht reif sind. Die eine Neunte geschrieben haben, standen dem Jenseits zu nahe. Vielleicht wären die Rätsel dieser Welt gelöst, wenn einer von denen, die sie wissen, die Zehnte schriebe. Und das soll wohl nicht sein« (A. Schönberg).

In einem Brief an seine Frau stellte G. Mahler 1909 fest: »Mir schaudert jetzt bei dem Gedanken an meine verschiedenen Komponierhäuschen; obwohl ich dort die schönsten Stunden meines Lebens verbracht, so habe ich sie wahrscheinlich mit meiner Gesundheit bezahlen müssen.« Er erwähnt nun bis zuletzt immer wieder tachykardische Zustände und pektanginöse Beschwerden, spricht von der strikten Vermeidung jeder körperlichen Tätigkeit: »Nun soll ich jede Anstrengung meiden, mich beständig kontrollieren, nicht viel gehen. Der einzige Moment, in dem man wirklich genußfähig ist, ist nach der Vollendung eines Werkes« (Sommer 1908, an Bruno Walter); kurz danach: »Ich bekomme von einem gewöhnlichen, bescheidenen Marsch eine solche Pulsbeschleunigung und Beängstigung, daß ich den Zweck eines solchen, seinen corpus zu vergessen, nicht erreiche.« Mit Bitterkeit denkt er an Wien zurück: »Aber wäre ich jung und hätte die Tatkraft, die ich in Wien zehn Jahre lang verschwendet . . . Mein Heimweh, das mich die ganze Zeit geplagt hat (leider bin ich ein eingefleischter Wiener), verwandelt sich in jenes gewisse erregte Sehnen, das Sie gewiß kennen . . . Kann ich dafür, daß mich Wien hinausgeschmissen hat?«

Im Herbst 1909 kam Mahler zum dritten Mal nach New York. Sein Ziel ist nicht mehr das Metropolitan Opera House gewesen; dort leitete er nur noch 4 Vorstellungen. Toscanini trat seine Nachfolge an. So wurde die dritte New Yorker Saison im übrigen eine Konzertsaison (K. Blaukopf), die sich auch auf Buffalo, Philadelphia, Springfield und Brooklyn erstreckte. Während des Monats April des Jahres 1910 kehrte Mahler nach Europa zurück. Als in Paris seine 2. Sinfonie aufgeführt wurde, verließen die anwesenden Komponisten C. Debussy und P. Dukas während des langsamen Satzes den Konzertsaal. Aber den Meister beschäftigte innerlich weit mehr die bevorstehende Uraufführung seiner 1906 entstandenen 8. Sinfonie in c-moll, »Sinfonie der Tausend« genannt, weil 1030 Ausführende mitwirkten!

Seitdem Alma Mahler während eines Kuraufenthaltes in Tobelbad – ihr Mann blieb in Toblach zurück, um die 10. Sinfonie zu skizzieren – mit dem Architekten Walter Gropius in Verbindung getreten war, fielen Schatten auf die eheliche Zweisamkeit. Mahler, der gerade wieder eine Angina durchmachte, wirkte verzweifelt und las in der Heiligen Schrift. In seiner ausweglosen Not und Angst, die Lebensgefährtin zu verlieren, fuhr Gustav Mahler zu dem Psychotherapeuten Sigmund Freud. Hierüber teilt E. Jones in seiner mehrbändigen Freud-Biographie mit:

»Ungefähr um diese Zeit hatte der berühmte Komponist Gustav Mahler Schwierigkeiten in der Beziehung zu seiner Frau, und Dr. Nepallek, ein Wiener Psychoanalytiker, der mit Mahlers Frau verwandt war, riet ihm, sich an Freud zu wenden. Er telegraphierte Freud aus Tirol mit der Bitte um eine Konsultation. Freud unterbrach seine Ferien wegen Berufsarbeit immer nur sehr unwillig; aber er konnte einem Manne von Mahlers Bedeutung nicht gut eine abweisende Antwort erteilen. Auf ein Telegramm mit der nötigen Verabredung des Treffpunktes kam ein zweites von Mahler, in dem er absagte. Bald danach folgte wiederum eine Bitte um die Konsultation mit demselben Ergebnis wie das erstemal. Mahler litt an der Zweifelsucht seiner Zwangsneurose, und dies wiederholte sich dreimal. Endlich teilte ihm Freud mit, daß die letzte Möglichkeit, ihn zu

Maurice Ravel in seinen letzten Lebensjahren (zeitgen. Foto)

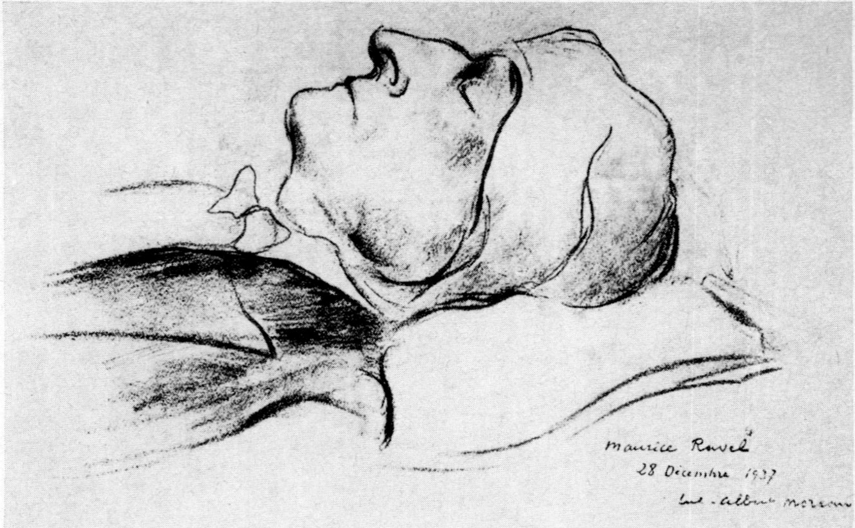

Maurice Ravel auf dem Totenbett, dargestellt von Luc-Albert Moreau

sehen, Ende August sei, da er dann plane, nach Sizilien zu reisen. So trafen sie sich in einem Hotel in Leiden und verbrachten vier Stunden damit, durch die Stadt spazierenzugehen und dabei eine Art Psychoanalyse durchzuführen. Obschon Mahler bis dahin nie mit der Psychoanalyse in Berührung gekommen war, erfaßte er sie, wie Freud sagte, schneller als sonst jemand zuvor. Von einer Bemerkung Freuds war Mahler sehr beeindruckt: ›Ich nehme an, daß Ihre Mutter Marie hieß. Ich möchte es aus verschiedenen Andeutungen in Ihrem Gespräch schließen. Wie kommt es dann, daß Sie jemanden mit einem anderen Namen, Alma, geheiratet haben, wenn doch Ihre Mutter offensichtlich eine dominierende Rolle in Ihrem Leben spielte?‹ Da erzählte ihm Mahler, daß der Name seiner Frau Alma Maria sei, daß er sie aber Marie nenne! Sie war die Tochter des berühmten Malers Schindler, dessen Standbild im Wiener Stadtpark steht; so spielte wohl auch in ihrem Leben ein Name eine Rolle. Dieses analytische Gespräch übte offenbar eine Wirkung aus, da Mahler seine Potenz wiedergewann, und seine Ehe bis zu seinem Tode ein Jahr danach glücklich war.

Im Laufe des Gesprächs sagte Mahler plötzlich, daß er jetzt verstünde, warum seine Musik bei den edelsten Stellen, gerade bei denen, die von den tiefsten Gefühlen inspiriert seien, nie die angestrebte Vollkommenheit erreichen könne, weil irgendeine vulgäre Melodie dazwischentrete und alles verderbe. Sein Vater, anscheinend ein brutaler Mensch, hatte seine Frau sehr schlecht behandelt, und als Mahler noch ein kleiner Junge war, hatte sich zwischen ihnen einmal eine besonders peinliche Szene abgespielt. Dem Kleinen war es unerträglich geworden, und er rannte von zu Hause fort. Doch in demselben Augenblick ertönte gerade aus einem Leierkasten das bekannte Wiener Lied ›Ach du lieber Augustin‹. Mahler meinte nun, von dem Moment an hätten sich in seiner Seele tiefe Tragik und oberflächliche Unterhaltung unlösbar verknüpft, und die eine Stimmung zöge unweigerlich die andere mit sich.«

Alma Mahler, die um dieses Gespräch wußte, kommentierte das Ganze wesentlich lakonischer: »Sie suchen in jedem weiblichen Wesen Ihre Mutter, die doch eine arme, leidende, gepeinigte Frau war«, habe der Seelenarzt zu ihrem Mann gesagt, der ja der frühverstorbenen Tochter den Vornamen seiner Mutter gab. Im Sommer dieses Jahres, als er den 50. Geburtstag feierte, hatte ihn, der nie an Zufälle glaubte, ein Ereignis in seinem Toblacher Gartenhaus tief erschreckt: Plötzlich vernahm der mit seinem Werk beschäftigte Komponist ein undefinierbares Geräusch; gleich darauf stürzte etwas »fürchterliches Dunkles« zum Fenster herein. Entsetzt aufspringend, sah sich Mahler einem Adler gegenüber, der den kleinen Raum mit seinem Ungestüm erfüllte. Nachdem der Raubvogel ebenso unerwartet wie er gekommen war das Weite gesucht hatte, flatterte eine Krähe unter dem Sofa hervor und flog fort – alles in allem für den Kranken, der sich geradezu persönlich in den Mittelpunkt des Geschehens versetzt fand, ein Omen von symbolisch-drohender Eindringlichkeit!

In den Skizzen zur 10. Sinfonie dürften handschriftliche Eintragungen wie »Erbarmen! O Gott, Gott, warum hast Du mich verlassen?« nicht zuletzt durch körperliche Krisenzustände bedingt gewesen sein. Über dem 2. Scherzo steht: »Der Teufel tanzt es mit mir«, und darunter »Wahnsinn faßt mich an, Verfluchten! Vernichte mich, daß ich vergesse, daß ich bin.« Am Schluß des 4. Satzes heißt es: »Vollständig gedämpfte Trommel: Du allein weißt, was es bedeutet! Leb wohl, mein Saitenspiel!« Hier gilt auch das, was Alma Mahler über die größten schöpferischen Augenblicke, die Momente tiefster Bedrohung des Individuums Mahler, noch aus der Zeit in Maiernigg am Wörthersee mitteilt: »Die Sommerhitze! Die Stille! Der panische Schrecken! Es hatte ihn gepackt. Entsetzen! Diese Empfindung des brodelnden schrecklichen Auges des großen Pan entsetzte ihn oft, und er kam dann mitten aus seiner Arbeit, aus seiner Einsamkeit, um in menschlicher, warmer Nähe unseres Hauses wieder zu sich zu kommen und weiter zu arbeiten.« Und doch hatte er eine Art Scheu, sich mit der Partitur der 10. Sinfonie zu befassen. –

Denjenigen, welchen Gustav Mahler kurz vor seinem Tode in Europa begegnete, fiel neben der merkwürdig zuckenden Gestik vor allem seine gelbe Gesichtsfarbe auf. Die Proben zur Uraufführung der 8. Sinfonie, die drei Monate dauerten, hatten ihn völlig erschöpft, und von der schwelenden Ehekrise war bereits die Rede. In München, wo die Veranstaltung am 12. September 1910 vonstatten ging, bemerkten die Freunde an Mahler Zeichen der Schwäche und Krankheit. Als er seine Frau von der Bahn abholte, sah er bleich und verfallen aus. Ein erneutes Anginarezidiv stellte bis zuletzt alles in Frage. »Denke Dir, mein fieberisches Gefühl, als ich im Hotel ankam, verstärkte sich gestern Morgen (schon während ich Dir schrieb) so eminent, daß ich mich im Schrecken sofort zu Bett legte, einen Arzt kommen ließ (alles wegen der kommenden Woche). Als er mich untersuchte, constatirte er rechtsseitig einen weißen Belag (eitrig) mit starker Röthung des ganzen Halses. – Ich bekam einen wahnsinnigen Schreck und verlangte sofort zum Schwitzen eingepackt zu werden. (Pinseln wollte er nicht, aber er gab mir ein wunderbares Desinfectionsmittel, alle halbe Stunde eine halbe Tablette eines erst seit einem Jahr in Deutschland in Gebrauch stehenden Präparates.) Ich mußte das ganze Haus erst rebellisch machen, um die nöthigen wollenen Decken etc. zu acquiriren. In stärkstem Schweiß lag ich drei Stunden, ohne mich zu rühren. Bloß G. mußte mir öfters mit einem Handtuch Gesicht und Augen abwischen . . . Abends kam der Arzt wieder, constatirte eine leichte Besserung. Die Nacht verlief ruhig – heute erwachte ich ohne Fieber, aß mit Appetit. Der Arzt kam, constatirte eine große Besserung und erlaubte mir die Probe.« (Aus München, Anfang September 1910.) Nach dem Konzert ließ sich Mahler wegen seiner Halsattacken in Wien untersuchen, weil er jedoch keinen tieferen Eingriff wollte und sehr schmerzempfindlich war, unterblieb leider die Tonsillektomie, die Mandeln wurden lediglich kauterisiert.

»Mahler, dieser göttliche Dämon, bezwang hier ungeheure Massen«, schrieb seine Gattin Alma über das Konzert vom 12. September, welches am nächsten Tag wiederholt wurde. Der Komponist hat den beiden Chorsätzen renommierte Texte (der lateinische Hymnus »Veni, creator spiritus« und die Schlußszene von Goethes »Faust«, II. Teil) zugrunde gelegt, was in Anbetracht des technischen Riesenapparates auch zum Vergleich mit der Inspiration des Komponisten herausforderte. Dennoch war es eine Sternstunde abendländischen Geistes, als über Äonen und Konfessionen hinweg die Vereinung aller aus dem Geiste der Musik Wirklichkeit wurde: Eine Synthese, wie sie eigentlich nur einem Kosmopoliten wie Mahler glücken konnte und *von ihm* mit Erfolg gewagt werden durfte! »Plötzlich brachen die Viertausend, Hörer wie Ausführende, los, und dieser Sturm währte fast eine halbe Stunde.« Niemand zweifelte unter denen, die dabei gewesen, daran, daß Mahler den Gipfelpunkt seines Lebens und Ruhmes erreicht hatte.

Trotzdem war die Zukunft ungewiß. Nach langen Jahren der Armut und Entsagung, in denen er auch noch für seine Verwandten zu sorgen hatte, konnte der Meister jetzt zwar auf einen gewissen Wohlstand blicken; als Beamter im Ruhestand erhielt er neben seinen anderweitigen Einkünften noch eine Pension aus Wien. Wie sich hingegen die ehelichen Beziehungen in der nächsten Zeit entwickeln würden, konnte niemand voraussehen, die forcierten Liebenswürdigkeiten, mit denen er auch in der Korrespondenz seine Frau bedachte, änderten daran kaum etwas. Hinzu kam, daß sich ähnliche Intrigen, wie sie

Mahlers Weggang von der Donaustadt und die Aufgabe aller Bindungen an die Metropolitan Opera begleiteten, nun auch im New Yorker Philharmonic-Orchester und in dessen Komitee breitmachten. Denn Gustav Mahler, am Wendepunkt der klassisch-romantischen Ära stehend und gleichzeitig das Kommen einer neuen Musik ahnend, hatte seinen Kreis ausgeschritten. Er, der am Ende einer alten und am Anfang einer neuen Zeit wirkte, trug schier Untragbares.

Der Komponist, unverkennbar vorgealtert, war rein physisch diesen Problemen nicht mehr gewachsen und wirkte unsicher. Vor Weihnachten 1910 kam es zu einem leichten Rückfall der Angina. Von den für diese Saison geplanten 65 Konzerten, die zum Teil auch außerhalb von New York stattfinden sollten, hat er nur 48 geleitet. Am 20. Februar 1911 stellte sich wieder Fieber ein, Halsschmerzen und Belag traten hinzu. Mahlers Arzt Joseph Fraenkel warnte, aber Mahler behauptete, schon oft mit Fieber dirigiert zu haben. Am 21. Februar verließen ihn während einer Probe die Kräfte. Doch Mahler wollte unbedingt das Konzert nicht absagen aus Rücksicht auf F. Busoni, von dem er in der Carnegie Hall ein Werk zur Erstaufführung brachte, das den bezeichnenden Titel »Wiegenlied am Grabe meiner Mutter« trug. Es war das letzte Konzert. Mahler erhielt wieder Aspirin, in wenigen Tagen verschwand die Halsentzündung, jedoch traten nun in wechselnden Abständen Fieberzacken auf, verbunden mit Kreislaufzusammenbrüchen (Kollapsen).

Später wurde auf Veranlassung Fraenkels eine Blutuntersuchung durchgeführt, die den Verdacht auf Streptokokkensepsis bestätigte. Eine Kontrolle erbrachte denselben Befund. Man versuchte bei dem Patienten, der gefüttert werden mußte, Collargoleinläufe im Sinne der unspezifischen Reizkörpertherapie. Doch gelangte man nach einem Konsilium der ersten Ärzte New Yorks, das auf die Initiative Fraenkels zurückgehen dürfte, zu dem Ergebnis, daß eine Verlegung des Kranken dringend geboten schien, um mit der Weiterbehandlung einen berühmten europäischen Bakteriologen zu betrauen, und im Savoy-Hotel begann Alma Mahler mit dem Packen der 40 Koffer.

Im April verließ Mahler in Begleitung seiner Frau, seines Kindes und seiner ihm eng verbundenen Schwiegermutter Amerika. Am Arm von Fraenkel wankte der Patient, welcher einen kachektischen Eindruck machte, zum Lift, und der Arzt führte ihn noch auf den Dampfer, wohl wissend, daß es ein Abschied für immer war. Untertemperaturen wechselten mit hohen Fieberzacken. Unterwegs stand Mahler fast täglich auf, man geleitete oder trug ihn aufs Sonnendeck, wo sich der mitreisende F. Busoni herzlich um das Wohl des Todkranken kümmerte und die bezeichnenden Worte sprach: »Merkwürdig, wie doch die Deutschen sind! Nie verstehen sie den Lebenden! Mahler zum Beispiel hat noch absolut keine Genieabstempelung. Sie wissen im Grunde nichts von ihm. Aber wenn er einmal nicht mehr sein wird – ja dann!«

Zum letzten Male gelangte der gleich Ahasver Herumgetriebene, fiebernd und todgeweiht, nach Paris, um sich einer Serumbehandlung zu unterziehen. Er wirkte teilnahmslos, verdüstert, ablehnend. Stunden hoffnungsvoller Zuversicht wechselten mit verzweiflungsvoller Resignation. Im Anschluß an eine Stadtrundfahrt vom Hotel Elysée aus, die Mahler selbst gewünscht hatte, trat eine rapide Verschlechterung des Gesundheitszustandes ein, es kam zu Schüttelfrost und Kollaps, welcher eine Kampferinjektion erforderte. Er weinte sehr, er wünschte sich ein einfaches Begräbnis, keinen Pomp, keine Reden, nur der Name »Mahler« solle auf dem Stein stehen. »Die mich suchen, wissen, wer ich war, und die anderen brauchen es nicht zu wissen.« Dann brach es aus ihm heraus: »Wie Spinnen haben sie mich umstrickt! Sie haben mein Leben gestohlen!

Man hat mich isoliert! Aus Eifersucht und Neid! Aber auch ich bin schuld. Warum habe ich es geschehen lassen? Ach, ich habe Papier gelebt!«, und das sagte er immer wieder vor sich hin: »Ich habe Papier gelebt!«

Der Bakteriologe Professor André Chantemesse ordnete eine baldige Überführung in das Sanatorium von Dr. Duprès in der Rue Dupont an. Erregungszuständen folgte bedrohliche Schwäche. Mahler war so erschöpft, daß er zum Lesen immer ein paar Seiten aus dem Buche »Das Problem des Lebens« von Eduard von Hartmann herausriß, weil er es nicht mehr in seinen kraftlosen Händen halten konnte. »Aber ich habe eigentlich nur noch einen einzigen Wunsch – genug Digitalis nehmen zu dürfen, um mein Herz zu stützen.« Er bangte um die Zukunft Schönbergs: »Wenn ich gehe, hat er niemand mehr.«

Eine Blutkultur wurde angelegt – ganze Schnüre von Streptokokken konnte man unter dem Mikroskop erkennen. Damit war die Diagnose »Sepsis« endgültig bestätigt. Die Serumbehandlung blieb erfolglos, und da sich der Zustand des Kranken rapid verschlechterte, holte man aus Österreich Prof. Franz Chvostek, der Mahler zwar nicht retten konnte, ihn aber immerhin beruhigte und einen Transport nach Wien vorschlug, welchen er selbst von ärztlicher Seite aus überwachte. Mahler faßte neuen Mut. Zu Alma sagte der Kliniker allerdings: »Hoffnungslos! Man kann nur wünschen, daß es schnell geht.« Auf der Eisenbahnfahrt von Paris nach Wien fürchtete man schon das Ableben, so schwach war der Puls. »Vor mir lag der ausgezehrte Kopf mit den Fieberflecken und der arme, ausgemergelte Leib.« Das Sensorium trübte sich. Das Riesenzimmer des Sanatoriums Loew, Wien IX, Mariannengasse 20, verwandelten Freunde in einen Blumenhain, jedoch nahm der bis zum Skelett abgemagerte Patient davon nicht mehr allzuviel wahr. Sein Töchterchen umarmte er und sprach: »Bleib mir brav, mein Kind!«

Zuletzt traten im Rahmen der Herzschwäche auch noch Schwellungen an den Beinen auf, die man mit Radiumkissen anzugehen versuchte. Dann wurde das Sauerstoffgerät benötigt, urämische Symptome beherrschten das finale Krankheitsgeschehen. Die Augen des Sterbenden waren riesengroß, seine Finger dirigierten auf der Bettdecke. Zweimal rief er Mozarts Namen, ehe, nach einer Morphiuminjektion, die Agonie begann. Um Mitternacht des 18. Mai 1911, während draußen ein orkanartiger Sturm tobte, verstummte plötzlich das Röcheln – Mahler war einer tonsillogenen Sepsis erlegen. Im Totenprotokoll findet sich darum auch die Diagnose »septische Herzinnenhautentzündung«. Der Schwiegervater Carl Moll nahm die Totenmaske ab.

»Sein wahrhaftes Ringen um die ewigen Güter, sein Sterben, die Größe seines Antlitzes, das immer schöner wurde nahe dem Tode – ich will und werde es nie vergessen ... Zum mindesten bleiben alle nicht ganz in Liebe erlebten Momente als Schuld auf dem Herzen liegen«, schrieb Mahlers Witwe später. Aber sie war in Gedanken schon viel weiter: »Sterbetag Gustav Mahlers und zugleich Geburtstag von Walter Gropius (ihres zweiten Mannes). Sind das Zufälle?« Und in der Metropole der Musik war man mit Nekrologen auch nicht großzügig: »Unser Raum ist zu beschränkt«, sagte der Referent, der im Wiener Tagblatt den Nachruf schrieb, »als daß wir uns über die Bedeutung des Komponisten Mahler des näheren verbreiten könnten.«

Als der Sarg den schmalen Feldweg zum Grinzinger Friedhof hinaufgetragen wurde und man den toten Meister neben seiner Tochter zur letzten Ruhe bettete, rissen plötzlich die Regenwolken – die Sonne brach durch. Unter denen aber, welchen Gustav Mahler Vorbild und künstlerisches Idol wurde, befand sich auch, am offenen Grabe trauernd, der junge Alban Berg, der den Taktstock Mahlers zeitlebens als Talisman aufbewahrte. Dieser Frühvollendete, der, gleich Mahler, ebenfalls im Alter von 50 Jahren von uns genommen wurde, schrieb später über dessen 9. Sinfonie:

»Ich habe wieder einmal die Neunte Sinfonie Mahlers durchgespielt. Der erste Satz ist das Allerherrlichste, was Mahler geschrieben hat. Es ist der Ausdruck einer unerhörten Liebe zu dieser Erde, die Sehnsucht, im Frieden auf ihr zu leben, sie, die Natur, noch auszugenießen bis in ihre tiefsten Tiefen – bevor der Tod kommt. Denn er kommt unaufhaltsam ...«

GUSTAV MAHLER

1. *Blaukopf, K.:* Gustav Mahler oder Der Zeitgenosse der Zukunft, Wien–München–Zürich (Molden) 1969.
2. *Jones, E.:* Das Leben und Werk von Sigmund Freud, 3 Bde., Bern, Stuttgart 1960/62 (in Band II: 103 f.).
3. *Mahler, G.:* Briefe, herausgegeben von Alma Mahler, Berlin, Wien, Leipzig 1924.
4. *Mahler, G.:* in: Die Musik in Geschichte und Gegenwart (MGG), Kassel 1960.
5. *Mahler, G.:* Einzelbeiträge über Mensch und Werk von seinen Freunden, Tübingen 1966.
6. *Mahler-Werfel, A.:* Mein Leben, Frankfurt 1960.
7. *Mahler-Werfel, A., G. Mahler:* Erinnerungen an Gustav Mahler/Briefe an Alma Mahler (herausgegeb. von D. Mitchell), Frankfurt, Berlin, Wien (Ullstein-Propyläen) 1971.
8. *Neißer, A.:* Gustav Mahler, Leipzig 1918 (Reclam).
9. *Reich, W.:* Gustav Mahler, Zürich 1958.
10. *Schönberg, A.:* Prager Rede, in 5.
11. *Schreiber, W.:* Gustav Mahler, ro-ro-ro-Monographien, Reinbeck b. Hamburg 1971.
12. *Schumann, K.:* Das kleine Gustav-Mahler-Buch, Salzburg (Residenz) 1972.
13. *Specht, R.:* Gustav Mahler, Berlin und Leipzig 1922.
14. *Stuckenschmidt, H. H.:* Die reinigende Nähe (Gustav Mahler), »Frankfurter Allgemeine Zeitung« (FAZ) vom 9. Juli 1960.
15. *Walter, B.:* Gustav Mahler, Frankfurt 1957.
16. *Worbs, Chr.:* Gustav Mahler, Berlin 1960.

Briefe an den Verfasser von Frau Alma Mahler-Werfel/New York († 1964), die Krankheiten Gustav Mahlers betreffend:

17. vom 6. Dezember 1960,
18. vom 9. Februar 1961,
19. vom 13. März 1961.

MAURICE RAVEL
(1875—1937)

»Große Musik muß stets aus dem Herzen kommen!«

(M. Ravel)

Maurice Ravel (geb. 7. März 1875) wurde zwar 62 Jahre alt, war aber während der letzten sechzig Lebensmonate derart schwer krank, daß er nicht mehr komponieren konnte. Er starb wenige Tage nach einer Kopfoperation, ohne das Bewußtsein für längere Zeit wiedererlangt zu haben. Siebenundfünfzig Werke und Werkgruppen von ihm sind auf uns gekommen.

Ravel war der Sohn eines Genfer Bürgers und einer Baskin. Maurice, der neben seinem drei Jahre jüngeren Bruder Edouard in gesicherten Verhältnissen aufwuchs und wirtschaftliche Not nie kennenlernte, hat sich selbst gerne einen Basken genannt, denn er kam in Ciboure, einem kleinen Pyrenäenort in der Nähe von Saint-Jean-de-Luz, zur Welt. Sein Vater Joseph (1832—1908) war Zivilingenieur und der Erfinder eines mit Mineralöl geheizten Dampfkessels sowie eines Überdruck-Zweitaktmotors; man kann ihn also unter die Pioniere in der Automobilindustrie zählen. Er stammte vom Genfer See, ist ein liebenswürdiger, stiller Mensch von umfassender Bildung gewesen, aufgeschlossen für Malerei und Musik. Nach dem deutsch-französischen Krieg 1870/71 arbeitete er in Spanien am Ausbau des Eisenbahnnetzes. In Neu-Kastilien lernte er Maria Deluarte (1840–1917), eine auffallend hübsche junge Baskin, kennen, die er 1874 heiratete.

Im Juni 1875, bald nach der Geburt des Knaben Maurice, übersiedelte die Familie nach Paris. Beide Eltern liebten die Musik und stellten die gleiche Neigung bei ihren Söhnen fest. Edouard ergriff den Ingenieurberuf des Vaters, Maurice wurde Musiker. Am 31. Mai 1882 vermerkte der Lehrer des siebenjährigen Eleven, Henry Ghys:

»Heute beginne ich mit einem kleinen Schüler Maurice Ravel, der mir intelligent zu sein scheint.«

1889 tritt der Vierzehnjährige ins Pariser Konservatorium ein, das er nun fast sechzehn Jahre lang besucht. Dort ist er aber weder ein Musterschüler noch ein Wunderkind, arbeitet stets bedächtig und erkennt bald, daß seine kleinen Hände mit der kurzen Spannweite jedes künftige Virtuosentum ausschließen, obwohl die Finger ungewöhnlich lang erscheinen. Mit zwanzig Jahren erreichte Ravel bereits eine sichere handwerkliche Meisterschaft. Der Pianist Alfred Cortot sagte von ihm: »Ein gerne heiterer, viel diskutierender und etwas hochmütiger junger Mann, der Mallarmé liest und mit Erik Satie verkehrt.« Sein Glück war eben, daß er neben seinen wertvollen Anlagen kluge Eltern, außergewöhnliche Lehrer und wichtige Freunde besaß. Mit 26 Jahren erhielt Ravel bei der Bewerbung um den »Prix de Rome« den 2. Preis. 1905 verließ er das Konservatorium, um als freier Musiker zu wirken, nachdem er letztmals sein Glück mit dem Rompreis versucht hatte und man ihn ablehnte, was mit einem Skandal endete. Schon jetzt lagen bedeutende Werke aus Ravels Feder vor, 1895 entstand die von spanischen Rhythmen getragene Habanera, 1901 das Klavierstück »Jeux d'Eau«, 1903 der Zyklus von drei Scheherazadeliedern mit Orchesterbegleitung nach dem

Text von Tristan Klingsor. Unter seinen damaligen Bekannten trifft man durchweg nur Männer, keine Frauen, die sich um die Jahrhundertwende im Klub der »Apachen« zusammenschlossen.

Obwohl Ravel als klassischer Vertreter des französischen Impressionismus bezeichnet werden darf, hat seine Harmonik, die nie den Bereich der Tonalität und Tradition verläßt, eine weit lichtere und transparentere Struktur als die Klangpalette von Claude Debussy, bei dem sich die Einzelstimmen mitunter ins Uferlose verlieren. Wenn ihn zwar vorübergehende Freundschaft mit diesem oder mit Igor Strawinsky verband, so ist sich Ravel doch selbst am meisten treu geblieben und hat den höchst sublimen eigenen Stil nie verleugnet. Dieser tritt schon am deutlichsten in dem Klavierzyklus der »Miroirs« von 1905 in Erscheinung, aus welchem die zwei Einzelstücke »Oiseaux tristes« und »La vallée des cloches« Weltgeltung erlangten. Gleich Chopin, hat Ravel keine wesentliche weitere Entwicklung mehr durchgemacht, er stand als fertiges Phänomen da (H. H. Stuckenschmidt).

Im Todesjahr seines Vaters, 1908, fand die Erstaufführung der »Rhapsodie espagnole« für großes Orchester in Paris statt. In der stereotypen Wiederholung des aus vier Noten bestehenden Eingangsthemas zum »Prélude à la nuit« offenbart sich uns ein Charakterzug Ravels, der noch in mehreren späteren Werken und am stärksten in der Verarbeitung des »Boléro« zutage tritt: Seine Vorliebe für Automatenhaftes – wohl ein Teil der väterlichen Erbanlage! –, für Spielzeug, Nippfiguren, Tanz und alles, was irgendwie mit Spanien zusammenhängt. Andererseits gibt es im Leben des Meisters keine intimen Bindungen an Frauen – diese mied er bewußt, besonders bei Festen. Ravel war sehr klein, untergewichtig und ließ Zeichen eines Hydrozephalus erkennen. Der große Kopf stand in seltsamem Verhältnis zu seiner sonstigen körperlichen Untermaßigkeit. Er kleidete sich, gewissermaßen als Ausgleich, stets nach der neuesten Mode, legte überhaupt auf seine äußere Erscheinung ungewöhnlichen Wert. »Rachitismus, Infantilismus und Insuffizienz der Nebenniere« sollen bei einer eingehenden ärztlichen Untersuchung im Jahre 1927 festgestellt worden sein. Wenn er, eigentlich sehr menschenscheu und allen äußeren Ehrungen abhold, auch lange in geborgenen Verhältnissen bei seinen Eltern wohnte und aufs Geldverdienen nicht angewiesen war, umgibt ihn doch »die Tragik eines Künstlers, der stets von neuem versucht, das, was ihm das Leben versagt, in der zweiten Welt seiner Musik zu schaffen«. So gesehen, stellt der künstlerische Werdegang dieses Musikers eine kontinuierliche Linie dar, welche 1912 mit der Erstaufführung des Balletts »Daphnis und Chloë« – von welchem die II. Orchestersuite besondere Beliebtheit erlangte – einen Höhepunkt aufweist.

Seit 1909 war Ravel zudem als Musikschriftsteller tätig. Er arbeitete langsam, ja mitunter mühsam und schloß sich während des Schaffens von aller Welt ab. Fieber, Schlaflosigkeit, Appetitlosigkeit und Pulsirregularitäten begleiteten in der Regel diesen Prozeß. Er war davon überzeugt, daß die Inspiration nichts weiter als die Belohnung der täglichen Arbeit sei. Er schwamm viel, ging regelmäßig spazieren und war ein »Nachtwandler«, weil sich bei ihm seit 1918 die Symptome einer hartnäckigen Schlaflosigkeit einstellten, die ihn mit zunehmenden Jahren immer mehr bedrängte. Zudem Kettenraucher von schwarzen Zigaretten, starker Kaffeetrinker, Kenner schwerer Weine und ein Freund scharfer Gewürze, scheint Ravel, wie einem Brief an Roland-Manuel entnommen werden kann, auch die Wirkung der Opiate nicht fremd gewesen zu sein. Im Ersten Weltkrieg diente Ravel anderthalb Jahre lang als Soldat, nachdem man ihn zunächst wegen seiner schwachen Konstitution nicht zum Heeresdienst heranziehen wollte. Doch erkrankte er, einem Automobilpark zugeteilt und in der Gegend von Verdun eingesetzt, bald und wurde 1917 wieder entlassen. Mit dem Tod der Mutter im gleichen Jahr ereilte ihn ein besonders harter Schicksalsschlag.

1920 lehnte Ravel das Kreuz der Ehrenlegion, das ihm auf Grund seiner Verdienste verliehen werden sollte, ab, was von der Presse übel vermerkt wurde. Am 12. Dezember fand die Erstaufführung von »La Valse«, einer Nachkriegsarbeit mit dem »Charakter eines Totentanzes« (Roland-Manuel), in den Concerts Lamoureux zu Paris mit großem Erfolg statt. Im Jahr davor, das erste Anzeichen einer Unterhöhlung von Ravels Gesundheitszustand erkennen läßt, hatte der Komponist eine Kur in Mégève, einem savoyardischen Badeort, absolviert, wobei die Briefe aus dieser Zeit von Fieberzuständen und beängstigenden Pulsunregelmäßigkeiten berichteten. Ravels Schlaflosigkeit – »meine Neurasthenie« – nahm immer größere Ausmaße an und begleitete ihn nun bis zum Tode. Sein Haar ergraute schon. An Georgette Marnold schrieb er eine Karte vom 31. Januar 1919 mit dem lakonischen Satz: »Muß glauben, daß die Notwendigkeit des Schlafes ein Vorurteil ist, denn es geht mir nicht schlechter.«

Obwohl Ravel frühzeitig Biographen fand, die sich seiner liebevoll annahmen und er zweifelsohne ein Protégé ebenso vermögender wie kunstbeflissener Kreise war, gibt das Sphinxhafte seiner Persönlichkeit noch heute zahllose ungelöste Rätsel auf. Nur schwer konnte man in sein Inneres blicken, das er mit »Vornehmheit in Person« tarnte. So zog er sich seit 1920 am liebsten in sein kleines Landhaus in Montfort-l'Amaury, etwa 50 Kilometer westlich von Paris, zurück, das mit erlesenem Geschmack eingerichtet war.

Ravel war Pantheist, hat nie die Messe besucht und nie ein Werk für die Kirche geschrieben. Ja, der »Amen«-Schluß seines zweiten Chansons »Don Quichotte à Dulcinée« von 1932 legt den Verdacht nahe, daß er konfessionellen Anliegen mit Sarkasmus begegnete. Daran hat er auch in Briefen, die seine antiklerikale Haltung bekunden, keinen Zweifel gelassen. So am 25. März 1920: »Ich denke manchmal an ein wunderbares Kloster in Spanien, aber ohne den Glauben wäre das vollkommen idiotisch. Und würde nur dazu führen, dort Wiener Walzer und andere Foxtrotts zu komponieren.« R. Peyrefitte schreibt: »Es gibt Juden jeglicher Hautfarbe, und in den Vereinigten Staaten war der Komponist Ravel als Jude begrüßt worden, wenn er sich auch dagegen gewehrt hatte. Sonst wäre er in der Rue Cadet (Sitz des Grand Orient de France, größter Freimaurerorden des Kontinents) der einzige jüdische Großmeister gewesen.«

Vorgenannte Notiz nimmt Bezug auf Ravels fünfmonatige Amerikatournee 1927/28, die ihm triumphale Erfolge bescherte, zumal er auch als Dirigent auftrat. Da seine chronische Schlaflosigkeit schon zehn Jahre währte, unternahm er wieder viele nächtliche Spaziergänge, besonders durch New York, wie er das auch mit Vorliebe bei seinen früheren Auslandsreisen (Wien 1920; Niederlande, Venedig und England 1922) tat.

Ravels einziges populär gewordenes Werk ist der weltberühmte »Boléro« von 1928, dessen ursprünglicher Einfall sich über 16 + 16 Takte erstreckt und im Grunde nur die instrumentale Verwandlung des gleichen stereotypen Eingangsthemas, basierend auf einem martialischen Rhythmus, zum Gegenstand hat – bei aller scheinbarer Zufälligkeit des Gebotenen doch eine Art »Musikalisches Opfer«, das in bacchantischen Taumel, dem wüste Posaunenglissandi besondere Akzente verleihen, einmündet. Ravel sagte hierzu: »Der ›Boléro‹ besitzt keine wirkliche Form, keine Entwicklung, keine oder fast keine Modulation . . . nichts als Rhythmus und Orchester.« Die Urmelodie wird erstmals durch die Flöte eingeführt und achtzehnmal in der Weise wiederholt, daß immer ein neues Soloinstrument

Arnold Schönberg
Foto aus den letzten Lebensjahren

Arnold Schönberg
Totenmaske von A. Mahler

hinzukommt, mithin besteht lediglich eine Veränderung der Instrumentation.

Es folgen noch zwei Klavierkonzerte, an denen Ravel, der eigentlich gar kein Zeitgefühl besaß, von 1929 bis 1931 gleichzeitig arbeitete und von denen das in D-Dur für die linke Hand allein geschrieben wurde auf Wunsch des einarmigen Pianisten Paul Wittgenstein, der den Solopart selbst am 27. November 1931 bei der Erstaufführung in Wien spielte; dieses einsätzige Konzert, aus einem Sarabandenthema hervorgehend, beeindruckt durch seine melancholische Färbung, es mutet an wie ein Abgesang vom Leben, wie eine Vorwegnahme zukünftiger biographischer Ereignisse!

Das letzte vollendete Werk Ravels sind drei Chansons (Bariton), betitelt »Don Quichotte à Dulcinée«, 1932 komponiert, welche als Musik zu einem Film gedacht waren, der nie entstand.

Abgesehen von einigen Konzertreisen in Frankreich und nach Belgien führte Ravel seit 1930 ein ruhiges Leben. Im Oktober 1932 stieß sein Taxi in Paris mit einem anderen Wagen zusammen. Der Komponist trug leichte Kopfverletzungen davon, verlor ein paar Zähne und litt kurze Zeit an einer unterschwelligen Gehirnerschütterung. Er wurde elektrisiert, »mit Goldnadeln gestochen«, sogar hypnotisiert, aber er hat von da an keine vollendete Komposition mehr hinterlassen. Ravel arbeitete zwar fleißig an Skizzen zu allerlei Werken weiter, eine zusammenhängende Musik brachte er jedoch infolge der nun auftretenden Konzentrationsschwäche nicht mehr zustande. Manche Ravelbiographen erblicken in besagtem Schädeltrauma die Ursache für seine Todeskrankheit, übersehen dabei aber, daß er *bereits vor* diesem Ereignis nicht gesund war. Ehe er Ende 1927 nach Amerika reiste, kam es gelegentlich vor, daß ihm die Finger am Klavier den Dienst versagten, daß ihm plötzlich Worte auf den Lippen erstarben. Schon damals hielten

Freunde nach den Konzerten die aufdringlichen Autogrammjäger ab, weil er fürchtete, er könne seinen Namen nicht mehr schreiben (Tappolet), man würde auf seine Dysphasie aufmerksam werden. Der 53jährige Jubilar macht auf den Photos vom Jahre 1928, die anläßlich der Verleihung der Ehrendoktorwürde der Universität Oxford entstanden, bereits einen stark abgebauten und vorgealterten Eindruck.

1933, als er während des Sommers in Saint-Jean-de-Luz, nahe seiner Geburtsstadt Ciboure, badet, bemerkt er zu seinem Schrecken, daß er gewisse Bewegungen nicht mehr ausführen kann: Statt eines Beines bewegt sich ein Arm, und es mißlingt ihm, einen Stein in die gewünschte Richtung zu werfen. Schreiben und Unterzeichnen bereitet ihm unerklärliche Mühe.

Zur Wintersaison kehrte Ravel nach Paris und in sein Landhaus zurück. Im Januar 1934 schlug der behandelnde Arzt, Prof. Dr. Valléry-Radot, brieflich vor, man solle alle Mittel versuchen, daß sich Ravel zu einer wochenlangen Ruhezeit entschließt: »Er fühlt sich nervös, überfordert. Erstes Anzeichen von Apraxie, was bedeutet: Verwechslung der Bewegungen, eine Geste statt einer anderen auszuführen.« Nicht zuletzt wegen der Depressionen brachte man ihn im März 1934 in die Klinik Monrepos am Mont Pélérin bei Vevey am Genfer See, nahe Lausanne. Dort verfaßte er ein Kondolenzschreiben an seinen Freund M. Delage anläßlich des Todes von dessen Mutter, datiert vom 22. März. Für die wenigen Zeilen benötigte er acht Tage, und dies nicht wegen der Orthographie, sondern »Wort für Wort wegen der Form jedes einzelnen Buchstabens, welche er völlig vergessen hatte« (R. Chalupt) und weshalb er sich beim Schreiben des Larousselexikons bediente. Der behandelnde Arzt, Dr. Michaud, stellte fest: »Schlaflosigkeit, Gedächtnistrübung, Müdigkeit, Mangel an Konzentration, Angstzustände, orthographische Fehler. Weiß nicht mehr, wie man gewisse Buchstaben schreibt. *Er ist starr.* Die Angst spielt eine große Rolle in seinem Unbehagen. Beständige Furchtgefühle ...«

Dann gab es wieder Tage, an denen Ravel einen vollkommen gesunden Eindruck machte. Wenn ihm Begriffe entfielen, versuchte er sie bildhaft zu umschreiben: »Er heißt ... es ist der Komponist ... den Wagen fährt seine Frau ...«

Die Kur am Genfer See war erfolglos geblieben. Man brachte ihn nach Paris zurück und richtete eine weitere Wohnung ein, wohl um den Milieuwechsel zu intensivieren: Hausbar, eine Vitrine voller Nippsachen, ein Kinderdorf und Stofftiere fehlten nicht. Oder er weilte in Montfort-l'Amaury, durchstreifte die Wälder von Rambouillet, von Freunden begleitet und verwöhnt – und doch: Der Zustand verschlechterte sich eher!

Eine großzügige Spende der russischen Tänzerin Ida Rubinstein brachte jene Geldmittel zusammen, die es ermöglichten, daß Ravel zusammen mit seinem Freunde, dem Bildhauer Léon Leyritz, eine Marokkoreise unternehmen konnte.

Im Februar 1935 fuhren sie ab und reisten nach Madrid, wo Ravel eine von F. Goya ausgemalte Kirche besuchte, die ihm von einem früheren Aufenthalt her bekannt war. Dann schifften sie sich nach dem südspanischen Algeciras ein, setzten über nach Tanger, besichtigten Fes und hielten sich über drei Wochen in der Märchenstadt Marrakesch auf. Dort trank Ravel seinen beruhigenden Pfefferminztee, beobachtete über viele Stunden das Treiben auf dem großen Platz vor dem Hotel, führte lange Zwiegespräche mit Tauben und Katzen – alles mehr oder weniger Symptome seiner Antriebsverminderung und kein Beweis für »Vitalität«, was die Biographen in derlei Ereignisse hineininterpretierten. Jetzt konnte er auch nur noch mühsam lesen. Es folgten Ausflüge in das Gebiet des Atlas, man gab sogar ein großes Fest für ihn, und es sah vorübergehend so aus, als bessere sich der Zustand. »Wenn ich arabische Musik schriebe, dann wäre sie echter als das!« Er trällerte sogar Melodien aus einem geplanten Werk, schrieb einen langen Brief an den Bruder. Dann traten jedoch wieder Symptome von Agraphie auf, als sie über Sevilla, Cordoba, Vitoria und Pamplona zurück kehrten.

Im Mai 1935 meinte Ravel bei der Beerdigung des Komponisten Paul Dukas: »Ich habe ein Thema notiert. Ich kann noch Musik schreiben.« Allein, er brachte nicht einmal mehr Autogramme zuwege. Während des Sommers weilte Ravel nochmals an der Seite von Léon Leyritz in Spanien, war in Saint-Jean-de-Luz sowie während des Herbstes in den Baskenstädten Bilbao und Burgos.

Bei seiner Heimkehr wirkte Ravel dennoch apathisch und schweigsam. All die kostspieligen Mühen, diese einzigartigen Versuche, sein Gehirn zu den Spitzenleistungen von einst zu animieren, waren vergeblich gewesen. Den Verfall konnte man nur verzögern. Wie getrieben, fährt Ravel beständig von Montfort-l'Amaury nach Levallois zu seinem Bruder und von Levallois nach Montfort.

Anfang 1936 verschlimmerte sich die Apraxie. Mager, eingefallen, grauweiß im Gesicht erschien er mitunter bei den Freunden, in Paris, auf dem Lande, im Konzertsaal. Alle nötigen Arbeiten wurden ihm von anderen abgenommen. Er saß auf dem Balkon, den Blick in die Ferne gerichtet und sagte auf die Frage, was er tue: »Ich warte.« Oder er harrte neben dem Telefon auf einen Anruf seines Bruders, brachte es hingegen nicht einmal mehr fertig, selbst das Türschloß zu öffnen.

In dem hageren Antlitz treten nun die Knochen stärker hervor denn je. Vier Jahre erträgt Ravel schon sein Leiden mit stoischer Ergebenheit in das Unabwendbare. Im Herbst 1937 hört er eine vollendete Aufführung von »Daphnis und Chloë«. Plötzlich verschwindet er und wird nach längerem Suchen in einer dunklen Ecke der Kulissen gefunden, Tränen in den Augen: »Ich habe noch so viel Musik in mir.« Man will ihn trösten: »Noch nichts habe ich gesagt! Alles habe ich noch zu sagen!« In Montfort besuchten ihn gelegentlich Freunde, darunter auch Ernesto Hallfter und Gemahlin. Da er bei der Begrüßung vergeblich nach Worten rang, eilte er in den Garten und brachte eine Blume, die das ausdrücken sollte, was er nicht aussprechen konnte.

Ravels Leiden wird heute als »begrenzte symmetrische Schwäche der Großhirnrinde unter besonderer Beteiligung der Zonen, die mit Sprachbildung zu tun haben«, als *Picksche Krankheit,* aufgefaßt. Man beobachtete bei ihm Schlaflosigkeit (seit 1918), vorzeitiges Ergrauen der Haare (seit 1919), apraktische Störungen (seit 1927) mit Aphasie und Agraphie, zuletzt auch Alexie, Konzentrationsschwäche (seit 1932), Antriebslosigkeit im Wechsel mit planloser Unruhe, Depressionen und Angstzuständen. Bei erhaltener Verstandeskraft stand zuletzt die Sprachverarmung im Vordergrund, durch Hydrozephalus ausgelöste Hirndrucksymptome dürften den chirurgischen Eingriff erforderlich gemacht haben. Außerdem lagen innersekretorische Insuffizienzerscheinungen vor, wie 1927 beschrieben. Dem Autounfall von 1932 kommt höchstens der Wert einer richtunggebenden Verschlimmerung des Morbus Pick zu, dessen erste Anzeichen bereits nach dem Ersten Weltkrieg hervortraten.

Die präsenile Rindenatrophie des Gehirns, meist im 6. Lebensjahrzehnt ausgeprägt, führt zu einem Nachlassen der geistigen Funktionen neben plötzlich einsetzenden und meist kurzdauernden apraktischen Symptomen (Aphasie, Agraphie, Alexie). Dabei sind die Ventrikel später *hydrozephal* erweitert, während neurologisch meist kein besonderer Befund erhoben werden kann. Anatomisch beobachtet man bei dieser doch relativ seltenen Krankheit (in

Schweden etwa 0,1 %) eine Verschmälerung der Hirnwindungen im Stirn-, Schläfen- und Parietalbereich, auch mikroskopisch dominiert die Atrophie. Das klinische Bild ist nicht einheitlich, die Krankheitsentwicklung reicht mitunter über Jahre zurück – hier mit der Umkehr des Wach-Schlaf-Rhythmus eigentlich sogar über bald zwei Jahrzehnte. Reizbarkeit, depressive Verstimmung, iterative Beschäftigungsunruhe charakterisieren die Leidensgeschichte Ravels, die ferner von einer Herabsetzung des Sprachverständnisses, Veränderungen der Spontansprache, Schwierigkeiten beim Lesen und zunehmender Verarmung des Wortschatzes gekennzeichnet ist. Einen eigentlichen Abbau der Intelligenz konnte man bei dem Patienten nicht bemerken, sein Geist war bis zuletzt völlig klar. Dabei bleibt offen, inwieweit die vorzeitigen Versagenszustände durch Nikotinabusus, Alkohol oder andere Stimulantien mitverursacht wurden. Weil im modernen Schrifttum (G. Huber) auch chronisch persistierende Endokrinopathien für die Genese der Hirnatrophie verantwortlich gemacht werden (z.B. Myxödem), muß man dieser Frage besondere Aufmerksamkeit schenken: Dann wäre seine Krankengeschichte schon rein anlagemäßig determiniert gewesen, denn der Pickschen Krankheit begegnet man erfahrungsgemäß häufig bei biologisch nicht ganz vollwertigen Menschen (E. Zerbin-Rüdin). Ravels Infantilismus, die biographisch belegten Manieriertheiten und Exzentrizitäten sowie die lebenslange Frauenlosigkeit legen solche Schlüsse jedenfalls nahe. Wahrscheinlich ist die entnervende Stereotypie des »Boléro« von 1928 schon als Frühsymptom zu werten. Und die Ausklänge von »La Valse«, »Boléro« und dem Klavierkonzert D-Dur, deren gequälter, panischer Charakter evident ist, geben gleichfalls zu denken. Dieses Leiden jedenfalls hat den Meister in einen Zustand schrecklicher Isolierung geführt und seine Feder zwangsweise zum Schweigen gebracht, obwohl gerade bei der Pickschen Krankheit Liedertexte und Melodien meist erstaunlich lange beherrscht werden – aber die schöpferische Leistung versiegt trotzdem!

Die Ärzte, unter deren Beobachtung er ständig stand, wußten kein Mittel mehr. Frau Révelot, die den Meister seit fünfzehn Jahren umsorgte, pflegte ihn wie ein eigenes Kind. Immerhin haben die Biographen über diesen »letzten Ravel« von 1937, der, hilflos lächelnd und von Sprachverödung gezeichnet, die meiste Zeit zu Hause verbrachte, den Mantel des Schweigens gebreitet. Die damaligen Fotos lassen hingegen keinen Zweifel an der senilen Involution.

Da der Zustand immer bedrohlicher wirkte, konsultierte man schließlich den berühmten Hirnchirurgen Professor Clovis Vincent, weil die im Rahmen der eingehenden Untersuchung erneut bestätigte Verdachtsdiagnose »Hydrozephalie« zuletzt Hirndrucksymptome im Gefolge gehabt haben dürfte. Der Arzt bestand auf einem eiligen Eingriff, man brachte Ravel in dessen Klinik, Rue Boileau. Am Abend vor der Operation scherzte der Kranke noch über seinen Gazeturban, der ihm eine gewisse Ähnlichkeit mit Thomas Edward Lawrence von Arabien verlieh.

Am 19. Dezember 1937, einem Sonntag, fand die Eröffnung des Schädels statt. Es heißt, das Gehirn sei von normalem Aussehen gewesen. Einige Stunden danach schlug Ravel die Augen auf und rief nach seinem Bruder. Dann schlief er ein – für immer, erst 62 Jahre alt. Am 27. Dezember begann die Agonie, in den frühen Morgenstunden des 28. Dezember verschied jener Mann, der kurz zuvor gegenüber Freunden erneut versicherte: »Ich hätte noch so viel Musik zu schreiben.« Ein Testament fehlt. Ravel ist auch nicht seziert worden, was eine abschließende ärztliche Stellungnahme erschwert.

Am 30. Dezember hat man ihn auf dem Friedhof von Levallois neben dem Grab der Eltern zur letzten Ruhe gebettet. Unter zahlreichen Trauergästen befand sich Igor Strawinsky, es sprach Frankreichs Erziehungsminister Jean

Zay, der später unter der Pétainregierung abgeurteilt und 1944 hingerichtet wurde.

Luc-Albert Moreau hielt das Bild des Toten fest: Unendlich abständig, erhaben, wie im Ordensgewand eines Priesters, als schaue er am Ende dieses dunklen Weges das Licht des jungen Tages, wenn es aus den Noten von »Daphnis und Chloë« erwächst, und die Gegensätze unserer irdischen Welt in ewiger Schönheit ihren Ausgleich finden.

MAURICE RAVEL

1. *van Ackere, J.:* Maurice Ravel, in: »Die Musik in Geschichte und Gegenwart« (MGG), Kassel (Bärenreiter) 1963: 58 ff.
2. *Alayouanine, Th.:* The aphasie and artistic realisation (Brain, London, 1948: 229 ff.).
3. *Bärschneider, M,:* Leitsymptom: Sprachstörungen, MMW Nr. 44/1970: 2001.
4. *Bing, R.:* Lehrbuch der Nervenkrankheiten, Berlin u. Wien (Urban + Schwarzenberg) 1940.
5. *Chalupt, R.:* Ravel au miroir de ses lettres, Paris (R. Laffont) 1956.
6. *de Fragny, R.:* Maurice Ravel, Lyon 1960.
7. *Grosch, H.:* Picksche Atrophie. Medizinische Welt Nr. 19/1972: 737.
8. Hommage à M. Ravel (Numéro special à l'occasion du Ier Anniversaire de sa mort, 28. Décembre 1938), Paris (Edition de la Revue Musicale, Nr. 187) 1938.
9. *Huber, G.:* Picksche Atrophie, in: Klinik und Psychopathologie der organischen Psychosen (»Klinische Psychiatrie«, Bd. II/2, Berlin, Heidelberg, New York), (Springer) 1972.
10. *Huber, G.:* Hirnatrophische Prozesse im mittleren Lebensalter, MMW 10/1972: 429.
11. *Jankélévitch, V.:* Maurice Ravel in Selbstzeugnissen und Bilddokumenten, ro-ro-ro-Monographien Nr. 13, Hamburg 1958.
12. *Mallison, R.:* Senile und präsenile Hirnkrankheiten (Picksche Atrophie), in: Handb. d. Inn. Med. V/III (Neurologie), Berlin. Göttingen, Heidelberg (Springer) 1953.
13. *Peyrefitte, R.:* Die Juden, Karlsruhe (Stahlberg) 1966.
14. *Roland-Manuel:* Ravel, Potsdam (Akad. Verlagsgesellsch. Athenaion) 1951.
15. *Stuckenschmidt, H. H.:* Maurice Ravel, Variationen über Person und Werk, Frankfurt (Suhrkamp) 1966, sowie Brief an den Verf. vom 21. 10. 1970.
16. *Tappolet, W.:* Maurice Ravel, Olten (O. Walter) 1950.
17. *Wörner, K. H.:* Geschichte der Musik, Göttingen (Vandenhoeck + Ruprecht) 1972.

18. *Zerbin-Rüdin, E.:* Genetische Aspekte der psychiatrischen Erkrankungen, in: »Klinische Psychiatrie« II/2, Berlin, Heidelberg, New York (Springer) 1972.

ARNOLD SCHÖNBERG
(1874–1951)

»Der Künstler tut nichts, was andere für schön halten, sondern nur, was ihm notwendig ist.«

A. Schönberg, Harmonielehre

In Wien vollzogen sich seit Jahrhunderten nach einem unerforschlichen Naturgesetz die eigenartigsten Entwicklungen von der Klassik und Romantik bis hin zur modernen Musik. Dort erblickte auch Arnold Schönberg als Kind nicht sehr vermögender – aber hochmusikalischer – Eltern jüdischen Glaubens am 13. September 1874 das Licht der Welt.

Sein Vater, der an Asthma, Emphysem und Körperschwellungen litt, starb im Jahre 1890 während der dortigen Influenza-Epidemie im Alter von rund 50 Jahren. Arnold Schönberg hatte zwei Geschwister, einen jüngeren Bruder, der früh an den Folgen einer Blutvergiftung zugrunde ging, und eine ältere Schwester, welche ein hohes Alter erreichte.

Arnold Schönberg heiratete im Jahre 1901 Mathilde von Zemlinsky; eine Tochter aus dieser Ehe starb 1947, 45jährig, in New York. Der Ehe mit seiner ersten Frau, die 1923 einer bösartigen Neubildung zum Opfer fiel, entstammt auch der im Jahre 1906 geborene Sohn Georg. 1924 vermählte sich der Fünfzigjährige nochmals mit Gertrud Kolisch, Tochter eines Wiener Primarius und Schwester des Geigers Rudolf Kolisch. Bei Schönbergs Tod waren seine beiden Söhne aus dieser Ehe 10 und 14, seine älteste Tochter 19 Jahre alt.

Arnold Schönbergs untersetzte Gestalt neigte vor allem in der Jugend zur Adipositas. Die Bilder aus dieser Zeit lassen ein leichtes Hervortreten der Augäpfel infolge einer nicht sehr hochgradigen Schwellung der Schilddrüse erkennen, die sich aber im Laufe des Lebens mehr und mehr zurückbildete. Mit 7 Jahren lernte er Geige spielen, später widmete er sich dem Cellospiel, vernachlässigte hingegen ziemlich eine pianistische Ausbildung. In allem blieb er durchweg Autodidakt, hatte eine ungeheure Vitalität und konnte durch nichts in seiner künstlerischen Auffassung beirrt werden. »Alles, was Schönberg sprach, war neu und seltsam. Mein Besuch schien ihn und seine Frau zu erfreuen. Seine Wohnung hatte Schönberg mit den billigsten Mitteln zu etwas sehr Rarem und Besonderem gemacht. Er bastelt gern so herum, bindet Bücher und Noten selbst ein, hat sich große Zimmer mit Holzwänden geteilt, die er mit Rupfenstoff überzogen hatte, Bücherkasten dagegengestellt und eigene, sehr interessante Bilder aufgehängt – jedes Zimmer in individueller Farbe und mit eigener Atmosphäre«, teilte Frau A. Mahler-Werfel später im Anschluß an einen Besuch mit.

1891 trat Arnold Schönberg als Angestellter in eine Wiener Privatbank ein, doch schon im Jahre 1895 vertauschte er die Banknoten für immer mit den Noten der Musik. Damit begann die Laufbahn eines der faszinierendsten und rätselhaftesten Geister unseres Jahrhunderts.

Eine genaue Krankengeschichte bereitet bei Schönberg durch den Umstand, daß er am 2. August des Jahres 1950 eine Autopathographie verfaßte, keine Schwierigkeiten.

Aus dieser geht hervor, daß er schon früh zu Katarrhen der oberen Luftwege neigte und seit seinem 16. Lebensjahr im Frühling wie Herbst grippale Infekte durchmachte, in deren Gefolge sich Atembeschwerden einstellten.

»1915, als ich in der Österreichischen Armee diente, wurde ich wegen Asthma vom Frontdienst befreit, dessen Symptome schwerer Husten und Atemlosigkeit waren. Ich war auch ein sehr starker Trinker und Raucher. Nach dem ersten Weltkrieg zog ich mir wieder eine Grippe zu, die damals weltweit epidemisch verbreitet war und Spanische Grippe genannt wurde. Eine Folge dieser Erkrankung war wahrscheinlich, daß ich nun oft nachts durch Atemnot und Husten erwachte. Ich wurde dann untersucht von Herrn Professor Chvostek, der keine konstitutionelle Erkrankung feststellen konnte und es ebenso ablehnte, daß Rauchen und Alkoholgenuß meine Beschwerden verursachen könnten.

Ich gab Rauchen und Trinken auf, und das half mir wirklich bedeutend. Einige Tage, nachdem ich enthaltsam geworden war, hustete ich nicht mehr und war nicht mehr atemlos. Unglücklicherweise verfiel ich nach weniger als zwei Jahren meinen beiden Lastern wieder mit dem Erfolg, daß alle bösen Symptome wiederkehrten.

Während dieser ganzen Zeit hatte ich keine Medikamente eingenommen. Mein einziger Versuch, mein Asthma zu bekämpfen, bestand darin, daß ich den Dampf eines französischen Asthma-Pulvers einatmete, das mir half. – Aber in diesen Jahren trainierte ich meinen Körper laufend durch Schwimmen, Rudern, Springen sowie Tennis-, Ping-Pong und andere Spiele.«

Im Vergleich mit Mozarts schlichter Weltoffenheit oder mit den Briefen Beethovens, in welchen er stets mit Stilistik oder Orthographie zu kämpfen hat, weist die große Schönbergsche Korrespondenz eine kristallene Klarheit der Gedanken auf, ist ständig von geistvollen Aperçus durchsetzt und läßt eine eminente Allgemeinbildung deutlich werden, so daß man bei ihm ohne Übertreibung von einer Universalbegabung sprechen kann. Schönberg malte; auch dichtete er als eigener Librettist seine Bühnentexte. Nicht nur im Bereich der Musik beschritt er neue Wege, es gibt von ihm auch ein Selbstporträt in Dorsalansicht. Charakteristisch sind darüber hinaus seine Worte, die im »Requiem« stehen: »Wenn man sterben kann, was schwer ist, kann man auch leben.« Außerdem besaß Schönberg die Gabe, Schüler und Anbeter um sich zu versammeln, denn es war eine absolut gruppenbildende Macht in ihm.

Etwa gleichzeitig mit dem Verlust der perspektivischen Tiefenwirkung in der Malerei gegen Ende des 19. Jahrhunderts verschleierte sich seit Wagners »Tristan«, um nur ein Beispiel zu nennen, die Tonalität. Wenn Schönberg in seinen Klavierstücken op. 19 (1911) deren Grenzen gänzlich durchbrach und der Dissonanz dieselben Rechte zugestand wie der Konsonanz, so beschritt er nur einen Weg, der in seiner Art schon von F. Liszt und R. Strauß u. a. stellenweise vorgezeichnet war. Ihn jedoch in dieser Form konsequent zu verfolgen, dazu hatte vor ihm noch keiner den Mut aufgebracht. Dabei wirkt Schönbergs Musik, obwohl ihr die Fähigkeit der Homophonie abgeht, durchaus dreidimensional, denn ihr Gewebe ist stimmig durchdacht. Sie appelliert unablässig an die verborgensten Schichten des Unterbewußtseins, und auch die von ihm verwandten Ton-»Reihen« (kein Ton soll wiederholt werden, bevor die elf anderen Halbtöne erklungen sind) scheinen nicht schwerer verständlich zu sein als etwa für den Laien das Schachspiel, dessen Varianten zu studieren Schönberg selbst nie müde wurde. »Ich habe eine Entdeckung gemacht, durch welche die Vorherrschaft der deutschen Musik für die nächsten hundert Jahre gesichert ist.« Doch macht die Konstruktion allein noch keine Zwölftonmusik. Wenn es ihr an Inspiration fehlt, so ist sie nur »eine tönende Schelle«, und mit voller Absicht hat Schönberg selbst einmal zugegeben:

»Wer Reines kann, wird es tonal oder atonal können.« Daß die Zeitgenossen jenem Wagnis des Klanges sehr kritisch gegenüberstanden, darf nicht verwundern. Vor dem Ersten Weltkrieg schrieb Richard Strauß in einem Brief an Frau Mahler: »Dem armen Schönberg kann heute nur der Irrenarzt helfen. Ich glaube, er täte besser Schnee zu schaufeln, als Notenpapier zu bekritzeln.« Maurice Ravel sagte zu Schönbergs Werk: »Non, ce n'est pas de la musique . . . c'est du laboratoire!« Aber der Meister, für den selbst Gustav Mahler nur ein Achselzucken hatte, ließ sich durch nichts von seinem Weg abbringen. Als er beim Proben seiner »Serenade« in Venedig 1925 die Zeit längst überschritten hatte und ihn der Vorsitzende höflich daran erinnerte, daß er nicht der einzige Komponist hier sei, entgegnete Schönberg selbstbewußt und bestimmt: »Ich denke doch . . . !«

Arnold Schönberg hat es sich niemals leicht zu machen versucht; denn er war, wie aus einem Briefe hervorgeht, immer der Auffassung, daß ein Komponist, wenn er von seinen Problemen spricht, zugleich die Probleme der gesamten Menschheit behandelt. Er hatte das Gefühl, als ob er »in ein Meer von siedendem Wasser gefallen wäre«. Ruhelos reiste er auf dieser Erde von einem Land zum anderen: verfolgt, mißverstanden und ausgewiesen. Selbst in der Religion fand Schönberg erst in der zweiten Hälfte seines Lebens zu sich selbst; denn vor seiner Rückkehr zum jüdischen Glauben (1933) gehörte er seit der Kindheit zunächst der katholischen und nach dem 18. Lebensjahr der evangelischen Konfession an.

»Daß ein Künstler von solcher Art, der noch dazu übergroßen Verfolgungen ausgesetzt war, hie und da an nervösen Depressionen und auch Angstvorstellungen, andere Male an großer Reizbarkeit und Unruhe litt, ist selbstverständlich, doch blieben auch diese leicht manisch-depressiven Zustände im Rahmen einer nervösen Labilität und der Ansprechbarkeit eines überempfindlichen und immer hochgespannten Nervensystems, und sie waren nie wirklich bedrohlich oder krankhaft. Auch mein Mann, der ein guter Internist war, hat ihn (nach 1918) einigemale untersucht, aber niemals eine organische Erkrankung gefunden«, schreibt die ihn seinerzeit behandelnde Ärztin Dr. Maria Frischauf.

Im Dezember 1901 übersiedelte Schönberg nach Berlin, wo er zunächst kurze Zeit Kapellmeister war und dann als Lehrer für Komposition am Konservatorium wirkte. Im Jahre 1903 kehrte er nach Wien zurück und entfaltete dort sehr bald eine überaus reiche Tätigkeit als Lehrer zahlreicher Schüler. 1910 wurde es ihm ermöglicht, an der k. u. k. Akademie für Musik und Kunst in Wien als außerordentlicher Lehrer Kurse für Komposition abzuhalten. Im Herbst 1911 übersiedelte er erneut nach Berlin, weil seine materielle Lage äußerst schwierig geworden war und er in Wien in Wort und Schrift heftig angegriffen wurde. 1912 führten ihn Auslandsreisen in mehrere europäische Städte. 1913 brachte die Uraufführung der »Gurre-Lieder« in Wien durch Franz Schreker seinen ersten großen Erfolg. Anläßlich einer Wiederholung derselben im Jahre 1920 notierte Frau Alma Mahler-Werfel später: »In einer anderen Loge saßen Schönberg, seine Frau, seine Tochter und sein Sohn. Ich ging zum Schluß zu Frau Schönberg und sagte: ›Viel hast du gelitten für diese Stunde.‹ Sie weinte ...« Nicht wenige von Schönbergs Erstaufführungen sind übrigens mit Theaterskandalen verbunden.

Im Ersten Weltkrieg war Schönberg dann zweimal Soldat; 1917 entließ man ihn aus Gesundheitsgründen endgültig vom Wehrdienst. 1923 war das Jahr, in dem Schönbergs Methode der »Komposition mit 12 Tönen« zur Reife kam. 1925 wurde er an die Preußische Akademie zu Berlin berufen, mit dem Auftrag, eine Meisterklasse für Komposition zu übernehmen.

In seiner Krankengeschichte fährt Schönberg fort:

»1923/24, bevor ich meine zweite Frau heiratete, trank ich wieder und inhalierte 60 Zigaretten pro Tag. Um die Folgen dieses Übels zu bezwingen, handelte ich sehr töricht. Ich trank außer Likör jeden Tag drei Liter starken Kaffee und nahm Codein und Pantopon. Dies half mir ein wenig, obwohl es im Grunde schlimmer wurde. Aber während meiner Flitterwochen in Venedig besaß ich die Willenskraft, alle meine vorher erwähnten Laster aufzugeben; als Folge dessen gewann ich wieder eine etwa zwei Jahre dauernde ›Atempause‹.

1926 hatte ich eine Blinddarm-Operation, die auf meine Gesundheit keinen Einfluß nahm. In all den folgenden Jahren machte ich immer zwei Jahre lange Perioden durch, in denen ich nicht rauchte oder trank, aber erst 1944 gab ich glücklicherweise das Rauchen auf, das Trinken jedoch nicht, das ich aber nur auf ein gelegentliches Glas Whisky oder Cognak beschränke.

Ich möchte noch erwähnen, daß ich Tennis spielte bis 1942, also bis zu einem Alter von 68 Jahren. Ich fühle, ich hätte es auch jetzt nicht aufgeben sollen. Der Notwendigkeit, sehr tief zu atmen, wenn ich hinter einem Ball herrennen oder ihn stark zurückschlagen mußte, schiebe ich den besseren Zustand meines Asthmas zu. In diesen Jahren hatte ich nur wenige Beschwerden davon.«

In einem Brief vom 7. Juli 1926 an Prof. G. Singer heißt es: »Meine Frau besteht darauf, heute mit mir in einen Kurort zu gehen, in welchem etwas gegen mein Asthma getan werden kann. Die Atembeschwerden beim Einschlafen habe ich jetzt seltener als früher; auch komme ich nicht mehr so oft mit Atemnot auf. Der Husten ist seltener und nicht so krampfartig und erschütternd. Dagegen bin ich morgens, nach der waagerechten Lage, etwas erschöpft und atemlos und gerate auch sonst noch etwas leichter außer Atem als früher. In der letzten Zeit habe ich seltener Fieber gehabt . . .« Seine angegriffene Gesundheit zwang Schönberg im Jahre 1931 – nach Monaten des Erfolges und vieler Auslandsreisen – ein wärmeres Klima aufzusuchen. Erst ging er in die Südschweiz (Teritet), dann nach Barcelona. Die von dort abgesandten Briefe werfen ein bezeichnendes Licht auf die nun klinisch mehr und mehr in den Vordergrund tretenden Beschwerden:

»In diesem Winter hat mich mein Übel, das mir bei kaltem, feuchtem Wetter das Ausgehen am Vormittag fast zur Unmöglichkeit machte, verhindert . . .« (1. 10. 1931). »Ich glaube bestimmt nicht, daß ich es während der kalten Jahreszeit riskieren kann, nach dem Norden zu kommen . . .« (19. 1. 1932). »Hier ist seit drei Tagen Schneewetter, und automatisch geht es mir wieder schlechter: Husten, Temperaturerhöhung, Atemnot . . .« (13. 2. 1932).

Am 10. März 1932 hat Schönberg den zweiten Akt von »Moses und Aaron« in Barcelona beendet. Die Oper, welche erstmals konzertant 1954 in Hamburg und erstmals szenisch 1957 in Zürich aufgeführt wurde, ist ein gigantischer Torso, weil nur der erste und zweite Akt vollendet sind. – In Schönbergs Schaffen fällt überhaupt eine nicht geringe Zahl angefangener und infolge Zeitmangels oder Krankheit, beziehungsweise fortgesetzter Unterrichtstätigkeit nie beendeter Werke auf. Die Zahl der von ihm abgeschlossenen Stücke beläuft sich auf rund 50 Opera und Werkgruppen. Unter den unvollendeten befinden sich die Oratorien »Die Jakobsleiter«, die vorgenannte Musik zu »Moses und Aaron« und schließlich sein letztes schöpferisches Wagnis, die »Modernen Psalmen« (für Sprecher, Chor, Orchester).

Anfang 1932 kehrte Schönberg von Barcelona nach Berlin zurück und verbrachte hier, trotz schlechter Gesundheit, den Winter. – Am 17. Mai 1933 reiste er von dort ab, nachdem Max von Schillings bekanntgegeben hatte, daß der jüdische Einfluß an der Akademie gebrochen werden müsse.

Die Ereignisse des Jahres 1933 verletzten und empörten Schönberg zutiefst, weil er, dessen Schaffen tief in der deutschen Musikgeschichte verwurzelt war, durch sie aus dem Lande vertrieben wurde, zu dem er gehörte. Sofort meldeten sich die alten Atembeschwerden aufs neue, wie aus einem Pariser Brief vom 26. Mai zu entnehmen ist: »Denn mein Asthma plagt mich wieder sehr, und ich muß nach dem Süden, um wieder ein bißchen gesünder zu werden.« Aussichten boten sich ihm zu dieser Zeit kaum (»Sehr groß ist das Geriß um mich nicht«, 23.9.1933). So nahm er schließlich ein Engagement an ein Konservatorium in Boston an. Die großen Temperaturschwankungen des dortigen Klimas bekamen ihm aber nicht, und er erkrankte. Die Situation des Flüchtlings hat sein Freund Alban Berg in einem Schreiben vom 6. Juli 1933 treffend umrissen: »Anbei ... Schönbergs Brief, den ich mit Heißhunger verschlungen habe. Ja, das ist allerdings furchtbar. Was für ein Schicksal! Jetzt mit fast 60 Jahren, vertrieben von dem Land, wo er seine Muttersprache sprechen konnte, ohne Heim, ohne Gewißheit: wo und wovon zu leben, in einem Hotelzimmer.« Später suchte Schönberg im Herbst 1934 das warme Klima von Los Angeles auf, wo er ein Haus in Hollywood mietete. Er gab zunächst (1935) in Hollywood Privatunterricht und hielt Vorträge an der Universität von Südkalifornien. Seine Gesundheit und seine wirtschaftlichen Verhältnisse besserten sich zusehends, und 1936 begann dann seine Lehrtätigkeit als Professor für Musik an der Universität von Kalifornien, Los Angeles. Am 19.7.1938 heißt es in einem Brief: »Ich bin gesundheitlich viel besser dran, aber keineswegs frei von Störungen. Komponiert habe ich seit zwei Jahren nicht. Ich hatte zuviel anderes zu arbeiten. Außerdem: für wen soll man schreiben? Die Nichtjuden sind ›konservativ‹, und die Juden haben nie Interesse für meine Musik gezeigt.« 1941 wurde Schönberg amerikanischer Staatsbürger. Auffallend ist auch, daß Schönberg seit seiner Übersiedlung nach den Vereinigten Staaten tonal komponierte.

Im Jahre 1944 feierte man Schönbergs 70. Geburtstag. Sein Gesundheitszustand, den er schon 1938 als sehr labil bezeichnet hatte, verschlechterte sich jetzt. In einem späteren Schreiben an Josef Rufer (vom 6.1.1947) steht: »Ich kann seit Februar 1944 nicht mehr ganz gesunden. Erst hatte ich Diabetes, dann litt ich immer mehr an Asthma. Dazu kamen später Ohnmachts- und Schwindelanfälle und Sehstörungen. – All das angeblich ›nur‹ Nerven.« Mit vollendetem 70. Lebensjahr wurde Schönberg von der Universität in den Ruhestand versetzt. Er hoffte, nach seiner Pensionierung Muße zur Vollendung der längst begonnenen Werke zu finden. Doch fiel die Pension, die er nach achtjähriger Tätigkeit an der Universität von Kalifornien bezog, derart niedrig aus, daß er weiterhin gezwungen war, Privatunterricht zu erteilen. Auch sein Gesuch um ein Stipendium der Guggenheim-Stiftung (damit er sich ganz seinem Schaffen widmen könne) wurde abgelehnt.

Über die Zeit von 1944 bis 1946 teilte sein Hausarzt mit: »Er litt an chronischer Bronchitis mit gelegentlich schwersten Asthmaanfällen, sowie fortgeschrittener Atherosklerose. Im Vordergrund standen seit 1945 Dekompensationserscheinungen des Herzens mit Ödemen und Arrhythmien. Der Blutdruck betrug 1944 180/80, 1945 150/65 mm Hg. Überdies bestand ein etwa walnußgroßes Adenom der Schilddrüse und leichter Diabetes, der mit Insulin und Diät kontrolliert werden konnte.«

Am 2. August 1946 erlitt Schönberg einen Herzinfarkt.

»Ich muß nun die besondere Sache beschreiben, die ich meinen ›Todesfall‹ nenne. Am 2. August versuchte unser Hausarzt ein neues Mittel gegen mein Asthma, Benzedrin. Ein oder zwei Stunden später während des Mittagessens wurde ich plötzlich schläfrig und ging zu Bett, was für mich sehr ungewöhnlich war. Ungefähr um 10 Uhr abends erwachte ich, sprang aus dem Bett und lief noch zu einem Sessel, der während der Asthma-Anfälle benutzt wurde. In meinem ganzen Körper begann ein starker Schmerz, besonders in der Brust und um das Herz herum. Nach einem halbstündigen Versuch, einen Arzt zu bekommen, sandte ein Freund Dr. Lloyd-Jones, unseren gegenwärtigen Hausarzt, der dann mein Leben rettete. Er gab mir eine Dilaudid-Spritze, um meine Schmerzen zu lindern. Das half sofort; aber nach zehn Minuten verlor ich das Bewußtsein, hatte keinen Herzschlag oder Puls mehr und hörte zu atmen auf. Mit anderen Worten: ich war praktisch tot. Es wurde mir nie berichtet, wie lange das dauerte. Das einzige, was mir erzählt wurde, ist, daß Dr. Jones mir eine Spritze direkt ins Herz gab.

Es dauerte drei Wochen bis ich mich erholte. Ich bekam etwa 160 Penicillin-Injektionen; Herz und Lungen wurden untersucht, Röntgenbilder angefertigt, und manchmal waren drei oder vier Ärzte anwesend, die sich berieten und meinen Fall diskutierten. Aber am meisten bin ich Dr. Lloyd-Jones seiner großen Sorgfalt und tiefen Erkenntnis wegen verpflichtet.«

Bei der rettenden Spritze »ins Herz« handelte es sich um eine intrakardiale Adrenalin-Injektion. Aus der damaligen Fieberkurve geht hervor, daß die Behandlung in der Verabfolgung von Penicillin (auch als Aerosol) sowie in der Medikation von Kreislaufmitteln, Thrombin und Sedativa bestand. Antibiotica hat man wohl wegen der Gefahr einer drohenden Lungenkomplikation gegeben, zumal anfangs auch die Körpertemperatur erhöht war. Von Herzglykosiden ist hingegen im Krankenbericht keine Rede.

Im Jahre 1947 besserte sich Schönbergs Gesundheitszustand sichtlich. Er komponierte und arbeitete an einem Lehrbuch. Damals schrieb er: »Ich bin mir der Tatsache bewußt, daß volles Verstehen meiner Werke für einige Jahrzehnte nicht erwartet werden kann. Der Verstand der Musiker und der Hörer muß reifen, ehe sie meine Musik begreifen können. Ich weiß dies und habe persönlich auf baldigen Erfolg verzichtet, und ich weiß, daß – Erfolg oder nicht – es meine historische Pflicht ist, zu schreiben, was mir mein Schicksal zu schreiben befiehlt.« (15. Nov. 1947); etwas später (25. Mai 1948): »Komponieren ist ja: einem inneren Drang gehorchen.« Am 10. Februar 1949: »Lieber Freund, meine Musik ist in Amerika und auch im gegenwärtigen Europa nahezu gänzlich unbekannt.« Aber – und das hatte Schönberg instinktiv erkannt: »Die Anerkennung muß meinen Gegnern gezollt werden. Sie waren es, die mir wirklich halfen.«

Trotz der Spontanbesserung gab sich Schönberg keinen allzu großen Erwartungen bezüglich seines Gesundheitszustandes hin: In der Korrespondenz von 1949 finden sich fortgesetzt Hinweise auf vorübergehende Verschlechterungen und zwangsläufige Arbeitspausen: »Leider ist meine Gesundheit, wenigstens augenblicklich, nicht so, daß ich mich sehr viel freuen kann. Viele Tage, wo ich eigentlich nicht arbeitsfähig bin und lieber ausruhen sollte« (2. Juli 1949). Sein Dankschreiben an die Gratulanten zum 75. Geburtstag ist besonders bemerkenswert und soll hier im Wortlaut folgen. Es trägt das Datum vom 16. September 1949:

»Erst nach dem Tode anerkannt werden . . .!

Ich habe in diesen Tagen viel persönliche Anerkennung gefunden, worüber ich mich sehr gefreut habe, weil sie mir die Achtung meiner Freunde und anderer Wohlgesinnter bezeugt.

Andererseits aber habe ich mich seit vielen Jahren damit abgefunden, daß ich auf volles und liebevolles Verständnis für mein Werk, für das also, was ich musikalisch zu sagen habe, bei meinen Lebzeiten nicht rechnen darf. Wohl weiß ich, daß mancher meiner Freunde sich in meine Ausdrucksweise bereits eingelebt hat und mit meinen Gedanken vertraut geworden ist. Solche mögen es dann sein, die erfüllen, was ich vor genau siebenunddreißig Jahren in einem Aphorismus voraussagte: ›Die zweite Hälfte dieses Jahrhunderts wird durch Überschätzung schlecht machen, was die erste Hälfte durch Unterschätzung gut gelassen hat an mir.‹

Ich bin etwas beschämt über all diese Lobpreisungen. Aber ich sehe dennoch auch etwas Ermutigendes darin. Nämlich: Ist es denn so selbstverständlich, daß man trotz dem Widerstand der ganzen Welt nicht aufgibt, sondern fortfährt aufzuschreiben, was man produziert? Ich weiß nicht, wie Große darüber gedacht haben. Mozart und Schubert waren jung genug, dieser Frage nicht näher treten zu müssen. Aber Beethoven, wenn Grillparzer die Neunte konfus nannte, oder Wagner, wenn der Bayreuther Plan zu versagen drohte, oder Mahler, wenn alle ihn trivial fanden – wie konnten diese weiterschreiben?

Ich weiß nur eine Antwort: sie hatten Dinge zu sagen, die gesagt werden mußten. Ich wurde einmal beim Militär gefragt, ob ich wirklich dieser Komponist A. S. bin. ›Einer hat es sein müssen‹, sagte ich, ›keiner hat es sein wollen, so habe ich mich dazu hergegeben.‹ Vielleicht mußte auch ich Dinge sagen, unpopulär anscheinend, die gesagt werden mußten.

Und nun bitte ich Sie alle, die Sie mir mit Ihren Glückwünschen und Ehrungen wirkliche Freude bereitet haben, dies anzunehmen als einen Versuch, meine Dankbarkeit auszudrücken.

Vielen, herzlichen Dank!
Arnold Schönberg.«

Mit besonderer Genugtuung erfüllte dann Schönberg die Verleihung des Bürgerrechtes der Stadt Wien, und in seinem Dankschreiben vom 5. Oktober 1949 an den Bürgermeister von Wien heißt es:

»Mit Stolz und Freude empfing ich die Nachricht von der Verleihung des Bürgerrechtes der Stadt Wien an mich. Es ist dies ein neues, oder eigentlich ein erneutes Band, das mich dem Platz, der Natur, dem Wesen wieder nähert, wo die Musik geschaffen wurde, die ich immer so geliebt habe, und an die anzuschließen – nach Maßgabe meines Talents – mein größter Ehrgeiz immer war. Ich darf wohl die Hoffnung nähren, diese Ehrung, die mir Bürgermeister und Senat der Stadt Wien erwiesen haben, beruhe auf der Anerkennung solch heißen Wunsches und der Intensität, mit der ich gestrebt habe – wie wenig das auch sein möge – immer mein Bestes zu geben.«

Die letzten Eintragungen in Schönbergs Autopathographie stehen unter dem Datum vom 2. August 1950:

»Mein Asthma hat sich etwas gewandelt: Ich habe selten schwere Anfälle, aber der Zustand der Atemnot ist mehr oder weniger chronisch. Nur 4 oder 5 Stunden am Tag fühle ich mich frei, und fast jede Nacht erwache ich mit Atemnot. Ich huste dann oft 3 oder 4 Stunden, und nur, wenn ich erschöpft genug bin, kann ich wieder einschlafen – nur, um am Morgen die gleiche Reihenfolge wieder durchzumachen.

Seit einigen Monaten wage ich nicht mehr, in meinem Bett zu schlafen, sondern nur in einem Stuhl. Verschiedene Behandlungen wurden mit mir durchgeführt. Ich wurde auf Diabetes, Pneumonie, Niere, Bruch und Wassersucht behandelt. Ich leide an Kraftlosigkeit und Schwindel, und meine Augen, früher außerordentlich gut, erschweren mir das Lesen . . .«

Das klinische Bild wurde in steigendem Maße von dem Symptom der Herzschwäche, verbunden mit absoluter Arrhythmie (Pulsunregelmäßigkeit), beherrscht:

»Seine Beine waren durch die fortwährende Sitzweise geschwollen, und es bildeten sich im letzten Jahr auch Ödeme. Die offenen Stellen heilten aber oft wieder. In der letzten Zeit hatte er Angst zu essen und magerte zusehends ab. Das einzige, was lebend an ihm war, war sein Geist, und wenn er nicht schlief, arbeitete er unausgesetzt«, teilte seine Frau hierzu mit.

Seit dem Jahre 1949 war Schönberg praktisch ans Bett gefesselt. Dennoch hat der Meister eine Reihe von Texten religiösen Charakters, »Moderne Psalmen«, zu vertonen versucht, aber nicht mehr vollenden können, obwohl er fast bis zu seinem Ende daran schrieb. Sie stellen keine endgültige Fassung dar, sondern sind nur Entwürfe, die noch ausgearbeitet werden sollten. Am Ziel seines Weges zog es Schönberg wieder zur geistigen Welt des Alten Testamentes, dessen Gehalt er von einer höheren konfessionellen Warte her musikalisch und inhaltlich zu gestalten versuchte. Zur Komposition gelangte aber weitgehend nur der Text des ersten Psalmes. Bei den Worten »Und trotzdem bete ich . . .« bricht die Handschrift ab.

Arnold Schönberg starb am 13. Juli 1951 kurz vor Mitternacht im Alter von 77 Jahren. Von jeher hatte er die 13 als seine Schicksalszahl gefürchtet. »Ich fuhr mit Anna hin. Es war ein tragischer Anblick. Man hatte der Leiche, ich weiß nicht warum, das Kinn hochgebunden. Trude Schönberg saß ganz gebrochen daneben und streichelte ihren toten Mann. Sie war in der Zwischenzeit furchtbar alt geworden. Die Kinder starrten den Toten verständnislos an. Die schöne Tochter Nuria hatte Schuhe und Strümpfe abgelegt, um kein Geräusch zu machen«, teilte Frau Alma Mahler-Werfel mit. Die Totenmaske selbst zeigt ein gänzlich in sich gesammeltes Antlitz. Not und Schrecken dieses Erdenlebens haben bloß andeutungsweise Spuren zurückgelassen. Den Todeskampf, der sich schließlich nach einer Salyrgan-Injektion einstellte, kann man nur ahnen. Schönbergs letzte Züge, von der Bildhauerin Anna Mahler der Nachwelt erhalten, atmen den Geist jenes Wortes, das er in der Todesnacht, schon auf der Schwelle in eine Welt außerhalb der Polarität irdischer Maßstäbe, zu seiner Lebensgefährtin sprach: »*Harmonie!*«

Und um dieser ewigen Harmonie zu dienen, die seit Menschengedenken immer wieder in der Musik zum Ausdruck kommt, hat er überhaupt gelebt. Eine solche Feststellung verliert durch die Tatsache, daß Schönbergs Musik heute noch verhältnismäßig unbekannt ist, nicht ihre Gültigkeit. Die Erfahrung lehrt, daß in der Regel erst einige Dekaden nach dem Tode eines Tonschöpfers dessen künstlerisches Vermächtnis Weltgeltung erlangt. So werden die Werke von Max Reger und Gustav Mahler in unseren Tagen allmählich Allgemeingut der Konzertsäle auf der ganzen Erde.

Aus dem Repertoire der modernen Musik ist der Name Alban Berg nicht mehr wegzudenken; auch Arnold Schönbergs Stunde wird kommen!

ARNOLD SCHÖNBERG

1. *Mahler-Werfel, A.:* Mein Leben, Frankfurt 1960.
2. *Schönberg, A.:* Beiträge seiner Freunde, München 1912.
3. *Schönberg, A.:* Texte, Wien – New York 1926.
4. *Schönberg, A.:* Festschrift zu seinem 60. Geburtstag, Wien 1934.
5. *Schönberg, A.:* Medizinische Autopathographie vom 2. 8. 1950, im Manuskript.
6. *Schönberg, A.:* Moderne Psalmen, Mainz 1956.
7. *Schönberg, A.:* Ausgewählte Briefe, Mainz 1958.
8. *Stuckenschmidt, H. H.:* Arnold Schönberg. Zürich und Freiburg 1957.

Briefe (an den Verfasser):

9. von Frau Gertrud Schönberg am 9. 9. 1957,
10. von Frau Gertrud Schönberg am 20. 11. 1957,
11. von Dr. J. Bauer/Hollywood am 22. 9. 1958,
12. von Dr. M. Frischauf/Wien am 17. 10. 1958,
13. Persönliche Mitteilung von Frau G. Schönberg am 18. Januar 1958.

AUSKLANG

Krankheit und Siechtum haben das Schicksal einer großen Zahl bedeutender Musikerpersönlichkeiten geprägt.

Beethoven und Schubert starben an Leiden, die im Gefolge venerischer Infektionen auftraten. Mozart fiel einer Intoxikation zum Opfer, welche zum akuten Nierenversagen führte. Robert Schumann, vorzeitig verbraucht, beschloß sein Dasein unter dem Bild der Hirnsklerose in der Endenicher Heilanstalt. Chopin erlag einer fortschreitenden Lungentuberkulose, Debussy einer bösartigen Neubildung im Bereich des Enddarms. Max Reger litt an Bluthochdruck, in dessen Verlauf ein Herzinfarkt sein Leben beendete. Gustav Mahler wurde durch Sepsis, Maurice Ravel durch ein Hirnleiden dahingerafft, Arnold Schönberg ging an Herzschwäche zugrunde.

Das Durchschnittsalter der oben beschriebenen zehn Musikerpersönlichkeiten betrug etwa 49 Jahre.

Beethoven, Schubert, Chopin und Ravel waren nicht verheiratet. Max Reger hatte keine leiblichen Nachkommen, Debussys einzige Tochter starb im Alter von rund 14 Jahren ein Jahr nach dem Tode ihres Vaters.

Von Mozarts beiden Söhnen (vier weitere eigene Kinder starben im Säuglingsalter) war Karl Thomas Staatsbeamter, er starb 74jährig in Mailand. Der andere, Wolfgang Franz, welcher anfangs als Wunderkind unter dem Pseudonym »Wolfgang Amadeus« in Deutschland und Österreich umherreiste und auf Veranlassung seiner Mutter Konstanze zu einem hervorragenden Musiker ausgebildet wurde, starb im Alter von 53 Jahren an einem Magenleiden in Karlsbad. Beide Söhne waren nicht verheiratet.

Robert Schumann hatte insgesamt 8 Kinder, ein Knabe starb als Kleinkind. Seine drei übrigen Söhne und eine Tochter erkrankten in jungen Jahren an chronischen Leiden und starben früh. Die anderen drei Schwestern erreichten hohe Lebensalter von weit über 80 Jahren; zwei von ihnen blieben unvermählt.

Gustav Mahler hatte zwei Töchter, die eine wurde im Alter von kaum 5 Jahren durch eine Erkrankung an Scharlach und Diphtherie hinweggerafft; die andere, Anna Mahler, ist eine bedeutende Bildhauerin, der wir u. a. die Totenmasken von Alban Berg und Arnold Schönberg verdanken.

Arnold Schönberg war zweimal vermählt und hatte insgesamt 5 Kinder. Die Tochter aus erster Ehe starb 1947 in New York, ihr Bruder Georg ist in Wien verheiratet und arbeitet bei einem Musikverlag. Als Schönberg im Jahre 1951 verschied, waren seine beiden Söhne aus zweiter Ehe zehn und vierzehn Jahre alt; ihre Schwester Nuria lebt jetzt in Venedig als Gattin des bekannten Komponisten Luigi Nono.